Petróleo e poder

FUNDAÇÃO EDITORA DA UNESP

Presidente do Conselho Curador
Mário Sérgio Vasconcelos

Diretor-Presidente
José Castilho Marques Neto

Editor-Executivo
Jézio Hernani Bomfim Gutierre

Assessor Editorial
João Luís Ceccantini

Conselho Editorial Acadêmico
Alberto Tsuyoshi Ikeda
Áureo Busetto
Célia Aparecida Ferreira Tolentino
Eda Maria Góes
Elisabete Maniglia
Elisabeth Criscuolo Urbinati
Ildeberto Muniz de Almeida
Maria de Lourdes Ortiz Gandini Baldan
Nilson Ghirardello
Vicente Pleitez

Editores-Assistentes
Anderson Nobara
Fabiana Mioto
Jorge Pereira Filho

PROGRAMA SAN TIAGO DANTAS DE PÓS-GRADUAÇÃO EM RELAÇÕES INTERNACIONAIS
Universidade Estadual Paulista – UNESP
Universidade Estadual de Campinas – Unicamp
Pontifícia Universidade Católica de São Paulo – PUC-SP

IGOR FUSER

Petróleo e poder
O envolvimento militar dos Estados Unidos no Golfo Pérsico

© 2008 Editora UNESP

Direitos de publicação reservados à:
Fundação Editora da UNESP (FEU)
Praça da Sé, 108
01001-900 – São Paulo – SP
Tel.: (0xx11) 3242-7171
Fax: (0xx11) 3242-7172
www.editoraunesp.com.br
www.livrariaunesp.com.br
feu@editora.unesp.br

Programa San Tiago Dantas de Pós-Graduação em Relações Internacionais
Praça da Sé, 108 – 3º andar
01001-300 – São Paulo – SP
Tel.: (0xx11) 3101-0027
www.unesp.br/santiagodantassp
www.pucsp.br/santiagodantassp
www.ifch.unicamp.br/pos
relinter@reitoria.unesp.br

CIP Brasil. Catalogação na fonte
Sindicato Nacional dos Editores de Livros, RJ

F991p

Fuser, Igor, 1956-
    Petróleo e poder: envolvimento militar dos Estados Unidos no Golfo Pérsico / Igor Fuser. São Paulo: Editora UNESP: Programa San Tiago Dantas de Pós-Graduação em Relações Internacionais da UNESP, Unicamp e PUC-SP, 2008.
    il.

    ISBN 978-85-7139-819-1

    1. Estados Unidos – Relações exteriores – Golfo Pérsico. 2. Golfo Pérsico – Relações exteriores – Estados Unidos. 3. Petróleo – Aspectos políticos. 4. Petróleo – Aspectos militares. 5. Política internacional – Século XX. I. Título.

08-1380.   CDD: 338.27282
                                                              CDU: 330.123.7

Beneficiário de auxílio financeiro da CAPES – Brasil

Editora afiliada:

*Para meu pai, Fausto Fuser,
minha mãe, Marlene Perlingeiro Crespo,
minha filha, Marina Costin Fuser*

O caso do petróleo brasileiro prende-se ao caso do petróleo em geral. Esse produto é o sangue da terra; é a alma da indústria moderna; é a eficiência do poder militar; é a soberania; é a dominação. Tê-lo é ter o Sésamo abridor de todas as portas. Não tê-lo é ser escravo. Daí a fúria moderna na luta pelo petróleo.

(Monteiro Lobato, em O escândalo do petróleo e do ferro)

Sumário

PREFÁCIO   13
APRESENTAÇÃO   19
INTRODUÇÃO   21

1 EM BUSCA DE REFERÊNCIAS TEÓRICAS   23
   A disputa internacional por recursos escassos   23
   A utilidade e as limitações do pensamento "realista"   26
   O neoliberalismo e o marxismo   29
   A corrente ambientalista e a "guerra por recursos"   30

2 A IMPORTÂNCIA ESTRATÉGICA DO PETRÓLEO   37
   As fontes de energia primária na atualidade   37
   O petróleo e os conflitos internacionais   41
   O papel do Golfo Pérsico no mercado petroleiro mundial   42
   A teoria de Hubbert sobre o "pico do petróleo"   45
   A divisão da oferta entre países da Opep e não Opep   46
   A defasagem entre a demanda e a capacidade de produção   47
   A explosão do consumo nos países "em desenvolvimento"   49
   A polêmica sobre o esgotamento das reservas   52
   A "Era do Crepúsculo"?   54

3 SEGURANÇA ENERGÉTICA E INTERESSES NACIONAIS DOS ESTADOS UNIDOS   57
   A economia e o poder nacional   57
   O conceito de interesse nacional   60

Interesses nacionais e atores domésticos na política
energética dos Estados Unidos   62
A externalização dos problemas de energia
dos Estados Unidos   64
A "conservação" do petróleo e os investimentos
no exterior   66
A evolução da dependência petroleira   68
O fator cultural no uso intensivo do automóvel
pelos norte-americanos   70

4 OS ESTADOS UNIDOS E O PETRÓLEO
DO GOLFO ATÉ 1973   73
A hegemonia britânica no Oriente Médio   73
O ingresso das empresas petroleiras   75
A "diplomacia do petróleo"   77
O Acordo da Linha Vermelha e o cartel
das "Sete Irmãs"   80
O desafio dos Estados Unidos à hegemonia britânica   81
A entrada dos norte-americanos na Arábia Saudita   83
O Golfo Pérsico na Segunda Guerra Mundial   84
O petróleo na estratégia norte-americana
do pós-guerra   85
A política da Porta Aberta   86
Um negócio "além dos sonhos da avareza"   88
Origens do nacionalismo petroleiro   89
O conflito com o Irã e a derrubada de Mossadegh   90
O petróleo e a consolidação da hegemonia
dos Estados Unidos   92
A parceria entre o governo e as empresas
norte-americanas   93
O petróleo e a maré anticolonialista   94
O surgimento da Opep   96
A politização do petróleo   98
A ofensiva da Opep   101

5 A DEFESA DOS INTERESSES ESTRATÉGICOS
DOS ESTADOS UNIDOS NO GOLFO PÉRSICO
(1945-1973)   103
A Doutrina Truman e a Guerra Fria
no Oriente Médio   103
O desafio vitorioso à hegemonia britânica   104

A ambiguidade de Washington perante
a questão colonial   106
Os pactos de "segurança regional"   107
O apoio dos Estados Unidos aos
regimes conservadores   109
A crise do Canal de Suez   110
A Doutrina Eisenhower e o "vácuo de poder"   112
O primeiro desembarque dos *marines* no
Oriente Médio   113
O complicador israelense   115
A Doutrina Nixon e a política dos "Dois Pilares"   118
A escalada armamentista   119

6 O CHOQUE DE 1973, A AMEAÇA DE
INTERVENÇÃO E O "DIREITO"
AO PETRÓLEO   123
A escalada dos preços e o embargo do petróleo   124
A vulnerabilidade econômica do Ocidente   126
A crise de energia e suas consequências   129
A recuperação da economia internacional   131
Kissinger e a ameaça da força (o *"oil grab"*)   132
Custos e benefícios do "petróleo pela força"   136

7 DOUTRINA CARTER: O GOLFO,
REGIÃO "VITAL"   139
A securitização do petróleo   139
A Revolução Islâmica no Irã   140
A geopolítica de Brzezinski   142
Do idealismo à política da força   145
A "armadilha afegã" e o fiasco no deserto   151
A Doutrina Carter perante as
"ameaças regionais"   154

8 A ESCALADA INTERVENCIONISTA
DE REAGAN   157
A guinada à direita na política norte-americana   157
O Comando Central, instrumento
de "projeção de força"   158
Comércio de armas e instabilidade regional   160
A intervenção no Líbano e o massacre dos *marines*   163
O apoio ao Iraque na guerra de 1980-1988   165
O escândalo "Irã–Contras"   170
Os Estados Unidos em guerra, como
"guardiães do Golfo"   171

9 A GUERRA DO GOLFO DE 1990-91   175
   A manutenção da Doutrina Carter após
   a Guerra Fria   176
   O petróleo como fator de conflito em 1990-91   178
   Os motivos da agressão iraquiana ao Kuait   180
   Uma guerra em busca de legitimidade   183
   As críticas à conduta norte-americana   187
   Os problemas inesperados do pós-guerra   189
   A "dupla contenção" do Iraque e do Irã   191

10 A SECURITIZAÇÃO DO PETRÓLEO E A
   ESTRATÉGIA DA "MÁXIMA EXTRAÇÃO"   195
   A Doutrina Bush e os neoconservadores   195
   O petróleo do Golfo nos documentos de estratégia dos
   Estados Unidos   200
   A dimensão internacional da segurança energética   205
   Uma nova política de energia   207

11 OS DESAFIOS ATUAIS DOS ESTADOS UNIDOS
   NO GOLFO PÉRSICO   213
   O novo militarismo norte-americano   213
   A rede de bases militares dos Estados Unidos
   no Golfo Pérsico   216
   Os antecedentes da invasão do Iraque   219
   A ofensiva "neowilsoniana" no Oriente Médio   222
   O petróleo e os possíveis ganhos dos Estados
   Unidos com a guerra   225
   A disputa global por recursos energéticos   228
   Obstáculos à "máxima extração"   229
   O conflito entre a Opep e os consumidores,
   segundo o FMI   233
   A memória do passado colonial e a força
   do nacionalismo   236

CONCLUSÕES   241
REFERÊNCIAS   243

Prefácio

Flávio Rocha de Oliveira[1]

Neste livro, Igor Fuser aborda duas questões centrais da política internacional contemporânea: o petróleo e a presença militar dos Estados Unidos da América no Golfo Pérsico. Num trabalho que combina conhecimento conceitual e análise histórica, apresentado numa escrita concisa e fluente, Fuser coloca para um público brasileiro uma discussão refinada sobre as questões envolvendo a hegemonia norte-americana, a opção pela via da guerra e a necessidade do acesso ao petróleo barato para a afirmação do controle do sistema internacional por parte de Washington.

Fuser combina dois tipos distintos de habilidades para escrever essa obra: de um lado, o cientista político que refinou os seus conhecimentos na academia, através do Programa de Pós-Graduação em Relações Internacionais San Tiago Dantas; do outro, o jornalista especializado na cobertura de eventos internacionais, com longa vivência profissional nos mais destacados órgãos de imprensa nacionais. A prática do campo aliada ao refinamento teórico termina produzindo uma percepção singular, apresentada de uma maneira simples, direta e sofisticada a um público leitor composto não só por especialistas da área, mas também por todos aqueles que se interessam pelas questões mais pertinentes do nosso tempo.

Ele inicia seu trabalho com uma discussão acerca das virtudes e dos limites das escolas teóricas que analisam as Relações Internacionais. Ele aponta a pertinência dos conceitos realistas, como o de equilíbrio de poder e a centralidade das questões militares para os autores dessa escola, sejam eles *realistas clássicos*, como Aron ou Morgenthau, ou *neorealistas*, como Kenneth Waltz; a ampliação de esferas de cooperação econômica e política, pautada pela interdependência entre Estados e sociedades, apresentados por atores liberais, como Keohane e Nye; e a corrente ambientalista de estudos internacionais, que aponta o problema recorrente das guer-

---

[1] Doutor em Ciência Política pela Universidade de São Paulo e coordenador do Curso de Política e Relações Internacionais da Fundação Escola de Sociologia e Política de São Paulo.

ras por recursos entre os países da periferia. Todavia, o Professor Fuser problematiza cada uma dessas escolas, apresentando os limites lógicos e práticos de cada uma delas. Assim, os realistas teriam o problema recorrente de imaginar os Estados como grandes e maciças bolas de bilhar colidindo na defesa de seus interesses, dedicando pouca ou nenhuma atenção para a maneira como os agentes internos formulariam as preferências políticas que influenciariam as decisões dos governos. Os liberais não conseguem fornecer uma explicação para o crescente e persistente choque por recursos energéticos que tem como epicentro o Golfo Pérsico, o que coloca um sério desafio para as noções de interdependência econômica. Finalmente, a corrente ambientalista tem um complicado viés em sua abordagem: uma concentração excessiva nos conflitos sociais, rebeliões e guerras civis, minimizando na análise os conflitos interestatais e o envolvimento das grandes potências nos problemas das nações pobres – em suma, uma abordagem etnocentricamente desviante.

Fuser não se perde nos debates teóricos, algo tão a gosto dos acadêmicos da área de Relações Internacionais. A partir de uma opção metodologicamente coerente, o autor prefere combinar criticamente alguns dos principais elementos das escolas teóricas centrais das RIs, acrescidos de elementos oriundos do marxismo e da própria corrente ambientalista, nesse último caso na tentativa bem sucedida de buscar os vínculos entre os conflitos humanos e a necessidade política de obtenção de recursos energéticos não renováveis. Dito de outro modo, Igor Fuser aborda as opções realistas dos *decision-makers* estadunidenses, dos estadistas do Golfo Pérsico em combinação com um entendimento do papel fundamental jogado pelos atores domésticos e pelas grandes corporações multinacionais do setor energético. Com essa escolha, o trabalho apresenta um resultado final superior, combinando as visões analítica e histórica, no melhor estilo defendido pelo cientista político italiano Norberto Bobbio.

No decorrer do trabalho, Fuser narra a importância que o petróleo vai assumindo, desde a Primeira Guerra Mundial, como um determinante da hierarquia de poder no sistema internacional. O "ouro negro" está nos cálculos dos estadistas britânicos, e é pilar da posição imperial de Londres já desde o início do século XX. Já no entreguerras, os Estados Unidos da América começam a disputar a hegemonia com os ingleses no controle da região do mundo que mais apresenta possibilidades de produção de grandes quantidades de petróleo a baixo preço: o Golfo Pérsico. Paulatinamente, Washington vai deslocando o Reino Unido da posição de potência controladora dos recursos energéticos no Oriente Médio, e tal movimento fica definitivamente consolidado após o final da Segunda Guerra Mundial.

A destruição dos competidores internacionais após o conflito, a Alemanha e o Japão, e o grau de devastação que acometeu as decadentes potências coloniais, caso da França e da Grã-Bretanha, permitiu aos Estados

Unidos o patrocínio do controle da exploração e distribuição do petróleo do Golfo Pérsico por parte de suas empresas. Com essa atuação, e no momento em que lançam o Plano Marshall, os EUA consolidam a sua hegemonia tornando-se os controladores e fiadores militares do fornecimento de petróleo, a preço extremamente barato, para a recuperação dos antigos inimigos e dos aliados. Como bem aponta Fuser, esse controle ajudou os europeus a construir os sistemas de previdência e assistência que ficaram conhecidos, na História, como os Estados de bem-estar social.

O governo norte-americano já havia esboçado decisões no sentido de estabelecer o controle dos recursos petrolíferos pouco antes da Segunda Guerra Mundial, mas dentro de uma concepção que era, predominantemente, econômica. O início da Guerra Fria traz outra realidade: enfrentando agora um competidor de peso no cenário internacional, a União Soviética, Washington politiza cada vez mais essa questão, estabelecendo um programa de ação conjunta com as suas corporações transnacionais. Uma aliança entre os interesses estratégicos do Estado e as necessidades de lucro comercial das empresas.

As considerações de cunho político, como bem aponta Fuser, já haviam feito com que os Estados Unidos não apoiassem o nacionalismo anticolonial no Golfo Pérsico após o final da Primeira Guerra. Com o ocaso britânico e a ascensão soviética, Washington começa a intervir cada vez mais nos Estados produtores de petróleo. Tal intervenção termina gerando um problema, que os estrategistas norte-americanos não conseguem, na prática, resolver: são gradativamente vistos como continuadores do imperialismo europeu na região. O golpe de Estado que derruba Mossadegh, no Irã, desperta essa percepção nos países da região.

Apesar da lógica da Guerra Fria, Fuser descreve bem que o choque dos interesses norte-americanos se dá, na questão do petróleo, com os governos nacionalistas árabes. A exacerbação dos conflitos em torno da extração e dos lucros com os campos petrolíferos vai se combinando com a incapacidade dos sucessivos governos em Washington de conseguir influenciar os atores domésticos no sentido de moderar o consumo do óleo combustível. De início, produtores nacionais influentes conseguem fazer com que o Congresso aprove leis protecionistas, que levam ao esgotamento das reservas dentro do país. Como a moderação do consumo esbarra na resistência de grupos internos fortemente instalados na política e na burocracia estatal, a única alternativa que aparece ao poder executivo estadunidense é a busca constante de petróleo no sistema internacional, e o local detentor das maiores reservas é, justamente, o Golfo Pérsico.

Assim, o suborno, o estabelecimento de alianças localizadas e o patrocínio a governos conservadores e repressivos são uma tônica na diplomacia estadunidense. Todavia, a partir de Truman, passando por Eisenhower, Carter, Reagan e Bush, diretrizes políticas são esboçadas no sentido de garantir essas alianças com um suporte militar maciço. O envolvimento militar na região começa a se tornar uma constante, indo desde a constituição de bases militares próximas aos campos produtores de petróleo até ataques militares localizados e guerras abertas contra os governos recalcitrantes de plantão. A presença de assessores militares e membros dos serviços de inteligência ajuda a manter a área fora da esfera soviética, bem como coloca em xeque as reivindicações dos elementos mais nacionalistas no Golfo.

Fuser demonstra, de uma maneira muito direta e clara, o papel do petróleo como fundamento de uma economia que se globaliza cada vez mais rapidamente após a Segunda Guerra. Apresentando dados estatísticos compilados de diferentes fontes, ele nos mostra como o petróleo é o combustível essencial no setor de transportes. Os bens que são comercializados no sistema internacional, de commodities agrícolas a carros, tem o seu transporte feito em navios que são movidos a petróleo. Se o preço desse combustível aumenta descontroladamente, pode haver um grave problema que afetará, principalmente, os principais países industrializados. Nesse caso, o epicentro do capitalismo contemporâneo, os Estados Unidos, seria a área mais prejudicada. No caso norte-americano deve-se acresentar a isso um outro problema: a intensa motorização desse país coloca um desafio para os partidos Republicano e Democrata. Se os preços do combustível sobem, os eleitores reagem negativamente nas urnas contra o governo de plantão, e como exemplo disso temos o que terminou acontecendo com o governo Carter durante o aumento dos preços que se seguiu à Revolução Iraniana, no final da década de 1970.

Fuser nos mostra que os Estados Unidos sempre tiveram problemas em manter o controle sobre o petróleo da região, mesmo com os países aliados. Além das sucessivas apropriações e estatizações de governos mais nacionalistas, como foi o caso com o Iraque nos anos 60 e 70, mesmo a Arábia Saudita e o Irã do xá Reza Pahlevi empreenderam políticas para controlar os próprios recursos energéticos. Os estadistas do Golfo patrocinam a criação da OPEP para defender os seus interesses, e vão, pouco a pouco, nacionalizando a produção de petróleo e ficando com a maior parte da percentagem dos lucros.

No início do século XXI, uma nova realidade internacional complica ainda mais o cenário. Os atentados de 11 de Setembro colocam em movimento uma militarização crescente das relações exteriores dos Estados Unidos. No centro desse processo, há a preocupação em assegurar a manutenção do controle da exploração petrolífera no Golfo. Como escreve Fuser, os relatórios Baker e Cheney terminam fornecendo sugestões e justificativas para o governo Bush no sentido de convencer e forçar os governos dos países produtores a rever o nacionalismo petroleiro. Junto desse convencimento, há a defesa de que o petróleo é um recurso energético que deve ser tratado como um dos pilares da segurança estratégica norte-americana, o que justificaria a construção de dispositivos de intervenção militar para manter o Golfo Pérsico aberto aos interesses de Washington. A invasão do Iraque teria sido feita, nesse sentido, com o objetivo de instalar um governo que garantisse o acesso estadunidense a uma das maiores reservas de petróleo conhecidas do mundo.

Para perturbar ainda mais esse quadro, a entrada da China e da Índia como países de forte expressão no comércio mundial termina fazendo com que esses países comecem a competir com os Estados Unidos pelo acesso ao petróleo do Golfo, bem como de outras partes do mundo. A demanda energética da China, em especial, acelerada pela urbanização e motorização desse país nos últimos quinze anos, faz com que Pequim comece a comprar petróleo dos fornecedores do Golfo Pérsico em condições mais vantajosas do que Washington. Empresas chinesas de comércio e prospecção começam a concorrer, em escala global, com as equivalentes americanas e europeias. E os dirigentes chineses já começam a realizar um ambicioso programa de construção de uma esquadra oceânica, feita para assegurar uma projeção de poder justamente nas rotas por onde escoa o petróleo nos oceanos Índico e Pacífico – o que acarreta um movimento equivalente por parte da Índia também ávida por petróleo. Como não cria as mesmas indisposições que os governos americanos, a China não tem dificuldades em comprar o petróleo de um país como o Irã, tornando, na prática, muito difícil um embargo econômico orquestrado pelos EUA contra esse país.

O professor Fuser termina o seu livro apontando para as dificuldades crescentes para os Estados Unidos de manter o seu projeto imperial. Citando Michael Mann: "Hoje as ideologias dominantes no mundo, veiculadas pelos meios de comunicação de massa, contradizem qualquer imperialismo. ... Diante de um mundo de estados-nações, os EUA não tem poderes imperiais. A Era do Império já terminou". O problema é que os centros decisórios da hiperpotência não têm essa percepção, o que pode ser constatado no expressivo aumento dos gastos militares desde 2001 que já romperam a barreira dos 500 bilhões de dólares anuais. A doutrina do ataque preemptivo, que nos dizeres do cientista político G. John Ikenberry ameaça romper a tessitura do sistema internacional, ironicamente afiançado pelos vencedores Estados Unidos da América após 1945, ameaça se tornar uma questão explosiva envolvendo os países que são aliados de Washington, como bem o demonstra o ataque efetuado pela Colômbia em março de 2008, contra guerrilheiros da Farc em território equatoriano.

O entendimento da hegemonia americana e do envolvimento militar de Washington no Golfo Pérsico reveste-se, hoje, de um caráter de extrema urgência. Num momento em que posturas nacionalistas em relação ao petróleo e ao gás começam a se alastrar pelo mundo, a América do Sul vive um momento singular. Governos que reivindicam maior controle sobre os recursos energéticos, e que têm como necessidade a utilização dos lucros com a venda dos combustíveis para melhorar o padrão de vida de suas populações, estão presentes no subcontinente. Recentemente, o Brasil anunciou a descoberta de dois campos gigantescos de petróleo em seu mar territorial, Tupi e Júpiter, e que já chama a atenção de governos e corporações transnacionais. Em boa hora, o professor Fuser traz, para os leitores e estudiosos brasileiros, uma excelente oportunidade de entender como os EUA veem a questão energética, e quais os perigos que a concepção de Washington em tornar o acesso ao petróleo uma questão de segurança nacional traz para os países que têm interesses que podem divergir dos projetos do país hegemônico.

Apresentação

Este trabalho foi elaborado e apresentado originalmente, em novembro de 2005, como dissertação de mestrado em Relações Internacionais do Programa de Pós-Graduação em Relações Internacionais San Tiago Dantas, da Universidade Estadual de São Paulo (Unesp), Pontifícia Universidade Católica de São Paulo (PUC-SP) e Universidade Estadual de Campinas (Unicamp), sob a orientação do Prof. Dr. Luis Fernando Ayerbe

Trata-se do marco inicial de um projeto acadêmico de pesquisas sobre o papel estratégico da energia nas Relações Internacionais – empreendimento que estou prosseguindo em meu doutorado no Departamento de Ciência Política da Universidade de São Paulo, com um estudo sobre a Petrobras como ator político na América do Sul e os conflitos sobre recursos energéticos nessa região.

Sou muito grato ao meu amigo e orientador, professor Luis Fernando Ayerbe; aos meus mestres no Programa San Tiago Dantas e em especial ao professor Tullo Vigevani, cujo apoio generoso viabilizou a publicação deste livro. Agradeço também a Giovanna Vieira, pela indispensável ajuda nas questões administrativas; à professora Janina Onuki, pelo incentivo à minha opção pela vida acadêmica; e à minha amiga Anna Verônica Mautner, a primeira a ler e comentar boa parte do material que constitui este livro.

Introdução

Cenário dos dois maiores conflitos internacionais do pós-Guerra Fria, em 1990-91 e em 2003, o Golfo Pérsico tem se destacado com a área mais explosiva do planeta – centro de gravidade para onde convergem diferentes interesses estratégicos. Essa região, submetida à dominação colonial e neocolonial até meados do século XX, abriga cerca de dois terços das reservas mundiais de petróleo – um recurso econômico essencial, não renovável e com o risco crescente de escassez, num contexto em que a demanda mundial cresce num ritmo mais rápido que a capacidade de expansão da oferta.

No presente trabalho, tentaremos investigar os vínculos entre essas duas questões. De um lado, a crescente presença militar dos Estados Unidos no Golfo Pérsico e o seu envolvimento em conflitos na região. Do outro, o aumento da importância econômica das reservas de petróleo e as implicações estratégicas do controle sobre esses recursos.

Uma tarefa central, nessa empreitada, é desvendar as raízes históricas dos conflitos e impasses da atualidade. Convencidos de que somente pela História as motivações e o comportamento dos atores se tornam compreensíveis, dedicaremos a maior parte da dissertação à evolução das relações entre os Estados Unidos e os principais países produtores de petróleo do Golfo Pérsico. Como marco inicial, escolheu-se 1945 – o ano do célebre encontro em que o presidente Franklin Roosevelt, no fim da Segunda Guerra Mundial, firmou com o rei Ibn Saud o compromisso de proteger a Arábia Saudita em troca do acesso ao petróleo daquele país.

O texto usará como referência as sucessivas doutrinas de política externa aplicadas pelos Estados Unidos no Golfo Pérsico: as Doutrinas Truman e Eisenhower, impregnadas da competição estratégica e ideológica da Guerra Fria; a Doutrina Nixon, que consagra o Irã e a Arábia Saudita como "pilares" da defesa dos interesses norte-americanos na região; a Doutrina Carter, que declara o acesso dos Estados Unidos ao petróleo do Golfo Pérsico como um interesse "vital", a ser defendido pela força mili tar; culminando com a "Doutrina Bush", instrumento de legitimação das intervenções unilaterais e da "guerra preventiva".

Serão abordados momentos-chave da atuação norte-americana no Golfo Pérsico, como a derrubada do governo nacionalista de Mossadegh no Irã, a crise do Canal de Suez, o "choque" do petróleo de 1973, a queda do xá em 1979 e a guerra para reverter a ocupação do Kuait pelo Iraque. Mas o foco não estará voltado para as circunstâncias e, sim, para as linhas gerais que perpassam esses conflitos – a substituição do decadente imperialismo britânico pela hegemonia dos Estados Unidos, o desafio norte-americano de apoiar ao mesmo tempo Israel e os regimes árabes conservadores, a contenção da influência soviética e a afirmação do nacionalismo como uma força poderosa em todo o Oriente Médio. Também procuraremos analisar os principais documentos oficiais norte-americanos recentes que tratam da segurança energética em sua ligação com a política externa, em especial no que se refere ao petróleo.

1
Em busca de referências teóricas

> *Se dois homens desejam a mesma coisa, ao mesmo tempo em que*
> *impossível a ela ser gozada por ambos, eles se tornam inimigos. E, no caminh*
> *para o seu fim ..., esforçam-se por destruir ou subjugar o outro*
> (Hobbes, 2003, p.107

Na visão de muitos analistas, de diferentes correntes de pen
samento, a sombria afirmação de Thomas Hobbes, no Capítulo XIII d
Leviatã, está sujeita a adquirir uma renovada atualidade num contexto
que apontam como provável, de um mundo dilacerado pela competiçã
por recursos escassos, em especial o petróleo (Klare, 2000, 2001a, 2004a
Peters, 2004; Brzezinski, 1997; Bacevich, 2005). Outros autores acreditan
que fatores como a difusão universal da democracia política e do liberalismo
econômico (Friedman, 2001; Fukuyama, 1993) e os avanços tecnológicos n
busca de alternativa para materiais sob risco de exaustão (Smil, 2003; Odell
2000) impedirão que as eventuais disputas pelo acesso a esses recursos se
traduzam em conflitos violentos.

A DISPUTA INTERNACIONAL
POR RECURSOS ESCASSOS

O primeiro desafio neste trabalho diz respeito ao enfoque teórico a se
adotado. Em contraste com outras questões, como a soberania, as relaçõe
de poder entre as potências, as instituições internacionais e a formação d
blocos regionais de comércio, a disputa por matérias-primas está longe d
constituir um tema de atenção permanente ou prioritária entre os autore
no campo das Relações Internacionais (RI). Há, em algumas das obras mai
importantes das RI, menção ao papel estratégico dos recursos naturais, ma
sempre como assunto lateral. Hans Morgenthau, em seu clássico *Politic*

Among Nations (1993, p.128-33), destaca as matérias-primas, juntamente com os fatores geográficos e a autonomia na obtenção de alimentos, entre os componentes estáveis ou relativamente estáveis do poder das nações (os componentes variáveis, segundo ele, seriam a capacidade industrial, a preparação militar e o tamanho da população). Morgenthau refere-se, especificamente, aos recursos naturais necessários para a produção industrial e, sobretudo, àqueles que põem em funcionamento o aparato militar. É essa a definição adotada aqui para os recursos ou matérias-primas estratégicas.

Na visão de Morgenthau, a importância desses recursos cresce à medida que a adoção de armas sofisticadas torna menos relevantes o combate corpo a corpo e as qualidades individuais dos soldados. O que define o resultado da guerra, cada vez mais, é a eficácia do material bélico – cuja fabricação e funcionamento dependem de determinadas matérias-primas. Segundo o autor:

> Com a crescente mecanização dos combates ..., o poder nacional torna-se cada vez mais dependente do controle das matérias-primas, tanto na paz quanto na guerra. ... Não é por acaso que os dois países mais poderosos da atualidade, os Estados Unidos e a União Soviética, são os que mais se aproximam da autossuficiência nas matérias-primas necessárias à produção industrial moderna e os que detêm ao menos o controle daquelas fontes de matérias-primas que eles não produzem por si mesmos. (1993, p.129)

Muitos outros autores do campo das RI atribuem importância às matérias-primas na definição da hierarquia entre os Estados. Raymond Aron (2002, p.107) inclui entre os três elementos fundamentais à definição da potência (ou seja, da "capacidade que tem uma coletividade de impor sua vontade a uma outra") os recursos materiais disponíveis, assim como "o conhecimento que permite transformá-los em armas" (os outros dois elementos fundamentais, para Aron, são "o espaço ocupado pelas unidades políticas" e a "capacidade de ação coletiva" no plano militar). Kenneth Waltz (2002, p.202) dedica várias páginas da sua *Teoria das relações internacionais* à importância estratégica dos suprimentos essenciais, entre os quais o petróleo. Robert Gilpin (1981) aponta entre os motivos presentes em grande parte das guerras a conquista de recursos importantes, como o trabalho escravo, as terras férteis e o petróleo. Em *War & Change in World Politics*, ele aponta o efeito da "lei dos retornos decrescentes", que rege o funcionamento econômico em qualquer sociedade, como um fator que impulsiona a disputa entre os países pela posse de recursos valiosos. De acordo com essa lei econômica, uma sociedade se desenvolve, adquirindo riqueza e poder numa escala crescente, até o ponto em que não consegue mais progredir nos marcos da capacidade tecnológica disponível. Nesse ponto, explica Gilpin, o crescimento populacional, o esgotamento das terras de boa qualidade e a escas sez de recursos levam à necessidade de reduzir o excedente econômico, com a conse quente diminuição do bem-estar econômico e do poder do Estado. O surgimento de obstáculos ao crescimento econômico no interior de uma sociedade e a existência de oportunidades externas para se contrapor à lei dos retornos decrescentes oferecem portanto, poderosos incentivos aos Estados para expandir seu controle territorial político ou econômico sobre o sistema internacional. ... O padrão histórico predo minante tem sido o do uso da força por uma sociedade para se apoderar de recurso escassos e cada vez mais dispendiosos, sejam eles o trabalho escravo, a terra férti ou o petróleo. Embora essa resposta aos retornos decrescentes tenha diminuído, ela de nenhuma maneira desapareceu da política mundial. (ibidem, p.82)

Nenhum dos autores mencionados, porém, situa as matérias-prima estratégicas no centro de suas abordagens. Como assinala a alemã Susanne Peters (2004, p.188-9), a perspectiva do surgimento de conflitos relacionado com a escassez de recursos só despertou a atenção dos pesquisadores a parti do primeiro "choque do petróleo", em outubro de 1973, quando ocorre o embargo aplicado pelos exportadores árabes em represália ao apoio do Estados Unidos e de outros países ocidentais a Israel na Guerra do Yom Kippur, seguido por uma escalada de preços que provocou uma recessão econômica mundial. Em 1979, o segundo "choque do petróleo", causado pela interrupção dos fornecimentos do Irã após a tomada do poder por fundamentalistas muçulmanos, reforçou ainda mais o interesse pelo tema Diversos trabalhos publicados naquela época trataram a crise do petróleo como manifestação de um confronto Norte–Sul e ressaltaram a dependência dos países mais industrializados em relação às matérias-primas estratégicas do chamado Terceiro Mundo.[1]

Mas as pesquisas sobre conflitos em torno de recursos diminuíram a partir de meados da década de 1980. Peters (2004) assinala três motivos para o desinteresse. O primeiro é o sucesso inicial dos países ocidentais em reduzir a dependência em relação aos produtores do Oriente Médio por meio da diversificação das fontes de petróleo; o segundo, a globalização da economia, que retirou do horizonte a perspectiva de um confronto mundial do tipo Norte–Sul; e, finalmente, na esteira do avanço das ideia

---

[1] Admite-se aqui a dificuldade conceitual de classificar a imensa parte do mundo que a Nações Unidas chamam de "países em desenvolvimento", conhecidos durante muito tempo como "Terceiro Mundo" ou países do "Sul" – expressões atualmente em relativo desuso Estas, quando mencionadas, aparecerão entre aspas, para expressar nosso distanciamento em relação a qualquer abordagem teórica nelas embutida. Em outros momentos, esses países serão chamados de "periféricos", sempre para se referir à parte do mundo que não corres ponde ao "centro" mais desenvolvido do sistema capitalista – basicamente, os integrante da Organização para a Cooperação e Desenvolvimento Econômico (OCDE) – nem ao países da antiga União Soviética e do Leste Europeu. Para uma discussão interessante so bre o tema, ver Lewis (1999).

neoliberais, o predomínio da crença otimista de que o poder ilimitado da tecnologia pudesse compensar qualquer eventual escassez de recursos naturais, inclusive o esgotamento dos combustíveis fósseis. Na visão de Peters, a ação conjunta dos três fatores impediu que a guerra entre a coligação liderada pelos Estados Unidos e o Iraque, em 1991, motivada principalmente, segundo ela, pelo controle do petróleo no Golfo Pérsico, fosse devidamente entendida pelos estudiosos das RI. Esse conflito "não representa uma aberração no sistema internacional ..., mas aponta para a evolução de um novo padrão de guerra" (Peters, 2004, p.189), que se manifestaria novamente em 2003, com a ocupação do Iraque.

Ao longo da década de 1990, o interesse pelos antagonismos relacionados com matérias-primas se deslocou do plano interestatal para a esfera doméstica, já que a maior parte dos conflitos violentos no período posterior ao fim da Guerra Fria se travou a partir de divisões étnicas ou religiosas. Nessa época, um grupo de pesquisadores da Universidade de Toronto (Canadá), liderado por Thomas Homer-Dixon, introduziu o conceito da "escassez ambiental" para explicar os conflitos causados ou agravados pela degradação e/ou destruição de recursos naturais como a água, as florestas, a terra fértil e as reservas de pesca (1994). As obras elaboradas nessa linha estão voltadas apenas para os recursos renováveis e para os conflitos intra-estatais. Como observa Peters,

> o subcampo da "escassez ambiental" surgiu num contexto em que o petróleo, o mais saliente dos recursos não renováveis, parecia (a julgar pelo seu baixo preço) existir em abundância – portanto, conflitos interestatais sobre o petróleo pareciam improváveis. (2004)

Somente na virada do século é que, sob a dupla influência da defasagem entre a demanda e a oferta de petróleo e da intensificação das disputas em áreas petroleiras-chave, como o Golfo Pérsico e a bacia do mar Cáspio, é que o tema voltou a ser tratado, de modo ainda incipiente e pouco sistematizado do ponto de vista teórico, no campo das RI. Certamente, a queda do entusiasmo com os supostos benefícios da globalização oferece um ambiente intelectual e político propício a essa vertente de análise e de pesquisa.

A UTILIDADE E AS LIMITAÇÕES DO PENSAMENTO "REALISTA"

No ponto em que nos encontramos agora, como escolher uma abordagem teórica adequada aos objetivos aqui propostos? A questão nada tem de ociosa. Toda construção intelectual está assentada sobre algum pressuposto teórico, ainda que de modo não explícito ou consciente. Stephen Walt explica que as teorias servem para "dar sentido à tempestade de informações que nos bombardeia diariamente" (apud Stuart, 2002, p.23). Ele acrescenta:

> Até mesmo os formuladores de política que desprezam a "teoria" são obrigados a adotar como base suas próprias (e frequentemente não explicitadas) ideias sobre como o mundo funciona a fim de decidir sobre o que fazer. ... Todo mundo usa teorias – sabendo disso ou não – e os desacordos sobre política usualmente derivam de desacordos mais fundamentais sobre as forças básicas que moldam os fato internacionais. (ibidem)

1. À primeira vista, o realismo, com sua ênfase nas guerras e na busca da segurança, parece a teoria mais adequada para tratar dos conflitos que marcam a política dos Estados Unidos no Golfo Pérsico. Não é por acaso, aliás, que a maioria dos autores já citados integra essa corrente de pensamento ou é fortemente influenciada por ela. O realismo apresenta, em seus pressupostos, algumas ideias de alta relevância para a compreensão da política de segurança norte-americana e do cenário petroleiro mundial. Três desses pressupostos merecem ser destacados, de acordo com a sistematização de Paul Viotti & Mark Kauppi (1987): os Estados são os atores mais importantes do sistema internacional (os demais, como as empresas transnacionais, as organizações intergovernamentais, as ONGs e os grupos ilegais, exercem papéis secundários devido à incapacidade de influenciar os resultados de modo decisivo);
2. no plano das relações externas, cada Estado se comporta como um ator unitário, ou seja, decide sua conduta segundo a concepção do que é o interesse nacional, independentemente do entrechoque de forças no plano doméstico;
3. em um cenário internacional marcado pela anarquia (ou seja, a inexistência de uma autoridade capaz de se impor sobre os atores individuais, como ocorre no interior de cada país), os Estados buscam o máximo de poder ao seu alcance, e a preocupação com a segurança nacional ocupa o topo da agenda dos governantes, com destaque para o uso da força, como simples possibilidade ou como realidade concreta (a guerra).

Limitações inerentes à abordagem realista das RI impedem a utilização dessa abordagem teórica como linha-mestra para o que aqui examinamos. Com seu foco restrito às grandes potências, o realismo é incapaz de explicar a conduta internacional dos Estados menos poderosos, os chamados países "em desenvolvimento" ou "periféricos" (em relação ao núcleo econômico capitalista). Alguns desses Estados, tratados pelos autores realis tas como meros peões no tabuleiro estratégico, passivos, sem capacidade de ação autônoma, constituem, na realidade, atores-chave na disputa global por matérias-primas. Na irônica observação de Michael Mann, "as opções imperiais enfrentam limites na era do nacionalismo" (2003, p.95).

É evidente a dificuldade dos autores realistas em explicar os dois "choques do petróleo" – para não falar na sua total incapacidade de prevê-los! Simplesmente, não cabe no estreito figurino do realismo, seja em sua vertente "clássica" (Morgenthau, 1993), seja na sua reconstituição "estrutural" (Waltz, 2002), a ideia de que um Estado-cliente como a Arábia Saudita pudesse enfrentar as potências ocidentais com o uso da "arma" do petróleo em desafio à política norte-americana numa região estratégica e, pior ainda, desencadeando uma escalada de preços que levou a economia mundial à semiparalisia. O próprio Morgenthau deixa transparecer sua perplexidade diante dos acontecimentos de 1973. Ele se mostra atordoado diante de uma reviravolta em que certos países, mesmo "destituídos de todos os demais elementos tradicionalmente associados ao poder nacional", e que em muitos casos "só por cortesia semântica podem ser chamados de Estados", emergiram da noite para o dia como "um fator poderoso na política mundial" (1993, p.130-1).

Outro obstáculo à capacidade explicativa do realismo concerne à separação absoluta entre a política interna e a política externa dos Estados (Rosenberg, 1994, p.1-58). Os realistas definem a ação dos Estados no cenário internacional pela conhecida metáfora das bolas de bilhar – unidades maciças e rígidas, que se chocam umas contra as outras. Essa metáfora encontra sustentação empírica quando se constata, por exemplo, a linha de continuidade entre a atuação de administrações norte-americanas democratas e republicanas em relação ao Golfo Pérsico no longo período que se estende desde o mandato de Franklin Roosevelt até a presente gestão de George W. Bush (Anderson, 2002). As diferenças entre os dois partidos no plano da política doméstica não afetaram a coerência da conduta dos Estados Unidos numa região vital para os interesses do país.

O problema surge quando se tenta explicar, só com base nos postulados do realismo, os fatores internos que podem ter influenciado as opções de política externa. Se os interesses nacionais são fixos no tempo, à margem de qualquer risco de ser alterados pela ação dos homens, como se pode admitir a possibilidade de mudança? Como afirma Peter Gowan (2002, p.17): "não podemos ignorar as estruturas sócio-políticas internas dos países ao estudar as suas políticas externas". Ele prossegue:

> As estratégias nacionais dos Estados sempre operam para mediar impulsos sócio-econômicos e políticos domésticos e externos, e a estabilidade dos sistemas interestatais depende de um ajuste entre os arranjos internos e externos feitos nos principais países. (p.17)

Nesse terreno, uma contribuição mais proveitosa pode ser obtida pela interpretação de Ikenberry, autor não realista, de forte inclinação liberal. Em *Reasons of State* (1988), Ikenberry formula um raciocínio interessantíssimo sobre a relação entre os fatores domésticos e os interesses externos dos Estados Unidos no campo dos recursos de energia – a hipótese de que um Estado poderoso, política e militarmente, no plano internacional, porém com uma margem de ação restrita no cenário interno devido à existência de atores muito influentes, tende a buscar fora de suas fronteiras a solução para problemas domésticos, como o da segurança no suprimento de combustíveis.

O NEOLIBERALISMO E O MARXISMO

O exame dos demais paradigmas teóricos das RI não oferece perspectivas animadoras. O neoliberalismo é, na prática, incompatível com o próprio foco escolhido para este livro. Os adeptos dessa corrente acreditam que a cooperação tomará o lugar do conflito como marca predominante do sistema internacional e que a interdependência econômica é capaz de dar resposta a impasses como o da redução dos estoques disponíveis de recursos estratégicos. Mas o quadro que esboçam nos capítulos seguintes não confirma essas suposições otimistas.

O marxismo, em compensação, apresenta elementos bem mais promissores. Teorias de matriz marxista como a dos sistemas-mundo (Wallerstein 2004), a do imperialismo (Lenin) e a teoria da dependência (Gunder Frank 1978), procuram explicar uma dinâmica do sistema mundial na qual o núcleo de países do Norte explora os Estados periféricos do Sul pela extração de suas matérias-primas baratas, pela exploração da sua força de trabalho e por uma estrutura de comércio desigual. Como assinala John Bellamy Foster (2003), a extração de matérias-primas das regiões periféricas em benefício dos capitalistas dos países centrais – um dos traços definidores do imperialismo – acompanha a evolução do capitalismo desde os seus primórdios, no século XVI, até a atualidade. Do ponto de vista de Foster, o controle informal dos recursos da periferia do sistema, obtido "não só por meio de políticas de Estado, mas também de ações de corporações empresariais e de mecanismos de mercado, finanças e investimento" (ibidem, p.47), é tão efetivo quanto a dominação política formal exercida na época do colonialismo.

O pensamento marxista é útil também para entender os fatores domésticos, ligados aos interesses socioeconômicos que influenciam as decisões de política externa, assim como a relação entre o Estado e as grandes corporações empresariais no plano da atuação internacional. Mas a literatura de inspiração marxista mostrou insuficiências em explicar a nacionalização da maior parte das reservas petroleiras da América Latina e do Oriente

Médio, os "choques do petróleo" dos anos 1970, a ascensão do fundamentalismo islâmico e os processos políticos no mundo árabe-muçulmano pós-colonial.

A dificuldade de encontrar uma análise satisfatória sobre os conflitos por recursos energéticos entre as principais linhas teóricas das RI leva-nos a não se filiar a nenhuma dessas correntes, preferindo buscar contribuições intelectuais em diversas delas, na medida da sua utilidade. Essa opção busca respaldo nas reflexões presentes em textos de dois renomados autores no campo da teoria das RI – um deles, de James Rosenau (2001, p.427), e o outro, de Barry Buzan & Richard Little (2001, p.34). Num balanço dos debates teóricos dessa disciplina nas décadas de 1970 e 80, Rosenau afirma que a antiga separação dos estudiosos das RI em campos opostos e inconciliáveis deu lugar a "uma atitude de viva-e-deixe viver". Em sua visão,

> mesmo os debates substantivos parecem ter-se conduzido [a partir dos anos 1990] dentro de um contexto de uma tolerância compartilhada, uma disposição de reconhecer que não há respostas simples, que as RI se tornaram extremamente complexas e que, portanto, o entendimento progride melhor por meio de uma variedade de abordagens. (Rosenau, 2001, p.219)

Buzan & Little também defendem o pluralismo teórico como meio de superar o que chamam de "tendência crônica à fragmentação" (do conhecimento) no campo do estudo das RI. Eles se referem, especificamente, à necessidade de incorporar ao *mainstream* da disciplina as contribuições da sociologia histórica – como os trabalhos de Charles Tilly (1996) e de Michael Mann (2003) – e dos teóricos dos sistemas-mundo – como Immanuel Wallerstein e Giovanni Arrighi). Segundo os autores,

> A suposição de que as diferentes narrativas sobre as RI devem ser apresentadas em oposição umas às outras deve ser substituída pela suposição de que é interessante e de que vale a pena contar essas histórias em paralelo. (Buzan & Little, 2001, p.38)

A CORRENTE AMBIENTALISTA E A "GUERRA POR RECURSOS"

As obras mais diretamente relacionadas com o tema aqui apresentado são aquelas construídas na busca de um vínculo entre os conflitos humanos e a obtenção de recursos naturais escassos ou de acesso difícil. Esse pressuposto está implícito nas obras de vários autores. No caso de Homer-Dixon (1944), um deles, a hipótese construída para explicar os conflitos da "escassez ambiental", se restringe, conforme já mencionado, às disputas intranacionais por recursos renováveis. A seu ver, "a escassez de recursos renováveis pode produzir conflitos civis, instabilidade, deslocamentos populacionais desestabilizadores em larga escala e debilitar as instituições políticas e sociais" (ibidem, p.5). Nessa situação de crise, a legitimidade dos regimes políticos e dos sistemas socioeconômicos pode se ver ameaçada com o risco de conflitos étnicos, insurreições e golpes de Estado. Homer-Dixon discorda do argumento liberal de que a globalização favorece a solução pacífica dos conflitos. Ele sustenta que, ao contrário, a liberalização econômica em escala mundial tende a insuflar a competição por recursos uma vez que os Estados nacionais perdem o controle sobre as atividades econômicas em seus territórios.

Com uma linha de pensamento muito identificada com a dos teóricos da "escassez ambiental", Michael Renner (2002, p.15) elaborou para o Worldwatch Institute, onde trabalha como pesquisador sênior, um estudo sobre as causas de 16 conflitos intranacionais na Ásia, África, América Latina e Oceania. Todos, com exceção de dois (na Birmânia, atual Mianmá, iniciado em 1949, e na província indonésia de Papua Ocidental, iniciado em 1969) começaram a partir da segunda metade da década de 1970, e sete deles ainda estavam em andamento quando a pesquisa foi publicada (2001). Oito dos conflitos analisados tiveram como causa principal ou muito importante a disputa por recursos naturais valiosos: Angola (Cabinda) a partir de 1975, República do Congo em 1997, Zaire em 1996-97, República Democrática do Congo a partir de 1998, Indonésia (Aceh) a partir de 1975, Papua Nova Guiné (Bougainville) em 1988-1998, Serra Leoa em 1991-2000 e Sudão, a partir de 1983. De acordo com Renner, esse tipo de conflito se sustenta sobre "um círculo vicioso no qual os lucros da exploração dos recursos financiam a guerra, e a guerra proporciona os meios e as condições que permitem a continuidade do acesso ilegítimo a esses recursos". Um exemplo citado por ele é o da guerra civil no Sudão, em que as exportações de petróleo permitiram ao governo central levar adiante a guerra contra os rebeldes sulistas. No entanto, para bancar os custos da guerra, o governo necessita expandir a produção de petróleo, e para isso é necessário explorar depósitos petrolíferos situados cada vez mais fundo no território rebelde.

Alguns críticos, como Phillipe Le Billon (2001, p.563) e Jon Barnet (2001), apontam uma limitação na corrente da "escassez ambiental". Ela dirige seu foco para os "conflitos sociais", como rebeliões e guerras civis, deixando de lado os conflitos interestatais, marcados quase sempre por combates em escala muito maior. Como os "conflitos sociais" ocorrem geralmente em países pobres e atrasados, são considerados consequência do subdesenvolvimento – e o envolvimento de potências ocidentais é ignorado. Barnett afirma que:

> A literatura do conflito ambiental está quase totalmente assentada sobre a premissa etnocêntrica de que os povos do Sul vão recorrer à violência em casos de

escassez de recursos ... Raramente, ou nunca, esse mesmo argumento é aplicado aos povos do Norte industrializado. (p.53)

Outras obras, publicadas a partir da década de 1990, abordam as implicações estratégicas da escassez dos suprimentos de água potável, um problema que põe em risco a atividade econômica e a própria sobrevivência de muitos Estados (Gleick, 2005; Hillel, 1994). O foco de muitos desses trabalhos se localiza no Oriente Médio, região onde a disputa pelo acesso aos recursos hídricos suficientes tem gerado ou agravado tensões entre coletividades nacionais (como os israelenses e os palestinos) e entre Estados que compartilham as mesmas fontes de água. É o caso da animosidade que se manifestou entre a Turquia, a Síria e o Iraque em torno de um projeto do governo turco para a construção de um sistema de irrigação com as águas dos rios Tigre e Eufrates. O efeito das disputas sobre o panorama internacional é, no entanto, limitado, uma vez que não se registra, até agora, nenhum conflito violento em que a água tenha sido um motivo importante.

O mesmo não ocorre com os recursos não renováveis. Homer-Dixon, embora priorize o estudo dos recursos renováveis e dos conflitos internos, esboçou a hipótese de que os Estados lutam mais por recursos não renováveis do que por recursos renováveis. Ele apontou dois motivos: 1) como os combustíveis fósseis e os minérios são componentes críticos da produção voltada para a guerra, esses recursos podem ser convertidos em poder de Estado de um modo mais direto do que, por exemplo, peixes e florestas; 2) os países mais dependentes de recursos renováveis, e que, portanto, teriam mais motivos para se apoderar dos recursos de seus vizinhos, também tendem a ser os mais pobres – o que, obviamente, limita a sua capacidade de agressão.

Quem elaborou de modo mais sistemático a hipótese da "guerra por recursos" foi o norte-americano Michael Klare, autor de numerosos artigos e de dois livros importantes sobre o assunto: *Resource Wars* (2001a) e *Blood and Oil* (2004a). Do mesmo modo que Samuel Huntington (1997) formulou a teoria de que os confrontos violentos do pós-Guerra Fria serão travados principalmente em torno de diferenças culturais e de políticas de identidade, Klare desenvolveu uma linha de explicação para as causas dos conflitos em nossa época. Para ele, a questão-chave não é o "choque de civilizações", como defende Huntington, e sim a disputa por recursos naturais, cada vez mais escassos. Segundo ele, "As guerras por recursos se tornarão, nos anos vindouros, o traço mais marcante do ambiente de segurança global (2001a, p.408). Trata-se, na sua visão, de uma tendência universal, uma vez que a demanda, intensificada pelo crescimento populacional e pelo desenvolvimento econômico, ultrapassa cada vez mais a capacidade da natureza de fornecer os materiais essenciais para a vida moderna.

Em apoio à sua hipótese, Klare (2000, p.403-7) observa que a competição e o conflito em torno do acesso às principais fontes de materiais valiosos e/ou essenciais – água, terra, ouro, pedras preciosas, especiarias, madeira, combustíveis fósseis e minerais de uso industrial – acompanham a trajetória da humanidade desde os tempos pré-históricos. O impulso inicial que levou os europeus à conquista de territórios nas Américas, na Ásia e na África, a partir dos séculos XV e XVI, foi, em grande medida, a busca de recursos preciosos. Esse foi, também, um dos motivos para a dominação colonial que se estabeleceu logo em seguida. O avanço da industrialização, no século XIX, desencadeou nova corrida para o controle das fontes de matérias-primas. Entre elas estava o petróleo, que se revelou decisivo para o desenlace das duas guerras mundiais. Na visão do autor, o período da Guerra Fria constitui uma exceção nesse processo – embora a disputa internacional por recursos naturais estratégicos não tenha desaparecido nessa época, as preocupações dos Estados Unidos e da União Soviética se voltaram mais para a disputa por influência política e ideológica. "Agora, com o fim da Guerra Fria e o início de uma nova era, a competição por recursos irá desempenhar novamente um papel crítico nos assuntos mundiais" (ibidem, p.407).

O autor assinala que a influência dos recursos no cenário internacional dependerá dos padrões de evolução do consumo humano. Atualmente, lembra, "o consumo de certos recursos está se expandindo mais depressa do que a capacidade da terra em fornecê-los" (ibidem, p.407), o que deverá elevar seus preços a patamares inatingíveis por grande parte da humanidade e, em alguns casos, provocar discórdia entre os Estados interessados em garantir o seu acesso a custos aceitáveis. "Quanto mais intensa a pressão sobre a base dos recursos mundiais existentes, maior o risco de um grande trauma" (ibidem). Três tendências, em sua avaliação, são decisivas no processo de esgotamento dos recursos naturais mais importantes: 1) a globalização, que inclui entre seus efeitos a industrialização acelerada do Leste da Ásia, causando um aumento dramático do consumo de energia, e o surgimento, em várias partes do mundo, de uma classe média emergente que tenta reproduzir o estilo de vida europeu-ocidental e norte-americano, baseado no uso intenso de matérias-primas e, em especial, da adoção do carro de passeio como símbolo do sucesso pessoal; 2) o crescimento populacional, que adiciona novos fatores de pressão sobre os recursos naturais; 3) a urbanização, com um efeito especial sobre a água, em que o aumento da demanda para uso doméstico e para o sistema sanitário se agrava com a poluição causada pelos detritos lançados nos rios e nos lagos.

Os teóricos da "guerra por recursos" estão convencidos de que as forças de mercado, sozinhas, são incapazes de resolver o desequilíbrio entre a oferta e a demanda, o que pode levar alguns Estados a buscar suas metas pela força ou ameaça da força. Segundo Klare, o valor crescente de matérias-primas como o petróleo, aliado ao papel que desempenham no funcionamento da economia e dos aparatos militares, faz com que sejam consideradas bens de interesse vital por muitos Estados, especialmente pelas grandes potências. O risco de ruptura do suprimento é encarado por esses Estados como uma ameaça à segurança nacional, cuja prevenção pode justificar intervenções militares e até mesmo a guerra em grande escala.

A obra de Klare se soma à de outros autores que compartilham as premissas da "guerra por recursos". Gleick (Gleick, Ehrlich & Conca, 2000) aponta quatro condições importantes que influenciam, em sua avaliação, a probabilidade de que os recursos naturais se tornem objetivo de uma ação política ou militar: 1) o grau de escassez (os recursos se distribuem pelo mundo de uma forma desigual e fatores humanos como a densidade populacional ou o desenvolvimento industrial intenso podem criar situações de escassez "relativa"); 2) a medida em que o suprimento é compartilhado por dois ou mais grupos (quando a base de recursos se estende sobre uma fronteira entre dois países, a discórdia sobre a localização ou o uso dos recursos é mais provável, como se viu na disputa que culminou na invasão do Kuait pelo Iraque em 1990); 3) o poder relativo desses grupos (se há grandes disparidades de força econômica ou militar entre as partes envolvidas, as atitudes unilaterais são mais prováveis); e 4) a facilidade de acesso a fontes alternativas (como os conflitos trazem altos custos econômicos, sociais e políticos, eles têm boas chances de ser evitados caso se encontrem substitutos aceitáveis para os recursos em disputa).

Susanne Peters (2004) agrega aos prognósticos sobre um eventual conflito internacional por recursos energéticos não renováveis uma dimensão Norte–Sul. Uma pesquisa elaborada por ela constata que mais de 88,6% das reservas comprovadas de petróleo no planeta se situam num grupo de 19 países produtores do chamado "Terceiro Mundo" ou do antigo bloco comunista. Embora esse seja um critério discutível (como classificar, por exemplo, a Arábia Saudita, o Kuait e os Emirados Árabes Unidos, com seus excedentes astronômicos na balança de pagamentos?), o fato, assinalado por Peters, é que nenhum dos principais países exportadores de petróleo e de gás integra a Organização para a Cooperação e o Desenvolvimento Econômico – eles estão, portanto, do lado de fora do "clube dos ricos". À medida que a demanda (dos países do "Norte") pelo aumento das exportações desses recursos aumentar a pressão sobre as reservas (dos países do "Sul"), os produtores estarão na iminência de exaurir sua principal ou única riqueza para atender ao apetite dos consumidores. A seu ver,

> Com a demanda progressivamente ultrapassando a produção nas próximas décadas, nós podemos esperar uma luta em torno da distribuição das reservas remanescentes, com o Sul não mais disposto a aceitar a atual desproporção no consumo de energia em favor do Norte. (ibidem, p.190)

O eixo Norte–Sul dos conflitos por recursos também é foco das atenções de Klare (2004b). Depois de assinalar o deslocamento do centro da produção petroleira mundial dos Estados Unidos e das reservas britânico-norueguesas do mar do Norte para o Golfo Pérsico, a Rússia e os países do mar Cáspio, ele lembra que boa parte dos produtores emergentes guarda um passado colonial e abriga profunda hostilidade em relação às antigas potências imperiais da Europa:

> Os EUA são vistos em muitos desses países como o herdeiro moderno dessa tradição imperial. O crescente ressentimento em função dos traumas sociais e econômicos causados pela globalização é dirigido aos EUA. Como o petróleo é encarado como o principal motivo para o envolvimento norte-americano nessas áreas, e porque as gigantescas corporações petroleiras dos EUA são tidas como a própria encarnação do poderio norte-americano, qualquer coisa que tenha a ver com o petróleo – oleodutos, poços, refinarias, plataformas – se torna, aos olhos dos insurgentes dessas regiões, com um alvo legítimo e atraente para ser atacado. (ibidem, p.31)

Uma crítica às hipóteses da "escassez ambiental" e da "guerra por recursos" é a de que é difícil separar os recursos naturais de outros fatores, como as rivalidades étnicas, a desigualdade social e os governos autoritários, incompetentes ou impopulares, o que tornaria impossível provar que os recursos constituem uma fonte de conflito. Essa crítica tem fôlego curto, pois os próprios alvos das críticas – autores como Homer-Dixon, Gleick e Klare – concordam que tanto os conflitos intraestatais quanto os interestatais apresentam múltiplas causas. Na opinião de Klare (2001a),

> outros fatores, como hostilidade étnica, injustiça econômica e competição política, também levarão a erupções periódicas de violência. Cada vez mais, entretanto, esses fatores estarão vinculados às disputas sobre a posse ou o acesso a materiais vitais. Por mais divididos que dois Estados ou sociedades possam se encontrar em relação a assuntos como política ou religião, a probabilidade de que eles venham a entrar em guerra se torna consideravelmente maior quando um dos lados acredita que o seu suprimento essencial de água, energia ou alimentos se encontra ameaçado pelo outro lado. E, com a disponibilidade mundial de muitos recursos chaves ingressando num período de declínio, o perigo de que as disputas por recursos se misturem com outras áreas de desacordo só pode crescer. (p.31)

É importante ressaltar que os defensores da hipótese da "guerra por recursos" não estão sozinhos nessas previsões. Para os marxistas, a competição entre as potências imperialistas pelo acesso aos mercados e às matérias-primas é uma das causas dos conflitos desde o século XIX (Lenin). Em termos mais gerais, Gilpin afirma que "num mundo de escassez, a questão fundamental é a distribuição do excedente econômico disponível" (1981, p.67). E, para Susan Strange, o período do pós-Guerra Fria apresenta, entre suas características, "um envolvimento mais direto dos Estados na competição por parcelas da riqueza mundial" (1988 apud Kirshner, 1999, p.19).

2
A importância estratégica do petróleo

O petróleo, principal fonte de energia da economia moderna, manterá sua importância nas próximas décadas, segundo todas as previsões, e sua posse poderá se tornar um fator de disputa política à medida que o crescimento da demanda – principalmente nos países em desenvolvimento e nas potências emergentes, como a China – exercer pressão sobre as reservas. Grande parte dos especialistas acredita que a produção mundial de petróleo está perto de atingir o seu ponto máximo, a partir do qual iniciará um lento declínio. Essa previsão, caso se confirme, ressaltará ainda mais o papel estratégico do Golfo Pérsico, onde se situam mais de dois terços das reservas.

AS FONTES DE ENERGIA PRIMÁRIA NA ATUALIDADE

O petróleo foi a matéria-prima mais importante do século XX e manterá esse papel, ao que tudo indica, nas primeiras décadas do século XXI. Como fonte de energia, serve para quase todas as necessidades imediatas. Na forma de gasolina, óleo diesel e querosene, entre outros derivados, o petróleo responde por 95% da energia destinada aos meios de transporte, no mundo inteiro. É também um dos principais combustíveis utilizados na geração de eletricidade, além de servir de matéria-prima para uma infinidade de produtos, como os plásticos, os fertilizantes, os tecidos sintéticos e os explosivos. Atualmente, o petróleo fornece 39,3% de toda a energia consumida no planeta, conforme mostra a Figura 1. O carvão, a segunda fonte de energia mais importante, é responsável por apenas 25,5%. Os restantes 35,2% do consumo de energia se dividem entre o gás natural (23,4%), a energia nuclear (7,4%), a energia hidroelétrica e os recursos mais tradicionais, como a lenha, os resíduos de colheitas e os excrementos de animais.

Igor Fuser

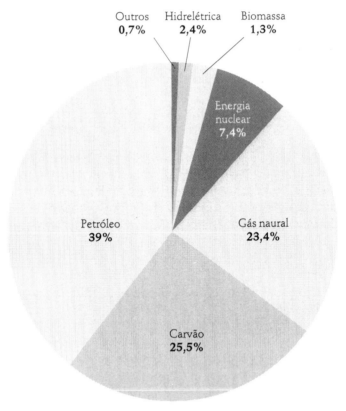

Figura 1 – Demanda mundial de energia em 2002 (por fonte de combustível, em %).
Fonte: Agência Internacional de Energia (AIE) / World Energy Outlook (2004).

A Agência Internacional de Energia (AIE), no relatório *World Energy Outlook 2007*, prevê que o petróleo continuará ao menos até 2030 – o horizonte das projeções naquele documento – como "o mais importante combustível no *mix* global da energia primária". Com o esperado crescimento anual de 1,8% no consumo mundial de energia nesses próximos 25 anos, a demanda por petróleo vai aumentar 37%, passando de 84 milhões de barris diários em 2006 para 116 milhões em 2030.

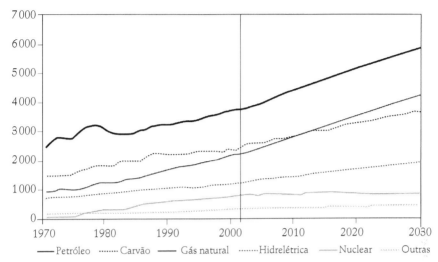

Figura 2 – Evolução da demanda mundial de energia primária por combustível (em milhões de toneladas equivalentes em petróleo).
Fonte: Agência Internacional de Energia (AIE) / World Energy Outlook (2004)

A primazia do petróleo resulta, em primeiro lugar, da inexistência de qualquer produto capaz de substituí-lo de modo eficaz. A energia nuclear, que começou a ser utilizada para fins pacíficos na década de 1950, alcançou resultados limitados – sua expansão foi interrompida diante dos problemas de impacto ambiental, dada a dificuldade em se encontrar um destino satisfatório para os resíduos radiativos, e dos riscos de segurança estratégica envolvidos na difusão da tecnologia nuclear em escala mundial. Os chamados combustíveis alternativos, como as células de hidrogênio, ainda são essencialmente um objeto de pesquisa, e não se prevê que possam ser utilizados comercialmente em larga escala nos próximos vinte ou trinta anos.

Outra vantagem decisiva do petróleo em relação às demais fontes de energia é o custo. Uma vez concluído o investimento necessário à descoberta da reserva a ser explorada e à instalação dos equipamentos necessários, a extração é feita com um gasto reduzido em comparação às demais fontes de energia de origem mineral (com exceção do gás natural, que é ainda mais barato). Seu rendimento como combustível é incomparável. Uma tonelada do tipo de carvão mais utilizado gera uma energia equivalente a 0,5 tonelada de óleo cru (Smil, 2002, p.126). Além disso, o petróleo pode ser transportado por longas distâncias mais depressa e a custo menor do que qualquer dos seus competidores. O gás natural, por exemplo, depende de uma estrutura dispendiosa de gasodutos para chegar aos mercados consumidores – a menos que seja transportado em forma líquida, o que também eleva significativamente o custo – e é muito menos versátil do que o petróleo no que diz respeito às possibilidades de utilização.

Esse líquido está tão presente em nossa vida cotidiana que nem sequer nos damos conta de sua existência. No entanto, em obra completa sobre o assunto, *O petróleo*, Daniel Yergin assinala que "a civilização contemporânea desabaria caso os poços de petróleo secassem subitamente" (1993). É difícil exagerar sua importância econômica. Tanto para os países quanto para muitas empresas e indivíduos, o petróleo é sinônimo de riqueza. Nenhum outro produto tem importância tão decisiva para o funcionamento da economia mundial – uma simples variação no seu preço pode representar o início de uma fase de crescimento ou, ao contrário, lançar o mundo na recessão.

Uma boa definição do papel do petróleo no atual cenário internacional foi apresentada por Robert Ebel, diretor do Programa de Energia do Center for Strategic and International Studies, dos Estados Unidos, em discurso na abertura do *Open Forum: Geopolitics of Energy into the 21st Century*, realizado no Departamento de Estado, em Washington, em 30 de abril de 2002:

> Os derivados de petróleo abastecem mais do que automóveis e aviões. O petróleo abastece o poder militar, tesouros nacionais e a política internacional. Ele não é apenas uma *commodity* que pode ser comprada e vendida no contexto tradicional do equilíbrio entre oferta e demanda, mas um determinante do bem-estar, da segurança nacional e do poder internacional daqueles que possuem esse recurso vital e o inverso disso para os que não o possuem.

A dimensão política do petróleo é decisiva. O petróleo contribui para determinar a hierarquia no cenário internacional. Segundo Klare, "Para os países importadores de petróleo, a garantia das entregas de petróleo é a base da segurança econômica. Já entre os países exportadores, a posse das reservas petrolífera é o elemento dominante no pensamento econômico" (2001a, p.35). No comércio mundial do petróleo, as políticas dos Estados na busca de poder e de riqueza se misturam com os interesses privados de grandes empresas capitalistas – elas mesmas, com muita frequência, instrumentos de estratégias estatais.

O PETRÓLEO E OS CONFLITOS INTERNACIONAIS

Parafraseando Yves Lacoste, em comentário bastante citado sobre o estudo da geografia, o petróleo serve, igualmente, para fazer a guerra. O primeiro estadista a reconhecer seu valor estratégico foi Winston Churchill. Em 1912, pouco depois de assumir o comando do Almirantado britânico, Churchill tomou uma decisão que se tornaria um marco histórico – a conversão dos navios de guerra da Marinha Real, movidos a carvão, para o petróleo. O novo combustível deu aos navios britânicos na Primeira Guerra Mundial uma vantagem em velocidade e em autonomia de percurso suficiente para deixar fora de combate as esquadras alemãs, que ainda não tinham aderido ao novo combustível. O conflito assinalou, pela primeira vez, um vínculo entre o petróleo e a capacidade militar. Foi a estreia do tanque e do avião de combate – duas máquinas que iriam revolucionar a condução da guerra.

Igualmente importante foi o uso de veículos movidos a gasolina para transportar as tropas até a frente de batalha. Durante a Primeira Guerra Mundial, a frota britânica de caminhões cresceu de dez mil para sessenta mil, e recebeu, como reforço, outros cinquenta mil veículos enviados pelos Estados Unidos (Klare, 2001a, p.30). A novidade levou Lord Curzon, futuro ministro britânico do Exterior, a dizer, em 1918, que "a causa aliada flutuou para a vitória sobre uma onda de petróleo" (Yergin, 1993, p.178).

Desde então, o petróleo se tornou um recurso estratégico decisivo. Na Segunda Guerra Mundial, um objetivo prioritário das tropas alemãs que invadiram a União Soviética foi o controle dos valiosos campos petrolíferos da região de Baku, hoje pertencente ao Azerbaijão. O fracasso dessa tentativa deixou os nazistas sem combustível para resistir à ofensiva conjunta das tropas anglo-americanas e soviéticas que culminou com a derrota alemã em 1945. Enquanto isso, no Pacífico, a imposição de um embargo norte-americano às exportações de petróleo para o Japão – país altamente dependente dos suprimentos externos de energia – levou os dirigentes japoneses à convicção de que a guerra seria inevitável. Foi esse o motivo, juntamente com o afã de se apossar das reservas petrolíferas da atual Indonésia (na época, colônia holandesa), que levou o Japão a deflagrar o ataque de surpresa a Pearl Harbor, em 1941 (Weinberg, 1994, p.254).

Nas palavras de Klare:

> O acesso ao petróleo era considerado pelos estrategistas americanos como algo particularmente importante por ter sido um fator essencial para a vitória dos Aliados sobre as potências do Eixo. Embora as explosões nucleares em Hiroshima e Nagasaki tenham determinado o fim da guerra, foi o petróleo que serviu de combustível para os exércitos que derrotaram a Alemanha e o Japão. O petróleo deu

às forças aliadas uma vantagem decisiva sobre seus adversários, que não dispunham de fontes seguras desse combustível. Por esse motivo, disseminou-se a ideia de que o acesso a amplas fontes de petróleo seria um fator crítico para o sucesso dos EUA em quaisquer conflitos no futuro. (2001a, p.38)

Após a Segunda Guerra Mundial, as imensas reservas do Oriente Médio – quase totalmente sob o controle de empresas norte-americanas e britânicas, que as comercializavam a preços baixos – constituíram fator decisivo na reconstrução das economias da Europa Ocidental e do Japão. Nesse período, o petróleo suplantou o carvão como a principal fonte de energia do mundo.

Durante as três primeiras décadas após a Segunda Guerra, o consumo mundial de petróleo cresceu a taxas superiores a 7% ao ano. Parcela crescente dessa demanda passou a ser suprida pelos países produtores do Golfo Pérsico. Com o declínio do imperialismo britânico, antes hegemônico no Oriente Médio, e a ascensão do nacionalismo, que enfraqueceu a influência das grandes empresas petroleiras – em sua maioria, norte-americanas –, os soviéticos passaram a disputar influência com os Estados Unidos na região, embora sem muito sucesso. O vínculo entre a segurança nacional dos Estados Unidos e o abastecimento de combustível se tornou cada vez mais estreito a partir da crise de 1973-74. Em janeiro de 1980, pouco depois do segundo "choque do petróleo", provocado pela queda do xá do Irã, o presidente Jimmy Carter declarou que qualquer tentativa de restringir o fluxo de petróleo pelo Golfo Pérsico "será repelida por todos os meios necessários, inclusive a força" (1980).

Carter se referia à União Soviética, que no fim de 1979 havia invadido o Afeganistão. Mas a Doutrina Carter, como o princípio se tornou conhecido, logo foi adaptada para lidar com outras ameaças, como o risco de ataques a navios-petroleiros em trânsito pelo Golfo Pérsico durante a guerra entre o Irã e o Iraque (1980-88), e a invasão do Kuait pelo Iraque, em 1990 (Palmer, 1992, p.109). A permanência dessa doutrina no pensamento estratégico norte-americano se mostrou evidente em 2003, com a decisão do governo de George W. Bush de invadir o Iraque, ainda que se considere a possibilidade de que outros motivos, além do petróleo, também tenham tido peso na ação militar.

O PAPEL DO GOLFO PÉRSICO NO MERCADO PETROLEIRO MUNDIAL

A importância política do Golfo Pérsico é consequência dos fatores geológicos que determinam a localização mundial das reservas de petróleo. Ao contrário do carvão, presente em todos os continentes em grandes quantidades, o petróleo se distribui pelo planeta de um modo muito desigual. De acordo com o *Annual Energy Outlook*, do Departamento de Energia dos Estados Unidos, os países do Oriente Médio detêm cerca de 67% das reservas comprovadas de petróleo (Figura 3), embora respondam por apenas 37% da atual produção mundial.

Na lista dos países com as maiores reservas (Tabela 1), os cinco primeiros lugares pertencem àquela parte do mundo: pela ordem, Arábia Saudita, Irã, Iraque, Emirados Árabes Unidos e Kuait. Somados ao Catar, Omã e Iêmen, esses países possuíam em 2002 um total de 679 bilhões de barris de petróleo em seu subsolo.

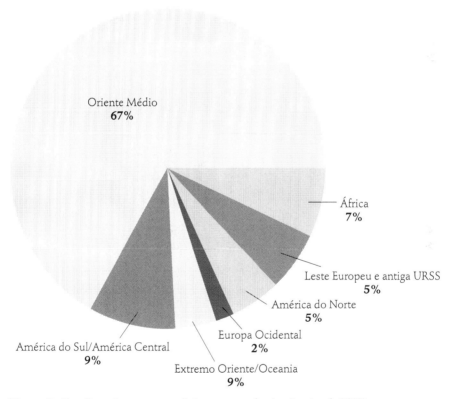

Figura 3 – Petróleo – Reservas mundiais comprovadas (em janeiro de 2002).
Fonte: Departamento de Energia dos Estados Unidos /Administração de Informações sobre Energia, National Energy Policy, 2001.

Tabela 1 – Reservas e produção de petróleo no Golfo Pérsico e em outras regiões (2002 e 2005)

País e região	Reservas Em 2002 (m/b*)	% do total mundial	Produção em 2002 (mbd**)	% do total mundial	Produção est. em 2005 (mbd*)	% do total mundial em 2005
Arábia Saudita	261,8	25,0	8,68	11,7	23,8	19,1
Iraque	112,5	10,7	2,03	2,7	5,2	4,2
Emirados Árabes Unidos	97,8	9,3	2,27	3,1	5,4	4,3
Kuait	96,5	9,2	1,87	2,5	5,1	4,1
Irã	89,7	8,6	3,37	4,6	4,9	3,9
Catar	15,2	1,5	0,76	1,0	0,8	0,6
Omã	5,5	0,5	0,90	1,2	n/d	n/d
Golfo Pérsico (TOTAL)	**679,0**	**64,8**	**19,88**	**26,9**	**45,2**	**36,3**
Estados Undos	30,4	2,9	7,70	10,4	9,4	7,6
Canadá e México	19,5	1,9	6,44	8,7	8,9	7,1
Norte da Europa (***)	16,3	1,6	6,16	8,3	3,5	3,6
Ex-URSS	77,1	7,4	9,35	12,6	15,9	12,8
África	77,4	7,4	7,94	10,7	16,2	13,0
América Central e do Sul	98,6	9,4	6,65	9,0	12,3	9,9
Resto do mundo	10,7	1,0	1,83	2,5	4,6	3,7
Total mundial	**1.047,7**	**100**	**73,94**	**100**	**113,5**	**100**

Fonte: Michael Klare (2004), com dados da British Petroleum, Statistical Review of World Energy 2004 (Londres, BP; junho 2004) e Departamento de Energia dos Estados Unidos, Agência de Informações sobre Energia, International Energy Outlook 2003 (Washigton, D.C.: DoE/EIA, 2003).

Dois fatores reforçam dramaticamente a importância do petróleo do Oriente Médio – especificamente, do Golfo Pérsico, pois a produção em outros lugares da região, como a Síria, é relativamente pequena, e exportadores importantes, como a Líbia e a Argélia, são classificados pelas publicações especializadas como africanos. Em primeiro lugar, a região exerce posição única no mercado internacional, por sua capacidade de ampliar significativamente a produção em curtíssimo prazo. Em 2004, a Arábia Saudita e os Emirados Árabes Unidos eram os únicos países do mundo que mantinham uma reserva de capacidade ociosa pronta para ser acionada – ou seja, os únicos que não extraíam todo o petróleo de que seriam capazes. Essa posição de controle sobre a própria produção confere a esses países – em especial, à Arábia Saudita, o grande *swing producer*, no jargão do mercado – um poder incomparável sobre os preços, regidos, como os de qualquer outra mercadoria, pela lei da oferta e da procura.

Ainda mais importante é o fato de que somente no Oriente Médio os países exportadores são considerados capazes de aumentar sua produção, de modo sustentável, ao longo dos próximos vinte ou trinta anos. Além disso, a região do Golfo Pérsico consome apenas pequena parcela do petróleo que produz, o que reforça ainda mais sua posição no mercado global.

A TEORIA DE HUBBERT SOBRE O "PICO DO PETRÓLEO"

Conforme demonstrou o geofísico norte-americano Marion King Hubbert (1903-1989), a extração em qualquer campo de petróleo segue, inexoravelmente, uma curva em forma de sino (apud Heinberg, 2003). No início, quando o reservatório acabou de ser perfurado e os seus limites ainda não são conhecidos, a produção é pequena. À medida que o campo é mapeado, novos poços são abertos e a produção cresce rapidamente e se estabiliza. É o período em que se extrai a parcela de petróleo de acesso mais fácil. A partir de certo ponto, porém, as dificuldades se tornam crescentes. A produção cai, ainda que se perfurem novos poços. Durante a década de 1950 Hubbert descobriu, analisando os dados da exploração petroleira em 48 Estados norte-americanos (todos, exceto o Alasca e o Havaí), que o pico de produção ocorre quando cerca da metade do total de petróleo de um reservatório já foi extraída. Por maiores que sejam os esforços para retirar a parcela remanescente, os resultados serão declinantes (Heinberg, 2003, p.87-92). Com base nesse método de cálculo, Hubbert previu, em 1956, que o pico da produção de petróleo nos Estados Unidos ocorreria em 1970 – o que, de fato, aconteceu, dando alta credibilidade ao método de cálculo.

As conclusões de Hubbert hoje estão incorporadas a todas as projeções sobre a produção de petróleo. Como a maior parte dos grandes campos petrolíferos provavelmente já foi descoberta – a taxa de novas descobertas cai ano a ano, e as novas reservas encontradas são cada vez menores –, é possível calcular o desempenho futuro de cada país produtor, com margem de erro pequena. Os diversos países do mundo estão em estágios diferentes de suas curvas de exploração. As jazidas da Grã-Bretanha e da Noruega no mar do Norte – que ajudaram a baixar os preços mundiais nas duas décadas posteriores aos dois choques petroleiros dos anos 1970 – já atingiram o pico e agora estão declinando ao ritmo de 6% ao ano. A curva dos Estados Unidos chegou ao pico em 1970, com 9,64 milhões de barris diários, e desde então vem caindo, com uma produção de apenas 5,7 milhões em 2003.

Já as reservas do Golfo Pérsico ainda estão em estágio inicial de esgotamento, o que confere aos seus donos – os respectivos Estados-nacionais – posição privilegiada. Como a demanda mundial por petróleo continuará crescendo e os demais produtores nem sequer conseguirão manter por muito tempo os níveis atuais, caberá ao Oriente Médio atender às necessidades adicionais de suprimento nas próximas décadas. De acordo com a AIE, as exportações da região responderão por mais de dois terços do comércio global de petróleo em 2030. "Os produtores do Oriente Médio ... vão assumir uma liderança indiscutível no lado da oferta do mercado de petróleo", assinala Salameh (2001, p.129).

A DIVISÃO DA OFERTA ENTRE PAÍSES DA OPEP E NÃO OPEP

O aumento do peso relativo do Oriente Médio fará crescer a influência da Organização dos Países Exportadores de Petróleo (Opep)[1] no mercado mundial. A Opep foi fundada em 1960, com o objetivo de coordenar as políticas petroleiras de seus integrantes, em particular no que se refere aos preços e ao volume de produção. Atualmente, os membros da Opep respondem por cerca de 40% da produção mundial, mas as suas reservas comprovadas atingem cerca de 77% do total.

Ao tomar suas decisões, a Opep sempre leva em conta um equilíbrio entre duas metas contraditórias: o maior preço possível e a máxima fatia do mercado. Em todos os países membros, a exploração do petróleo é controlada pelo Estado. A partir da década de 1980, a influência da Opep se enfraqueceu com o agravamento das divergências entre seus integrantes, que chegaram a travar guerras entre si (Iraque e Irã e, depois, Iraque e Kuait), e com o crescimento da produção de exportadores de fora da Opep, como a Rússia, as antigas repúblicas soviéticas da bacia do mar Cáspio e países africanos, como Angola. Nos países chamados de não Opep, os custos de prospecção e de exploração são mais altos do que na Opep. À medida que as reservas dos países não Opep declinarem, a tendência é que a Opep aumente sua participação na produção mundial, retomando o controle da oferta (Figura 4).

---

[1] Os membros fundadores da Opep são o Iraque, o Irã, o Kuait, a Arábia Saudita e a Venezuela. Depois ingressaram na organização o Catar (1961), a Indonésia (1962), a Líbia (1962), os Emirados Árabes Unidos (1974), a Argélia (1969) e a Nigéria (1971).

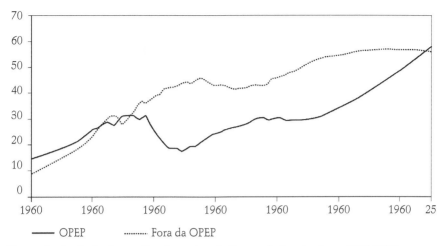

Figura 4 – Produção de petróleo dos países da Opep e de fora da Opep: 1960-2005.
Fonte: Organization of the Petroleum Exporting Countries, Oil Outlook to 2025, setembro 2004, Opec Review Paper.

Pelos cálculos da AIE, em 2030 a Opep deverá atingir uma produção de 65 milhões de barris/dia, cerca de 53% do suprimento mundial de óleo – um pouco acima do seu topo histórico, em 1973, segundo o Departamento de Energia dos Estados Unidos (DoE).

A DEFASAGEM ENTRE A DEMANDA E A CAPACIDADE DE PRODUÇÃO

Da produção adicional de 32 milhões de barris/dia que a AIE projeta para o período entre 2006 e 2030, nada menos que 29 milhões de barris/dia virão do Oriente Médio. O aumento será facilitado pelos custos de produção na região – os mais baixos do mundo, numa média de US$ 2 por barril. Os custos de investimento também são reduzidos, estimados no relatório da AIE em US$ 5000 por barril/dia em capacidade de produção. O horizonte temporal dessas previsões pode parecer distante, mas, segundo Hervé l'Huillier, diretor da empresa multinacional de petróleo francesa Total, "a prospectiva desempenha um papel decisivo na economia petroleira mundial" (2003, p.6).

De acordo com muitos especialistas, dois fenômenos paralelos vão impulsionar a demanda mundial por petróleo nas próximas décadas. O primeiro é a dependência crescente dos Estados Unidos em relação às importações de combustível e o segundo é o aumento vertiginoso do consumo de energia – inclusive de petróleo – nos países em desenvolvimento, principalmente na China.

Com apenas 5% da população mundial, os Estados Unidos consumiram, em 2003, 27% de todo o petróleo produzido no planeta. Desse consumo, cerca de vinte milhões de barris diários, mais da metade (56%, ou 12,3 milhões de barris diários), correspondem às remessas procedentes do exterior (Figura 5). A dependência norte-americana das importações deverá aumentar ano a ano. A explicação é muito simples: enquanto o consumo tem crescido, a produção doméstica vem caindo, conforme já assinalamos. De acordo com os dados do DoE, as importações norte-americanas têm aumentado, desde 1988, a uma taxa constante de 5% ao ano. Em 2025, caso se mantenha a tendência atual, 68% do petróleo consumido nos Estados Unidos será importado.

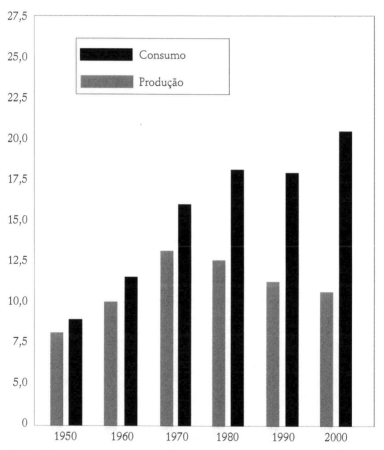

Figura 5 – Produção e consumo de petróleo nos Estados Unidos: 1950-2000 (Em milhões de barris/dia).
Fonte: Michael T. Klare, *Oil and Blood*, 2004, com dados do Departamento de Energia dos Estados Unidos (DoE), *Annual Energy Review* 2000.

Os Estados Unidos têm procurado diversificar os fornecedores exter nos a fim de reduzir sua vulnerabilidade a rupturas no suprimento de petróleo. Os dirigentes norte-americanos se preocupam, em especial, com o risco de o país se tornar dependente dos exportadores do Golfo Pérsico região marcada por intensos conflitos. Nos últimos anos, o fornecimento tem sido, de fato, bastante diversificado. Entre os seis países que mais exportaram petróleo para os Estados Unidos em 2001, apenas dois estão situados no Oriente Médio: a Arábia Saudita e o Iraque. Os outros quatro são o Canadá, o México, a Venezuela e a Nigéria. Mas, com o passar do tempo à medida que os exportadores de outras regiões se mostrarem incapazes de atender à demanda em expansão, a parcela do Golfo Pérsico no total das importações norte-americanas crescerá, passando de 20,4% em 2003 para quase 30% em 2025, de acordo com as projeções do DoE. Enquanto isso a participação da Opep no total das importações dos Estados Unidos, que foi de 42,1% em 2003, deve superar 60% em 2025.

Mas a dependência em relação às importações do Golfo Pérsico não é só norte-americana. O fornecimento de petróleo da região afeta, diretamente todos os países não autossuficientes em combustíveis e, indiretamente, o mundo inteiro, já que é o principal fator na determinação dos preços. A Europa Ocidental e o Japão sempre recorreram, para se abastecer, às im portações do Oriente Médio, da África e, mais recentemente, da Rússia. No caso europeu, a dependência está fadada a crescer à medida que as reservas do mar do Norte completem seu ciclo de esgotamento.

A EXPLOSÃO DO CONSUMO NOS PAÍSES "EM DESENVOLVIMENTO"

O novo complicador nos cálculos de oferta e demanda de combustíveis é a tendência de aumento acelerado do consumo nos países "em desen volvimento", em especial naqueles que têm apresentado nos últimos anos altas taxas de industrialização e de expansão econômica, como a Índia e a China.

O relatório *World Energy Outlook 2007*, da Agência Internacional de Energia, prevê um crescimento da demanda por energia nos "países em desenvolvimento" em ritmo mais veloz que a média do planeta, passando de 41% em 2006 para 47% em 2015 e mais da metade em 2030. Os outros dois grupos de países incluídos nessa projeção são os integrantes da Orga nização para a Cooperação e o Desenvolvimento Econômico (OCDE) e o antigo bloco soviético, formado pela Rússia e demais repúblicas da ex-União Soviética e pelos países do Leste Europeu, as chamadas "economias em transição". Pelos cálculos da AIE, 74% do crescimento da demanda no período virá dos países em desenvolvimento (Figura 6). "Esse aumento ... resulta do crescimento mais rápido da economia e da população", explica o relatório. "Mais pessoas viverão nas cidades e terão mais condições de obter acesso a serviços de energia" (p.52).

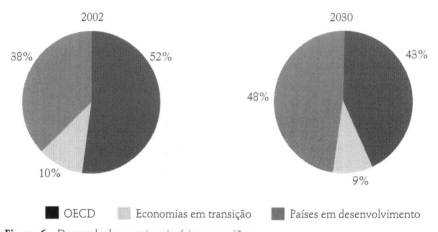

Figura 6 – Demanda de energia primária por regiões.
Fonte: Agência Internacional de Energia (AIE) / *World Energy Outlook* 2004.

No lado do consumo, o que mais preocupa o governo norte-americano e organizações como a AIE é a China, que em 1993 deixou de ser um país autossuficiente em petróleo para se tornar um importador bruto. O relatório *World Energy Outlook 2007* prevê que o consumo de petróleo da China crescerá 5,1% ao ano até 2015. É uma taxa impressionante – o triplo do índice mundial. Nos próximos 25 anos, as importações da China vão crescer até alcançar 74% da demanda. Pelas projeções da AIE no relatório de 2007, a China se tornará o maior consumidor mundial de energia já em 2010, ultrapassando os Estados Unidos. Sua demanda por petróleo para transporte vai quadruplicar entre 2005 e 2030. A China possui o mercado de carros de passageiros que mais cresce no mundo – sua frota deverá atingir 270 milhões de veículos em 2030, segundo a AIE. A partir de 2015, as vendas de carros na China superarão as dos Estados Unidos.

A explosão da demanda de energia em potências emergentes, como a China e a Índia (Figura 7), pode trazer sérias implicações políticas, segundo Klare (2004a, p.23):

Esses países ..., por possuírem um suprimento doméstico apenas limitado, se rão forçados a disputar com os EUA, a Europa e o Japão na busca do acesso às pouca zonas produtoras com excedentes de petróleo, o que deverá exacerbar ainda mai as pressões competitivas já existentes sobre essas áreas altamente voláteis. (p.41).

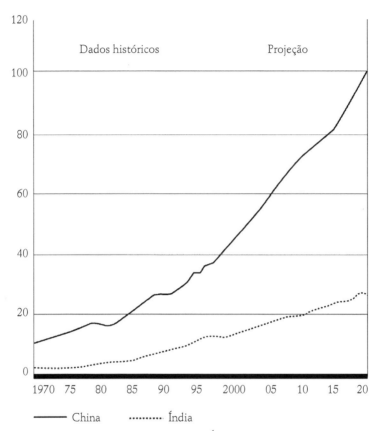

Figura 7 – O consumo de energia na China e na Índia: 1970-2020 (em quadrilhões de Btus)
Fonte: Departamento de Energia dos Estados Unidos / Administrações de Informações sobre Energia
National Energy Policy, 2001.

Na visão de Klare, os conflitos geopolíticos ligados à disputa pelo petró leo escasso tendem a se agravar à medida que parcelas cada vez maiore das reservas mundiais de petróleo ingressarem na fase decrescente do seu ciclo de exploração, com a gradativa e inexorável contração da oferta global.

Igor Fuser

A POLÊMICA SOBRE O ESGOTAMENTO DAS RESERVAS

Como é possível saber quanto ainda existe de petróleo no planeta? "Calcular as reservas é tanto uma ciência quanto uma arte", reconhece a AIE. Os especialistas em recursos de energia travam, há décadas, uma discussão acalorada.

A controvérsia envolve, no essencial, duas visões opostas sobre a evolução futura do abastecimento de petróleo (Babusiaux & Bauquis, 2005). Num dos polos do debate estão os chamados "pessimistas". Eles sustentam que o ponto culminante (o pico) da extração petroleira está relativamente próximo (por volta de 2010) e que, mesmo com a melhoria nas técnicas de extração, a produção logo se tornará incapaz de acompanhar o rápido aumento da demanda. Esse grupo se articula em torno da Associação para o Estudo do Pico do Petróleo e do Gás (Asco, na sigla em ingês) e tem como principais expoentes os geólogos Colin Campbell e Kenneth Deffeyes.

Os "otimistas", por sua vez, argumentam que todas as previsões feitas no passado sobre o fim do petróleo fracassaram. Eles confiam que a introdução de novas tecnologias levará à descoberta de reservas ainda desconhecidas e permitirá melhorias sensíveis nos níveis de recuperação do petróleo existente. Na prática, as análises da AIE se alinham com esse polo do debate – sua previsão para o pico da produção de petróleo se situa entre 2028 e 2032 (embora a organização apresente dois cenários alternativos: 2013 a 2017, para o caso de os recursos se revelarem inferiores aos previstos, e 2033 a 2037, para a hipótese contrária, de que os recursos superem as previsões).

Para os "otimistas", não faltará petróleo no mundo nas próximas décadas, desde que sejam feitos os investimentos necessários para a sua exploração. Nesse grupo, o nome mais destacado é o do economista Morris Adelman, do MIT, um influente conselheiro na formulação das políticas de energia do governo norte-americano.

Nesse debate, é necessário entender a diferença entre os recursos (o total de determinado mineral existente na crosta terrestre) e as reservas (as parcelas de cada mineral podem ser extraídas com as técnicas disponíveis e a um custo aceitável). As reservas se dividem em "comprovadas" (com mais de 90% de chances de serem extraídas ao longo da vida útil de um campo), "prováveis" (aquelas que têm mais de 50% de chances de serem técnica e economicamente possíveis) e "possíveis" (as que possuem essa chance em escala menor que 50%) (BP 2004). Para avaliar as reservas, o parâmetro usado convencionalmente é a razão entre a reserva comprovada e a produção, expressa na forma de r/p, uma divisão cujo resultado se expressa em determinado número de anos – o tempo necessário para consumir toda a reserva.

"Avanços na exploração e na extração constantemente transferem minerais da categoria mais ampla e pouco conhecida de recursos para a de reservas", explica Smil (2003, p.49). "O que era recurso se torna reserva" Os recursos recuperáveis em última instância – outro conceito usado nas avaliações do futuro do petróleo – incluem as reservas comprovadas, as prováveis e as possivelmente existentes nos campos de petróleo já descobertos, assim como uma estimativa das reservas de petróleo que ainda não foram descobertas. Quanto maior a base de recursos, maior quantidade de petróleo tem chances de ser transferida para a categoria de reserva comprovada, mais tempo levará até o pico da produção ser alcançado e mais petróleo será produzido em última instância.

As poucas estimativas sobre os recursos de hidrocarburetos estão sujeitas a muitas incertezas. A fonte primária mais aceita para essas previsões é a *US Geological Survey* (USGS), do governo norte-americano. Em seu estudo mais recente, de 2000, a USGS avalia que os recursos de petróleo existentes em última instância, inclusive os depósitos de gás natural conversíveis em combustível líquido (NGL), somavam 3,345 trilhões de barris no início de 1996. A cifra agrega todos os tipos de reservas (inclusive as não descobertas) e o total do petróleo já consumido desde o século XIX até aquele ano – um montante estimado em 717 bilhões de barris. Com base nos dados existentes e uma média dos diferentes graus de probabilidade de comprovação das reservas possíveis, a USGS avalia em 2,628 trilhões de barris o estoque total de petróleo recuperável existente no planeta em 1996.

Teoricamente, esse montante de petróleo seria suficiente para abastecer o mundo durante setenta anos com base no consumo médio projetado pela AIE até 2030. Na prática, não é tão simples. Em primeiro lugar, as cifras para o petróleo efetivamente disponível são bem menores – 959 bilhões de barris, segundo a estimativa da USGS. O cálculo feito pela multinacional British Petroleum Amoco (BP), uma fonte de dados sobre energia muito respeitada, apresentou resultado parecido, 1,147 trilhão (BP 2004). As cifras indicam, nos dois casos, que a humanidade já consumiu cerca da metade do petróleo disponível no planeta.

Em segundo lugar, há projeções bem menos otimistas que a da USGS no que se refere à razão r/p do petróleo mundial. A mesma BP estabelece essa razão em 41 anos, e a revista *World Oil*, em 36 anos (*WEO 2004*). A Asco questiona a base de cálculo da USGS, que utiliza informações prestadas pelos países produtores. Segundo a entidade, as reavaliações das reservas feitas pelos países da Opep em 1986 e 1987 foram manipuladas para cima, com o objetivo de ampliar as respectivas cotas de exportação, não correspondem à verdadeira dimensão das reservas comprovadas (Babusiaux & Bauquis, 2005, p.15). A confiabilidade das reservas relatadas pelas companhias nacionais de petróleo tem sido motivo de grande preocupação, conforme tem registrado a AIE em seus relatórios anuais.

O problema da falta de transparência veio à tona em janeiro de 2004, quando, pela primeira vez na história do petróleo, uma companhia internacional, a Shell, revelou que havia superestimado suas reservas. A empresa admitiu que havia incorporado em suas reservas comprovadas 3,9 bilhões de barris de petróleo pertencentes, na realidade, às categorias de "prováveis" ou "possíveis". Pouco depois, a Shell rebaixou a classificação de outros seiscentos milhões de barris supostamente existentes em suas reservas comprovadas, enquanto empresas menores, nos Estados Unidos e no Canadá, faziam revisões semelhantes, espalhando a desconfiança pelos mercados.

A "ERA DO CREPÚSCULO"?

O problema mais espinhoso é o ritmo lento da expansão das reservas comprovadas em relação ao consumo. A partir da década de 1990, o nível das reservas comprovadas permaneceu praticamente estável, passando de 1 trilhão de barris em 1991 para 1,14 trilhão em 2003, pelos cálculos da BP. A AIE constata que na última década, as descobertas repuseram apenas a metade do petróleo que foi produzido.

Os "pessimistas" se apoiam nesses dados para argumentar que 1) quase todos os acréscimos à categoria de reservas comprovadas na década de 1990 se devem à reavaliação da quantidade passível de ser extraída dos campos já existentes, e não de novas descobertas, e 2) que hoje praticamente todo o petróleo existente no planeta já está mapeado, o que deixa pouco espaço para descobertas importantes. O geofísico norte-americano David Goodstein (2004, p.121), do California Institute of Technology (Caltech), expressou o ponto de vista dessa corrente em *Out of Gas – The End of the Age of Oil*:

> Essa desaceleração da taxa de crescimento (*da descoberta de petróleo*) é uma consequência do mesmo fenômeno que levou às previsões do pico de Hubbert. ... A razão na qual o petróleo é descoberto é uma curva em forma de sino que atingiu o seu pico décadas atrás; a razão pela qual o petróleo pode ser retirado do solo é outra curva em forma de sino cujo pico os seguidores de Hubbert estão tentando prever. ... Quando a taxa de crescimento das reservas conhecidas chegar a zero (o que, para todos os efeitos práticos, já pode ter acontecido), nós vamos pela primeira vez na História consumir mais petróleo do que estamos descobrindo.

Os "otimistas" respondem que a maior parte das prospecções feitas nos últimos 15 anos ocorreu nos países que exploram o petróleo intensamente há mais tempo, enquanto a região mais promissora – o Golfo Pérsico, onde se concentram os grandes produtores da Opep – interrompeu na década de 1960 a procura de novas reservas, por falta de interesse em explorá-las. Como afirma Adelman (2004, p.8): "A Arábia Saudita sozinha tem mais de oitenta campos conhecidos e explora apenas nove deles. É claro que há muito mais campos, conhecidos e desconhecidos".

O fator essencial, na sua opinião, é o avanço tecnológico, que sempre amplia o montante de petróleo disponível:

> O crescente conhecimento reduz o custo, revela novos depósitos em áreas existentes e abre novas áreas para descoberta. Em 1950, não havia produção de petróleo *offshore* – ele era considerado altamente "não convencional". Cerca de 25 anos depois, poços *offshore* estavam sendo perfurados em profundidades de 1 mil pés. E 25 anos depois disso, trabalhadores petroleiros estavam fazendo perfurações em águas com 10 mil pés de profundidade – depois que o avanço tecnológico permitiu que eles perfurassem sem a dispendiosa estrutura de aço que antes tornava cara demais a exploração de petróleo em águas profundas. Hoje, 1/3 de toda a produção de petróleo nos EUA vem de poços *offshore*. (ibidem, p.9)

Na visão "otimista", as melhorias tecnológicas geram a perspectiva da utilização crescente dos chamados petróleos "não convencionais", como o óleo extrapesado da bacia do rio Orenoco, na Venezuela, e as areias betuminosas de Athabasca, no Canadá. As quantidades de petróleo existentes nessas regiões são enormes. O governo da província canadense de Alberta calcula existir 174 bilhões de barris que podem ser extraídos de maneira econômica (Appenzeller, 2004), enquanto a Venezuela possui 272 bilhões de barris de petróleo extrapesado. Mas a exploração é lenta e cara. Um poço de petróleo extrapesado produz de cinco a cem barris diários, enquanto um poço de petróleo convencional alcança dez mil barris diários, todos os demais fatores sendo iguais (Salameh, 2003). A extração do petróleo contido nas areias betuminosas é um processo ainda mais moroso, com o uso intenso de capital e de energia e um impacto ambiental devastador. Na revista *National Geographic*, o jornalista Tim Appenzeller (2004) descreve a produção de petróleo em Athabasca:

> Observando a vala de 60 metros onde gigantescas pás devoram o leito de areia betuminosa, Neil Camarta, vice-presidente da Shell para o Canadá, reconhece a diferença entre a exploração das areias e o petróleo cru líquido, que jorra livremente. "Você está vendo o trabalho que dá. O petróleo não jorra do chão." A Shell é uma das três empresas que, juntas, extraem 600 mil barris de óleo por dia das areias de Athabasca. Mas cada passo do processo exige força bruta. A areia betuminosa precisa ser minerada e extraída – 2 toneladas para produzir um barril de óleo

> Caminhões enormes carregam 350 toneladas de cada vez, em recipientes que são aquecidos durante o inverno subártico para que a areia não se congele, formando uma enorme massa. Próximo à mina, a areia é lavada em gigantescas máquinas, onde torrentes de água morna e solvente retiram dela todo o alcatrão, ou betume. O que sobra são toneladas de areia molhada, ou *tailings*, que voltam a ser despejadas em depósitos de rejeitos. Mas, após essa etapa, o betume ainda não está pronto para ser bombeado para uma refinaria, como se fosse o óleo cru comum. Para transformá-lo em petróleo, é preciso aquecê-lo e quebrar as gigantescas moléculas de alcatrão – seja a 500° C ou a temperaturas mais baixas, em mistura com gás de hidrogênio e um catalisador. (ibidem, p.96)

A AIE acredita que, em caso de redução da oferta de petróleo convencional, com a consequente alta dos preços, os óleos "não convencionais" se tornarão cada vez mais atraentes economicamente, preenchendo o espaço vazio. Nesse cenário, eles poderão atender até um terço da demanda mundial de petróleo em 2030. Goodstein contesta essa previsão. Ele explica que, à medida que a humanidade seja forçada a percorrer, de cima para baixo, a lista dos combustíveis fósseis possíveis – do óleo convencional para o extrapesado, daí para a areia betuminosa, chegando a extrair petróleo de minerais de processamento ainda mais difícil, como o xisto –, o custo em energia aumentará, sempre mais. "No momento em que a energia necessária para obter um combustível se tornar equivalente à energia que ele é capaz de produzir, o jogo estará perdido"(2004, p.54).

O risco de uma era de escassez de petróleo faz parte, evidentemente, dos cálculos dos estrategistas a serviço de diferentes governos. É o que explica Klare (2000, p.43):

> Quer a queda do fornecimento ocorra mais cedo ou mais tarde, a economia mundial, tal como está constituída atualmente, permanecerá refém da fácil disponibilidade de petróleo a um custo aceitável. Enquanto o óleo fluir em quantidades suficientes, os Estados poderão expandir suas economias e dessa maneira atender às necessidades de populações cada vez maiores e com níveis de riqueza crescentes. No entanto, se os níveis de fornecimento encolherem, ou se os preços subirem acima de um nível tolerável, muitas economias sofrerão e um grande número de pessoas passará por dificuldades. ... Nessas circunstâncias, os governos dos países importadores se verão sob enormes pressões para fazer alguma coisa: subsidiar importações de petróleo, impor o racionamento obrigatório, liberar o combustível de suas reservas estratégicas ou empregar a força para remover qualquer obstáculo ao fluxo global de petróleo.

3
SEGURANÇA ENERGÉTICA E INTERESSES NACIONAIS DOS ESTADOS UNIDOS

Na definição dos interesses nacionais relacionados com a energia, as autoridades norte-americanas deparam com questões presentes na história do pensamento econômico desde a grande cisão entre mercantilistas e liberais no século XVII, como a dos custos e benefícios da dependência econômica e a da vulnerabilidade em relação às matérias-primas estratégicas importadas. Os atores domésticos dos Estados Unidos exercem forte influência sobre as decisões nessa área, dificultando a adoção de políticas que busquem ampliar a segurança energética pela redução do consumo de petróleo. A solução adotada por sucessivos governos – sobretudo a partir do "choque" de 1973, que revelou a dependência norte-americana em relação aos combustíveis importados – tem sido a de externalizar os problemas domésticos de energia, com a mobilização dos recursos políticos e militares do país para garantir fontes seguras de petróleo no exterior.

A ECONOMIA E O PODER NACIONAL

No estudo do papel das matérias-primas na política externa dos Estados Unidos nas últimas três décadas, é imprescindível buscar referências num debate que acompanha a história do pensamento econômico desde o surgimento do capitalismo e dos Estados nacionais – o das relações entre a economia e o poder nacional.

O vínculo entre a segurança de um país e a defesa dos seus interesses econômicos está no centro das teorias mercantilistas desenvolvidas a partir do século XVII (Heckscher, 1946). O mercantilismo dá ênfase à natureza conflituosa das relações econômicas interestatais e subordina a prosperidade imediata aos interesses políticos do Estado, em especial os interesses ligados à segurança e ao poder militar. Em sua formulação original, essa corrente propunha uma associação estreita entre o poder estatal e a balança comercial favorável, privilegiando o acúmulo dos metais preciosos indispensáveis para o financiamento das Forças Armadas. Uma obra clássica do período é o livro do economista inglês Thomas Mun (1571-1641), *England's Treasure by Foreign Trade*, em que ele defende a seguinte regra para o comércio exterior: "Vender a cada ano mais aos estrangeiros do que consumimos deles em valor"(apud Brenner, 2003, p.272).

Ideias semelhantes foram aplicadas na França por Jean-Baptiste Colbert (1619-1683), o influente ministro da Fazenda de Luís XIV. O mercantilismo evoluiu, ao longo dos séculos, em um permanente duelo de ideias contra as concepções liberais desenvolvidas inicialmente por Adam Smith. Nessa trajetória, passou por muitas metamorfoses, ganhou novos nomes e versões diferentes. Os temas em debate mudaram, mas a matriz ideológica mercantilista permaneceu – ela acompanha a história do nacionalismo econômico e do protecionismo, desde a formação das monarquias absolutistas até a atualidade, conforme analisa Gilpin (2002, p.49-53):

> Os nacionalistas econômicos acentuam o papel dos fatores econômicos nas relações internacionais e consideram a disputa entre os Estados ... por recursos econômicos como inerente à natureza do próprio sistema internacional. Em um mundo de Estados que competem entre si, os nacionalistas dão mais importância aos ganhos relativos do que às vantagens recíprocas. Assim, as nações tentam continuamente mudar as regras ou regimes das relações econômicas internacionais para se beneficiar desproporcionalmente, em relação às outra potências econômicas ... Enquanto perdurar o presente sistema de Estados, o nacionalismo econômico tenderá a representar uma influência importante nas relações internacionais.

Os neomercantilistas se interessam pelo vínculo entre a capacidade econômica e a capacidade militar. Na síntese de Jonathan Kirshner (1999) sobre o pensamento neomercantilista, os Estados, se quiserem se preparar para a eventualidade da guerra, devem "preocupar-se com sua capacidade industrial, produção de aço, acesso a energia (especialmente, o petróleo), capacidade tecnológica e outros fatores necessários para sustentar um moderno esquema de defesa" (p.20).

Para entender a questão, é de grande relevância a diferença estabelecida por Robert Keohane e Joseph Nye entre os conceitos de sensibilidade e de vulnerabilidade (p.11). Ambos os conceitos concernem ao impacto a que está sujeito determinado país em caso de eventos externos que afetem o fornecimento de bens ou de capitais ou, ainda, o acesso a mercados fora de suas fronteiras. Nos dois casos, esse país será obrigado a alterar suas políticas para enfrentar a nova situação. A sensibilidade se refere "aos custos impostos a partir de fora antes que as políticas sejam alteradas para tentar modificar a situação". Já a vulnerabilidade tem a ver com as consequências duradouras desses acontecimentos indesejados. Refere-se, na definição de Keohane & Nye, à exposição de um ator "aos custos impostos por eventos externos mesmo depois que as suas políticas tenham sido alteradas" (2001, p.11).

Esses eventos indesejados não se limitam, necessariamente, à interrupção dos suprimentos, mas podem se relacionar com mudanças abruptas na política de preços. Em geral, os países industrializados são capazes de ajustar suas tecnologias quando os preços entram em escalada, mas esses esforços geralmente demoram a dar resultados. Pela própria natureza das matérias-primas estratégicas, os países são mais vulneráveis a essas importações do que a outros tipos de *commodity*. O cacau pode ser substituído por chocolate artificial rapidamente, mas mudar as usinas de geração de energia do petróleo para o carvão demanda mais tempo, e desenvolver novas minas de carvão, mais ainda" (Krasner, 1978).

Keohane & Nye ressaltam que, para analisar as políticas de matérias-primas após o choque petroleiro de 1973, "a vulnerabilidade é claramente mais importante do que a sensibilidade". Em exemplo imaginário, eles mencionam o caso de dois países que recorrem a uma mesma proporção de petróleo importado para atender a suas necessidades de energia (2001, p.13)

> Os dois países ... podem ser igualmente sensíveis à alta de preços; mas, se um deles tem condições de recorrer a fontes domésticas de petróleo a um custo moderado, enquanto o outro não tem essa possibilidade, o segundo país será muito mais vulnerável do que o primeiro. A dimensão vulnerabilidade da interdependência repousa sobre a relativa disponibilidade e os custos das alternativas.

Krasner afirma que, mesmo no contexto da dependência mútua entre as nações (ou "interdependência", conforme o conceito que seria desenvolvido na década de 1970 por Keohane & Nye), as lideranças políticas de qualquer Estado adotam como sua missão o empenho em ampliar a autonomia nacional perante a vulnerabilidade representada pelas importações de materiais estratégicos. Para Krasner (1978, p.40), "A segurança de suprimento é importante não só por motivos militares, mas também por motivos mais gerais de natureza política e econômica". Não é diferente a conclusão a que chega, a partir de um ponto de vista político bem diverso, o marxista Gowan (2003, p.107):

> Os capitalistas dos principais países operam internacionalmente ... para obter a matéria-prima necessária ao seu processo de produção e indisponível internamente. Alguns desses materiais são tão essenciais – energia e bens estratégicos, como o alumínio, a bauxita, o cobre etc. – que não se pode deixar as questões inteiramente com o mercado: o seu país é convocado a utilizar a influência política para garantir o suprimento.

O CONCEITO DO INTERESSE NACIONAL

A definição da conduta de um Estado em assuntos econômicos externos envolve um tema polêmico: a questão do interesse nacional. A expressão é utilizada nas RI exclusivamente para tratar da política externa e se aplica apenas a Estados soberanos, conforme *The Penguin Dictionary of International Relations* (Evans & Newnham, 1997). Seu equivalente em assuntos domésticos, de acordo com essa obra de referência, é chamado de "interesse público".

O "interesse nacional" é um conceito escorregadio, como adverte Nye (1999). É quase um clichê afirmar que a sua definição envolve certo grau de subjetividade – inevitavelmente, os diversos grupos tendem a apresentar as suas próprias preferências como "interesse" de toda a coletividade. Há até quem negue qualquer utilidade nesse conceito. Peter Trubowitz concluiu, após estudo sobre o processo de decisões da política externa norte-americana nas décadas de 1890, 1930 e 1980, que nunca houve nos Estados Unidos um "interesse nacional" unificado, fruto do consenso interno da sociedade (1998). De acordo com ele, o "interesse nacional" dos Estados Unidos sempre foi um conceito maleável, dependente das circunstâncias da política doméstica e definido, quase sempre, em função do entrechoque de interesses políticos e econômicos das diferentes regiões do país.

Porém, por mais que cada grupo ou indivíduo tenha sua própria visão do que são os "interesses nacionais", poucos discordariam de que a sobrevivência física do país, sua autonomia política e o bem-estar econômico da população devem figurar no topo de qualquer lista de prioridades do Estado. Nye observa:

> Muitos especialistas argumentam que as preocupações estratégicas vitais são compartilhadas mais amplamente do que outros interesses e merecem prioridade porque, se nós falharmos em protegê-las, mais americanos serão afetados, e com consequências mais profundas. (1999, p.78)

Em vez de definir, a priori, os "interesses nacionais", Krasner (1978, p.37) prefere deduzi-los, empiricamente, das preferências e dos comportamentos expressos pelas autoridades que exercem posições de comando no aparelho estatal (*central decision-makers*), desde que atendidos dois critérios:

a) para serem chamadas de interesse nacional, essas decisões e ações devem estar relacionadas com objetivos gerais do país, e não com as preferências ou necessidades de algum grupo ou classe social, nem com as idiossincrasias, os caprichos e os impulsos individuais de poder das autoridades (1978, p.43);

b) a ordem dessas preferências deve ser persistente ao longo do tempo.

Com a adoção desses critérios para a definição do interesse nacional Krasner se diferencia, conforme ele mesmo escreve, de três diferentes linhas de pensamento, cada qual com sua própria visão acerca do assunto: a corrente realista das RI, a teoria liberal da ciência política com ênfase na ação dos grupos de interesses e o marxismo tradicional. Para os realistas (Morgenthau, 1993, p.29-35), os Estados perseguem o interesse nacional por políticas voltadas para a busca do poder e da sobrevivência do Estado. O conceito, assim formulado, fica restrito à chamada "alta política" – basicamente, as questões estratégicas. Esse enfoque tem utilidade, segundo Krasner, quando está em jogo a defesa da integridade territorial e política do país, mas perde sua capacidade explicativa em relação às questões de "baixa política", como as decisões econômicas.

Já as teorias políticas que explicam as decisões estatais como resultante do entrechoque entre diferentes grupos de interesses apresentam, na visão de Krasner, o problema oposto. Encarado como uma simples arena para as disputas entre atores privados, o Estado não possui um centro coeso para a formulação de políticas e não influencia de modo significativo a tomada de decisões. O *locus* do poder se move de uma agência para outra, dentro do aparelho estatal, dependendo dos interesses e dos recursos de poder associados a cada questão específica (Krasner, 1978, p.28). Desse modo torna-se difícil, senão impossível, falar de uma política coerente e duradoura. Krasner propõe exatamente o contrário:

> demonstrar, por meio de um exame da reações dos *central decision-makers* dos EUA às questões que envolvem investimentos em matérias-primas estrangeiras, que é possível falar sensatamente sobre a existência de um interesse nacional americano definido como tal. (ibidem, p.45)

Na busca de referencial teórico, Krasner, que está muito longe de compartilhar o ponto de vista revolucionário de Marx em relação às mudanças sociais, volta-se para o marxismo, no qual aponta duas visões bem distintas sobre a questão do Estado. De um lado, situa-se o que ele chama de "marxismo instrumental": a visão de que o Estado, no capitalismo, atende diretamente aos interesses da burguesia, funcionando, na clássica definição do *Manifesto do Partido Comunista*, de 1848, como "um comitê que administra os negócios comuns da burguesia" (Marx & Engels, 2001, p.27). Já o marxismo estruturalista atribui ao Estado uma posição de relativa autonomia em relação às classes sociais e seus representantes. A função estatal é a de manter a coerência e garantir a sobrevivência do sistema capitalista como um todo, no longo prazo, mesmo que, para isso, seja necessário contrariar os interesses imediatos da classe dominante, a burguesia.

Krasner incorpora essa ideia do marxismo estruturalista à base do seu raciocínio, mas assinala – uma ressalva fundamental, sob pena de ser considerado, ele também, um autor marxista – que a autonomia do Estado norte-americano nas questões internacionais serve, em última instância, aos interesses gerais da sociedade. Esses interesses se expressariam tanto do ponto de vista econômico (a prosperidade do país, o que, segundo ele, era o aspecto principal da política externa dos Estados Unidos até a Segunda Guerra Mundial) quanto do ideológico (a defesa de determinada concepção de liberdade e de justiça, o traço predominante após 1945, na opinião do autor). O Estado, segundo Krasner, é capaz de desenvolver e de implementar preferências autônomas, mesmo em face da pressão de interesses privados. Pela análise das políticas oficiais norte-americanas em relação ao suprimento de matérias-primas do exterior ao longo da maior parte do século XX – desde o risco da perda de concessões de empresas petroleiras dos Estados Unidos durante a Revolução Mexicana de 1910 até o choque de preços de 1973 –, Krasner conclui que determinadas metas sempre estiveram presentes, em diferentes épocas, embora nem sempre tivessem sido formuladas pelos governantes com a mesma ênfase. Essas metas se resumem a três, em ordem de importância decrescente: 1) reforçar a defesa nacional, com a garantia de acesso aos suprimentos necessários à defesa nacional; 2) garantir os suprimentos necessários ao funcionamento da economia, especialmente a produção industrial; e 3) proteger o bem-estar dos cidadãos, com a busca de preços acessíveis à maioria da população e da manutenção de uma estrutura competitiva do mercado doméstico que favoreça a minimização desses preços.

INTERESSES NACIONAIS E ATORES DOMÉSTICOS NA POLÍTICA ENERGÉTICA DOS ESTADOS UNIDOS

Como assinalou Anderson (2002), é impressionante a linha de continuidade das sucessivas administrações norte-americanas – democratas ou republicanas – no que diz respeito às matérias-primas estrangeiras e, em especial, à mais importante delas, o petróleo. A conduta dos Estados Unidos em relação às grandes regiões produtoras, em particular o Golfo Pérsico, é admiravelmente coerente. Ela se rege, em sua forma mais oficial, pelas chamadas "doutrinas" de política externa, que levam o nome dos presidentes em cujo mandato foram adotadas: Truman (democrata), Eisenhower (republicano), Nixon (republicano), Carter (democrata) e Bush (George W. Bush, republicano), para mencionar apenas as orientações gerais de política externa com impacto direto sobre o controle das matérias-primas estratégicas.

A coerência das autoridades dos Estados Unidos em relação às matérias-primas estrangeiras não significa, porém, que as políticas daí derivadas tenham sido aplicadas como igual intensidade e, sobretudo, eficácia. O tema despertou as atenções de três importantes pesquisadores das RI, na investigação sobre os fatores que levaram à exposição escancarada da vulnerabilidade energética do país por ocasião do choque de preços aplicado pela Opep em 1973. Um desses autores é o próprio Krasner, em obra já citada. Outro é Keohane, no também já citado *After Hegemony*, de 1978. O terceiro é Ikenberry, que analisa o assunto com profundidade em *Reasons of State*, de 1988. Os três autores coincidem num ponto essencial: todos eles atribuem o fracasso das políticas do Executivo voltadas para reduzir a dependência das importações de petróleo – uma meta claramente enquadrada na definição de "interesse nacional" acima desenvolvida – às pressões de atores domésticos ligados à indústria do petróleo.

Duas questões merecem ser comentadas aqui. A primeira diz respeito à diluição do poder estatal nos Estados Unidos. Em vez de funcionar como um corpo monolítico, unificado, o Estado norte-americano se divide em distintas instâncias de poder, altamente independentes entre si e, com frequência, portadoras de agendas e de prioridades contraditórias. De acordo com Krasner, "O traço central da política americana é a fragmentação do poder e da autoridade" (1978, p.61). Ele ressalta a diferença essencial entre o Congresso – instrumento, por excelência, da ação dos grupos organizados de interesses – e a Casa Branca, que, devido ao seu relativo isolamento da sociedade, desfruta de maior autonomia para perseguir objetivos que não são associados, diretamente, aos interesses ou atividades de grupos privados.

Ikenberry concorda que a autonomia do Executivo é exercida com maior intensidade na política externa. Nessa área, que lida com as questões ligadas à defesa do Estado e à projeção do seu poder no cenário internacional, as autoridades centrais têm sido capazes de conduzir uma política de matérias-primas de acordo com um conjunto estável de metas (Ikenberry 1988, p.27). Já no plano interno, segundo o mesmo autor, os responsáveis pelo Executivo dispõem de uma capacidade de planejamento relativamente modesta e de poucos mecanismos para a intervenção direta em setores específicos (ibidem, p.41).

A outra questão a ser ressaltada se refere ao relacionamento entre as empresas e o Estado no setor do petróleo. A exemplo dos demais países industrializados (Grã-Bretanha, França), o Estado norte-americano envolveu-se ativamente na busca de fontes estrangeiras de petróleo durante todo o século XX. Mas há uma diferença importante. Enquanto as autoridades britânicas e francesas instituíram suas próprias empresas estatais de petróleo (Anglo-Persian, que mais tarde virou a British Petroleum, e a CFP Compagnie Française du Pétrole), as norte-americanas evitaram o envol vimento direto, permanecendo na maior parte do tempo como uma fonte de apoio diplomático.

O apoio estatal às empresas multinacionais norte-americanas do petróleo se mostrou decisivo em muitos momentos, como mostraremos mais adiante, mas, conforme Krasner observa, houve ocasiões em que os interesses do Estado entraram em choque com as preferências privadas. Na maioria desses casos, o desfecho obedeceu a um padrão que pode ser definido da seguinte forma: 1) quando o conflito ocorre fora das fronteiras dos Estados Unidos e, portanto, a Casa Branca domina as decisões, as metas mais gerais da política externa prevalecem sobre o interesse das empresas (um exemplo ocorreu no início da década de 1950, quando o governo norte-americano aceitou a reivindicação da Arábia Saudita – um aliado no tabuleiro geopolítico da Guerra Fria – de aumentar para 50% a sua fatia nos lucros das exportações de petróleo); 2) quando o conflito se dá dentro do território nacional, área em que as decisões fundamentais são tomadas pelo Congresso, prevalecem os grupos de interesses domésticos, em especial as empresas de petróleo chamadas de "independentes".

Na opinião dos três autores citados, a forte influência dos atores domésticos, num contexto de fragmentação política, debilitou a posição dos Estados Unidos no terreno da segurança energética, ao forçar a implementação de políticas que não correspondiam aos interesses nacionais (tal como formulados pelo Executivo). Em vez de dar prioridade à segurança dos suprimentos, as políticas adotadas no período decisivo entre as décadas de 1950 e 1970 (a fase de maior crescimento do consumo de combustível no país) atenderam ao interesse estreito dos produtores domésticos. Diante da concorrência do óleo (então) barato dos fornecedores externos, o Estado norte-americano favoreceu a oferta doméstica por medidas protecionistas que aceleraram a exaustão das reservas nacionais. O resultado é que, ao eclodir a crise em 1973, os Estados Unidos se viram numa posição frágil, sem meios para resistir ao choque de preços, pois eram incapazes de aumentar sua produção própria de petróleo para compensar a queda na oferta da Opep (Keohane, 1978, p.204).

A EXTERNALIZAÇÃO DOS PROBLEMAS DE ENERGIA DOS ESTADOS UNIDOS

A posição internacional de um Estado relaciona-se a sua capacidade de exercer influência sobre outros Estados – algo que depende, em última instância, dos recursos militares e econômicos à sua disposição (Ikenberry, 1978, p.39). De modo similar, a posição doméstica de um Estado depende, entre outros fatores, de sua capacidade de alocar recursos produtivos e de impor custos à sociedade. Quando uma situação de crise obriga um

Estado a adotar estratégias de ajuste, as autoridades levarão em conta os dois planos para decidir sobre qual deles – o interno ou o externo – recairá em maior medida o custo das políticas adotadas. Segundo Ikenberry (ibidem, p.41), a relativa força e fraqueza do Estado nesses planos terá papel decisivo na sua política de ajuste. Referindo-se à posição internacional, ele afirma:

> Quanto mais poderoso é um Estado, mais ele irá enfatizar estratégias internacionais ..., de modo a distribuir os custos do ajuste entre outras nações e reduzir os seus encargos individuais. ... Somente Estados poderosos podem mobilizar os recursos econômicos e políticos necessários para obter o acordo nos seus próprios termos.

O mesmo se aplica, simetricamente, à posição interna de um Estado, nas palavras de Ikenberry:

> Quanto mais constrangido um Estado se encontra em suas relações com a economia e a sociedade, mais ele irá enfatizar as estratégias internacionais de ajuste. Os Estados que acham difícil impor custos sobre suas sociedades domésticas estarão mais inclinados a buscar soluções internacionais. (1978, p.43)

O Estado norte-americano, segundo esses autores, se encaixa perfeitamente nessa situação paradoxal: forte no plano externo, fraco na cena doméstica. Daí a opção por estratégias internacionais de ajuste diante dos impasses na política de combustíveis. "Enquanto os EUA acham particularmente difícil repassar os preços mais altos do petróleo para sua economia doméstica, outros países industriais aceitaram esses custos mais altos", assinala Ikenberry (1978, p.43), em referência à França e ao Japão, países capitalistas avançados onde o poder do Estado sobre a sociedade é muito mais forte do que nos Estados Unidos.

A decorrência prática é um fenômeno apontado pelo analista de petróleo Edward Morse (2003): a externalização dos custos gerada pela dependência petroleira dos Estados Unidos em relação a fornecedores situados em região de alta instabilidade política, como o Golfo Pérsico:

> Nossos esforços de externalizar nossos problemas de energia nos levam a lugar onde nossa influência é significativamente menor do que dentro das nossas próprias fronteiras. Crescentemente, muitos americanos se preocupam com os custos – em dinheiro, vidas e credibilidade dos EUA – de tentar assegurar suprimentos estáveis de petróleo por meio da tentativa de dominar o Oriente Médio. Nossa incapacidade política doméstica de forjar acordos efetivos para alcançar a segurança energética – os esquerdistas pedem maior conservação de energia e os conservadores, maior produção doméstica – deixou as autoridades em Washington reduzidas a quedas-de-braço barulhentas porém infrutíferas sobre o aumento das importações americanas de petróleo e a nossa permanente dependência do óleo do Oriente Médio. (p.87-8)

Igor Fuser

A "CONSERVAÇÃO" DO PETRÓLEO E OS INVESTIMENTOS NO EXTERIOR

A definição do interesse nacional norte-americano em relação ao abastecimento de petróleo sempre esteve associada à preocupação com o esgotamento das reservas domésticas e os riscos da dependência em relação ao combustível importado. Logo depois da Primeira Guerra Mundial, foram criadas as Reservas Navais de Petróleo, campos petrolíferos federais mantidos em "reserva" para garantir, em caso de guerra, o abastecimento da Marinha. Foi também nessa época que a diplomacia norte-americana começou a buscar junto com os britânicos e franceses o ingresso de companhias dos Estados Unidos nas áreas mais promissoras do Oriente Médio – a política da Porta Aberta, que levou a Jersey Standard (Exxon) e Socony (Mobil) a integrarem a Turkish Petroleum Company, futura Iraq Petroleum Company, antes que esse consórcio fechasse novamente a porta do Oriente Médio no célebre Acordo da Linha Vermelha, de 1928.

Mas logo o risco da penúria se dissipou e o problema passou a ser a gestão da abundância provocada pela entrada no mercado, em 1925, da produção dos campos petrolíferos gigantes descobertos nos Estados do Oklahoma e do Texas. A superoferta gerada por esses campos se conjugou com a crise de 1929 para provocar um colapso de preços que afetou duramente a indústria petroleira, em particular os milhares de pequenos produtores que operavam os poços menos produtivos. As autoridades desses dois Estados reagiram editando leis destinadas a limitar a "superprodução" e o "desperdício". Entre a década de 1920 e o início dos anos 1970, a indústria petroleira dos Estados Unidos viveu sob o regime *do proration*: todos os poços, com exceção dos menos produtivos, tinham de respeitar cotas definidas nos seus Estados, e o comércio interestadual era submetido a limites rígidos, estritamente controlados.

Os pequenos e médios produtores (os chamados "independentes") foram os grandes beneficiados pela intervenção estatal. Eles se organizaram em uma entidade poderosa, a Independent Petroleum Association of America, voltada para a defesa do mercado interno e para o fortalecimento da indústria nacional. Para as *majors*, a diminuição dos lucros locais era altamente compensada pelo controle da distribuição do mercado nacional e, principalmente, pelos negócios no exterior (o que incluía o custo irrisório da exploração nos países periféricos, como a Venezuela, o Iraque e, até 1938, o México, antes da nacionalização decretada pelo presidente Lázaro Cárdenas).

No governo de Franklin Roosevelt, houve uma tentativa de introduzir a ação do Estado na atividade petroleira. Com o envolvimento norte-americano na Segunda Guerra Mundial, o petróleo, como matéria-prima estratégica decisiva, tornou-se motivo de preocupação das autoridades. O alto volume de suprimentos às tropas aliadas – os Estados Unidos abasteceram, praticamente sozinhos, o esforço bélico contra os alemães – reacendeu os temores de escassez (Yergin, 1993, p.403). Nesse contexto, surgiu a chamada "teoria da conservação". Seus adeptos defendiam a ideia de que os Estados Unidos deveriam dar prioridade à exploração de poços de petróleo no exterior, a fim de preservar as reservas domésticas, que deveriam ficar guardadas para garantir no futuro a segurança do país.

A preocupação levou Roosevelt a formar uma comissão encarregada de avaliar a situação das reservas norte-americanas. O resultado confirmou a "teoria da conservação". Com base nesse estudo, o Departamento de Estado divulgou, em abril de 1943, uma declaração oficial intitulada *A política exterior de petróleo dos Estados Unidos*. O documento defendia, em essência, que os Estados Unidos cortassem suas exportações de petróleo e agissem para reduzir a exploração nos países do Hemisfério Ocidental (ou seja, na América Latina). Em contrapartida, haveria um esforço norte-americano para intensificar a produção de petróleo no Oriente Médio (Klare, 2004a, p.30).

O secretário do Interior na época da Segunda Guerra Mundial, Harold Ickes, líder da corrente estatizante na política de energia, convenceu Roosevelt a criar a Petroleum Reserves Corporation (PRC), uma agência estatal encarregada de ampliar os suprimentos de petróleo dos Estados Unidos com a obtenção de concessões no exterior. O objetivo era dar ao governo uma participação direta na exploração do petróleo do Oriente Médio similar àquela que a Coroa britânica mantinha na Anglo-Persian, futura British Petroleum. Primeiro, Ickes propôs à SoCal e à Texaco que vendessem sua subsidiária na Arábia Saudita à PRC. A resposta foi um sonoro "não". Em seguida, Ickes voltou seu interesse para o Kuait, cujo petróleo era explorado, em parceria, pela Anglo-Persian e pela norte-americana Gulf Oil. Ickes sugeriu à estatal britânica que entregasse ao governo dos Estados Unidos sua parcela de 50% na concessão do Kuait, como pagamento parcial pelas dívidas de guerra. A Grã-Bretanha recusou a proposta e a Gulf também se manifestou contra o que considerava uma ingerência do Estado nos negócios petroleiros (Little, 2004, p.49).

Numa terceira tentativa, ele propôs que a PRC construísse, com dinheiro público, um oleoduto de 1.600 quilômetros para transportar o petróleo do Kuait e da Arábia Saudita para o Mediterrâneo. O projeto foi combatido pelas empresas petroleiras "independentes" norte-americanas, receosas de que uma maré de petróleo barato importado do Golfo Pérsico as varresse do mercado (ibidem, p.50). Por pressão dos congressistas do Texas e do Oklahoma, a proposta do oleoduto foi arquivada, em junho de 1944. A PRC foi extinta por Truman depois da guerra – e a preocupação com o esgotamento dos estoques domésticos refluiu. Em 1950, a produção de petróleo norte-americana representava 52% do total mundial.

A EVOLUÇÃO DA DEPENDÊNCIA PETROLEIRA

O controle das importações representa outra face do intervencionismo petroleiro norte-americano. Desde a década de 1930, e sobretudo após 1945, o petróleo da Venezuela e do México (e, depois, o do Oriente Médio) exerceu forte pressão sobre o mercado interno. As barreiras protecionistas foram erguidas para garantir a sobrevivência do sistema *do proration*. Concretamente, a proteção assumiu a forma de cotas e de taxas.

O presidente Dwight Eisenhower estava convencido de que a crescente participação do petróleo importado no consumo dos norte-americanos representava risco à segurança nacional e à supremacia mundial do país. Ele fixou em 1957 um teto de 12% para o petróleo importado, a ser alcançado por um programa voluntário de redução dos fornecimentos do exterior. Em 1959, ao ver que a restrição voluntária não dava resultados, Eisenhower tornou as cotas de importação de petróleo obrigatórias, pelo Mandatory Oil Import Program, que vigorou até 1973.

O programa de limitação compulsória das importações teve efeitos desastrosos sobre as reservas domésticas, exploradas intensamente, num período de rápida expansão do consumo interno e de preços internacionais depreciados devido ao baixo custo da exploração no Oriente Médio. O resultado é que, no início de 1970, a produção norte-americana entrou em declínio. O choque do petróleo em 1973 encontrou a economia muito mais vulnerável ao corte dos suprimentos externos do que estaria se tivesse sido adotada uma política mais equilibrada nos 15 anos anteriores.

O presidente Richard Nixon lançou em 1973 o Projeto Independência, que pretendia enfrentar a dependência pela expansão das reservas domésticas e pela economia de combustível. Num gesto simbólico, as luzes da árvore de Natal da Casa Branca permaneceram apagadas naquele ano. Após o primeiro "choque" do petróleo, o presidente afirmou solenemente que seu país conquistaria a independência energética em 1980. O objetivo altamente improvável não foi atingido, longe disso: as distorções causadas pelo controle de preços conduziram a uma explosão das importações, que aumentaram cerca de 50% entre 1974 e 1978.

Jimmy Carter, que assumiu a Presidência em 1977, deu prioridade ainda maior do que a de Nixon à tentativa de reverter a dependência norte-americana do petróleo importado, cujo custo tinha se tornado exorbitante. Como alternativa, Carter apresentou ao país um pacote de medidas de redução do consumo – entre elas, o incentivo a fontes renováveis de energia, padrões mais rigorosos para a economia de combustível nos automóveis e pesados impostos sobre a gasolina. O programa de busca da autossuficiência energética – meta que Carter definiu como "o equivalente moral da guerra" – pedia aos norte-americanos sacrifícios no seu padrão de vida e um rebaixamento das expectativas de conforto pessoal.

Quando Carter apresentou a proposta, os Estados Unidos importavam aproximadamente 43% do seu petróleo e a presença militar norte-americana no Golfo Pérsico era modesta – um punhado de navios e uma base de apoio da Marinha no Bahrein (Bacevich, 2005, p.102). Mas a política energética de Carter esbarrou na resistência do Congresso e das empresas – e na má vontade da população, expressa na queda contínua dos seus índices de popularidade. As leis necessárias para implementar as medidas foram tão mutiladas que perderam totalmente a eficácia pretendida.

Em seu estudo sobre a política energética dos Estados Unidos, Ikenberry (1978, p.191) comenta,

> na sua resposta aos choques de petróleo da década de 1970, o governo norte-americano tentou continuamente conciliar o que era desejável com o que era possível. Os governantes procuraram estimular o ajuste de energia de modo a promover objetivos amplos na economia nacional e na política externa. Mas encontraram limites impostos pelo caráter das instituições norte-americanas e por sua posição doméstica e internacional.

A ascensão de Ronald Reagan à Casa Branca representou uma guinada nas políticas de energia. Seu governo partia da ideia de que a eficácia e a segurança energética não podem ser obtidas contra as forças do mercado, e sim se apoiando nelas. Três categorias de iniciativas formaram a espinha dorsal da política energética de Reagan:

> liberalização do mercado interno, com o fim do controle de preços;
> desregulamentação, com a entrega de plena autonomia às empresas para decidir sobre os investimentos no setor;
> securitização do mercado petroleiro – um conjunto amplo de ações governamentais, que incluiu desde o fortalecimento da SPR até a transformação da Força de Intervenção Rápida – um instrumento de projeção de força dos Estados Unidos no Oriente Médio, herdado do governo Carter – num dispositivo bem mais estruturado, o Comando Central (CentCom).

As diretrizes de energia adotadas por Reagan estão em vigor até hoje. Bahgat (2003, p.10) descreve suas linhas gerais da seguinte forma:

> As empresas de petróleo tomam suas próprias decisões de produção e investimento com bases em considerações comerciais. Em certas ocasiões, porém, o governo intervém no plano diplomático, econômico ou militar para garantir a essas companhias o acesso ao petróleo (*no exterior*). Em outras palavras, há um certo grau de coordenação entre os interesses estratégicos do governo dos EUA e os interesses comerciais da empresas de petróleo norte-americanas.

O FATOR CULTURAL NO USO INTENSIVO DO AUTOMÓVEL PELOS NORTE-AMERICANOS

O grande problema do abastecimento de energia nos Estados Unidos é que o consumo de petróleo está cada vez mais concentrado no setor de transportes, que se tornou o principal causador do crescimento da demanda do combustível. Os transportes respondem por 85% do aumento do consumo de petróleo entre 1985 e 2000. Outra maneira de medir esse fenômeno é olhar para a parcela do transporte no consumo de petróleo nos Estados Unidos,[1] que não para de crescer, passando de 54% em 1978 para 67% em 2000 (DoE 2005). Segundo o *Wall Street Journal*, entre 1970 e 2000, a população dos Estados Unidos aumentou 32%; os titulares de carta de motorista, 63%; o numero de veículos, 90%; e a distância total percorrida por ano 132% (The Road..., 2001).

As estatísticas mostram que nenhuma política de controle da demanda pode dar certo nos Estados Unidos se não modificar os padrões de consumo de combustível nos transportes. A mudança pode ser obtida de duas maneiras. Um dos meios de reduzir o consumo seria aumentar o preço da gasolina. Outra maneira seria endurecer as normas de consumo de combustível para veículos novos, que não são modificadas desde 1990 para carros de passeio e desde 1996 para os chamados *sport utility vehicles* (SUVs), os modernos jipões e caminhonetes, cada vez mais usados como meio de transporte urbano.

A eficácia energética – ou seja, o consumo de combustível por distância percorrida – dos veículos novos vendidos nos Estados Unidos permanece estagnada desde 1982. O motivo é que os norte-americanos utilizam cada vez mais os SUVs, cujo consumo médio é muito superior aos carros de passeio tradicionais, e que são submetidos a normas menos severas. Os SUVs representavam 45% dos carros vendidos naquele país em 2003. Mesmo que sejam mais eficientes hoje do que em 1978, esses veículos consomem mais do que os carros de passeio comuns. O parque automobilístico norte-americano novo é, portanto, menos econômico hoje do que há 25 anos.

A *Política Nacional de Energia* (Relatório Cheney) do governo de George W. Bush não contempla a possibilidade de aumentar os impostos sobre os combustíveis. Trata-se de uma questão extremamente sensível nos Estados Unidos. É muito difícil que um congressista apresente esse tipo de medida, e menos ainda que tenha chances de aprová-la. O governo Clinton

---

[1] (A indústria é estável na sua participação no consumo total de energia: 25%. E é responsável por uma parte decrescente do aumento da demanda: 26% no período 1949-2000, e 15% em 1980-2000. Os outros setores (residencial, comercial e produção de eletricidade) têm tendência a permanecer marginais: 22% da demanda em 1949 (DoE 2005).

apresentou no início dos anos 1990 importante projeto de imposto sobre o consumo de energia (o *"BTU tax"*), mas ele foi mutilado pelo Congresso e, no final, serviu para uma modesta melhoria na arrecadação fiscal sobre os combustíveis, sem incidir sobre o preço (Joskow, 2002).

A dificuldade de reduzir o consumo de energia – e a intensidade do uso do automóvel – nos Estados Unidos relaciona-se a questão cultural fortemente arraigada. Os norte-americanos cultivam um estilo de vida no qual o carro ocupa papel central. Conforme comenta Yeomans (2004, p.36),

> a maioria da população depende do carro para ir ao trabalho, para sair para o almoço, para levar os filhos à escola. Os motoristas norte-americanos tomam o seu café da manhã dentro do carro, tratam de negócio pelo telefone celular enquanto dirigem (aparelho de "viva voz", é claro) e têm muito mais chances de comprar um automóvel por causa da qualidade do seu sistema de entretenimento a bordo com DVD do que pela economia de combustível que proporciona.

Para o sociólogo David Nye, o alto grau de consumo de energia nos Estados Unidos não pode ser explicado somente por padrão de vida elevado de grande parte dos seus cidadãos. Em comparação entre a qualidade de vida média dos norte-americanos e a dos europeus ocidentais, elas praticamente se equivalem. Mas a diferença no consumo de energia é gritante. Em 1989, o consumo energético *per capita* na então Alemanha Ocidental era equivalente a 5.391 quilos de carvão, enquanto nos Estados Unidos era de 10.124 quilos. Para Nye (1999, p.129-48), "o estilo de vida altamente consumidor de energia das famílias norte-americanas é uma parte central do problema". Além do uso quase exclusivo de automóveis para o transporte, ele menciona a preferência dos norte-americanos por casas individuais em vez de apartamentos. Essas casas são abastecidas com sistemas individuais de aquecimento em vez dos sistemas centralizados, mais eficientes. "Para esses consumidores, o acesso ilimitado à energia é considerado um direito norte-americano inalienável" (ibidem, 1999, p.137).

4
Os Estados Unidos e o petróleo do Golfo até 1973

O interesse norte-americano pelas imensas reservas de petróleo do Golfo Pérsico evoluiu de um plano puramente comercial, nas primeiras décadas do século XX, para um terreno estratégico ligado à afirmação da hegemonia do país após a Segunda Guerra Mundial. A mudança se refletiu na definição dos atores norte-americanos envolvidos com os negócios petroleiros no Oriente Médio. No início, os interesses dos Estados Unidos eram defendidos pelas próprias empresas, na relação com os concorrentes (especialmente britânicos) e com os débeis governantes da região. A partir de 1945, as autoridades norte-americanas entraram diretamente no jogo e passaram a agir segundo uma lógica de defesa do interesse nacional que transcendia os objetivos imediatos das multinacionais. Os Estados Unidos desafiaram o predomínio britânico na exploração do petróleo do Golfo, conquistando, a partir do início da década de 1950, o controle da maior parte das reservas da região. A mudança foi acompanhada pela ascensão do nacionalismo nos países produtores, que começou com as pressões para revisar as regras de divisão dos lucros e logo aprofundou suas reivindicações, com a nacionalização de concessões britânicas, no Irã, sob Mossadegh. O desafio foi esmagado, mas as pressões nacionalistas logo voltaram a ganhar impulso, ajudadas pela onda anticolonial e terceiro-mundista dos anos 1950, culminando com a criação da Opep, em 1960. Uma nova agenda marcou as relações entre os Estados Unidos e os países produtores dali em diante – uma agenda de conflito, em que se sobressaíram as nacionalizações das concessões petrolíferas, a elevação dos preços e a politização das questões relativas às remessas de petróleo.

A HEGEMONIA BRITÂNICA NO ORIENTE MÉDIO

Até o início do século XX, o vínculo dos Estados Unidos com o Golfo Pérsico se limitava à atuação de mercadores e de missionários. Desde 1833, negociantes de Salem, Massachusetts, mantinham lucrativo comércio com o sultanato árabe de Mascate (atualmente parte de Omã), na extremidade sul da Península Arábica. Os norte-americanos exportavam produtos de algodão e móveis de madeira, comprando, em troca, pérolas, tâmaras e marfim. Em meados do século, o intercâmbio representava dois terços do comércio do sultanato.Um navio de guerra dos Estados Unidos, o *Ticonderoga*, visitou Mascate em 1879, durante seu trajeto para a Ásia, onde obteve sucesso na missão de abrir a Coreia para o comércio norte-americano. O navio cruzou o Golfo de Hormuz e navegou mais de 100 quilômetros pelo Estreito de Shatt-al-Arab, tornando-se a primeira embarcação militar norte-americana a penetrar no Golfo Pérsico. O comodoro Robert Wilson Shufeldt, comandante da missão, escreveu:

> Não existe nenhum lugar no mundo onde a manifestação física do poder é tão necessária para a difusão do poder moral de uma nação civilizada quanto entre os povos bárbaros e semibárbaros que habitam essas costas. (Palmer, 1992, p.9)

Os norte-americanos também faziam negócios na Pérsia, atual Irã, o primeiro país da região a estabelecer relações diplomáticas formais com os Estados Unidos, em 1883. O xá – soberano iraniano – chegara a propor, alguns anos antes, uma aliança militar com os Estados Unidos, como um meio de se contrapor à Grã-Bretanha e à Rússia, que ameaçavam a soberania do país. O governo de Washington, porém, evitou o envolvimento político na região. Missionários protestantes norte-americanos já atuavam desde o início do século XIX em diversas regiões do Oriente Médio, onde estabeleceram igrejas, escolas e hospitais. Rashid Khalidi, diretor do Middle East Institute, da Universidade Columbia, afirma em *Resurrecting Empire*:

> Esse esforço, surpreendentemente, despertou um antagonismo reduzido, o que pode ser explicado pelo fato de que os missionários logo descobriram que era preferível limitar seu proselitismo aos cristãos ortodoxos e católicos e aos judeus das localidades onde atuavam, em vez de se voltar para os muçulmanos, majoritários, que eram em geral refratários à conversão. (2004, p.31)

Deve-se à atividade desses missionários a existência de algumas das mais prestigiadas instituições de ensino superior no Oriente Médio: a Universidade Americana de Beirute, a Universidade Americana do Cairo e a Universidade Bogaziçi, em Istambul. Na Pérsia, os religiosos norte-americanos se concentraram nas províncias do Norte, habitadas por cristãos armênios, caldeus e nestorianos (Palmer, 1992, p.9).

Os britânicos constituíam a presença ocidental predominante na região. Suas motivações principais eram o comércio com os Estados litorâneos – como o Kuait, o Bahrein e os sultanatos da costa do Golfo conhecidos como Estados Truciais, que deram origem aos atuais Emirados Árabes Unidos

– e estabelecer bases de apoio em sua rota para a Índia. A importância estratégica do Golfo Pérsico, assim como a do Oriente Médio como um todo, residia, essencialmente, em sua posição geográfica, como elo de ligação entre três continentes – Europa, Ásia e África. Na virada do século XIX para o XX, o almirante Alfred Thayer Mahan, um fervoroso partidário da expansão da influência política e militar dos Estados Unidos, atribuía em seus livros um papel geopolítico de destaque à região e, em especial, à Turquia e à Pérsia, países que ele encarava como uma barreira à expansão da Rússia para o sul. Foi Mahan, aliás, quem cunhou a expressão "Oriente Médio".

As tentativas de domínio europeu sobre a região remontam ao século XVIII, com a expansão da Rússia czarista sobre áreas de influência turca e persa, e à conquista do Egito por Napoleão Bonaparte, em 1798, com a posterior derrota dos franceses pelos britânicos, que se instalaram em seu lugar. Como observa Khalidi, o Oriente Médio já tinha deixado para trás, havia muito, os tempos em que abrigava impérios poderosos e autossuficientes, para se tornar uma área periférica de um sistema capitalista mundial cujo dinamismo emanava da Grã-Bretanha e dos Estados Unidos:

> A "periferalização" do Oriente Médio e a incorporação dessa área à economia mundial foram apenas um prelúdio para a sua definitiva submissão, país por país, às potências coloniais europeias. Em parte pela teimosa resistência dos povos e Estados do Oriente Médio à expansão europeia e em parte pela surpreendente força do Estado Otomano, em particular, essa foi uma das últimas regiões do mundo a ser formal e completamente incorporada aos grandes impérios europeus que, ao final da segunda década do século XX, tinham engolfado praticamente toda a superfície habitada do Hemisfério Oriental. (2004, p.78)

Outro motivo apontado por Khalidi para a incorporação tardia do Oriente Médio aos domínios europeus e ao sistema capitalista é a rivalidade entre as potências coloniais. Estas – Grã-Bretanha, Rússia, França, Alemanha e Itália – hesitavam em provocar o colapso dos regimes da região por receio de que suas rivais pudessem se aproveitar da confusão resultante para obter vantagens estratégicas decisivas. Essa disputa só seria resolvida ao final da Primeira Guerra Mundial, com a dissolução do Império Otomano, a derrota da Alemanha e a retirada temporária da Rússia após a Revolução Bolchevique, de 1917.

O INGRESSO DAS EMPRESAS PETROLEIRAS

A exploração do petróleo deu ao Oriente Médio nova dimensão estratégica, provocou mudanças profundas em sua economia e tornou a região o foco de interesses estrangeiros muito poderosos. Desde a virada do século, os principais países europeus estavam em busca de fontes de suprimento do novo combustível, já que apenas os Estados Unidos e a Rússia, entre as grandes potências, possuíam reservas em seus próprios territórios. A existência de petróleo naquela parte do mundo não era novidade. Na Pérsia, o asfalto era usado, desde a Antiguidade, para cobrir buracos em embarcações, enquanto na Mesopotâmia eram conhecidas, havia milhares de anos, as fendas no solo da região de Mossul, no atual Iraque, de onde emanava um intenso fluxo de gás natural, sempre em chamas (Yergin, 1993, p.136). Mas a exploração desse potencial esbarrava na resistência das monarquias otomana e persa e na falta de capitalistas dispostos a mobilizar recursos suficientes para a empreitada.

Em 1901, o financista inglês William Knox D'Arcy obteve na decadente monarquia da Pérsia uma concessão para explorar durante sessenta anos o petróleo em área que abarcava três quartas partes do país (ficaram de fora as cinco províncias do Norte, consideradas área de influência russa). A concessão, obtida por uma quantia irrisória (40 mil libras), mais os subornos a funcionários públicos e a integrantes da corte do xá, tornou-se o modelo para os acordos posteriores em todo o Oriente Médio, marcados pela imensa assimetria entre o extraordinário poder das companhias ocidentais, de um lado, e a debilidade dos governos locais, de outro. Em troca do petróleo extraído, os donos da concessão se comprometiam a pagar à Pérsia apenas 16% dos lucros (ibidem, p.129). A primeira jazida gigante, em Majid-i-Suleiman ("templo de fogo", em persa), começou a jorrar em 1908. No ano seguinte, D'Arcy e seus sócios constituíram a Anglo-Persian Oil Company (Apoc), que cresceu rapidamente.

O Almirantado britânico, interessado em uma fonte segura de suprimento para viabilizar a troca do carvão pelo petróleo como principal combustível da frota, apoiou a aventura de D'Arcy na Pérsia. O êxito do empreendimento era vital para a manutenção da superioridade naval da Grã-Bretanha, ameaçada pelos alemães. Para garantir o controle das regiões costeiras do sul da Pérsia, onde a Apoc desenvolvia a extração, foram enviadas unidades de soldados recrutados na Índia, sob o comando de oficiais britânicos. Na prática, a soberania britânica passou a vigorar nos territórios onde a Apoc operava, assim como na refinaria construída pela empresa em Abadã, às margens do Golfo Pérsico. As autoridades britânicas se preocupavam também em impedir que o controle da empresa caísse em mãos estrangeiras. Por isso, em 1913, aconselhado pelo Almirantado, o governo britânico adquiriu 51% das ações da Apoc, que assim se tornou uma companhia estatal (Khalidi, 2004, p.86).

Na Mesopotâmia, outro alvo da cobiça das potências interessadas no petróleo, travou-se uma disputa longa e complicada. Por trás dos grandes grupos financeiros e das empresas petroleiras, ocultavam-se interesses estratégicos dos Estados. Nos territórios dominados pelo Império Otomano, os britânicos competiam com os franceses e com os alemães pelos direitos ao óleo que viesse a ser encontrado. Os interesses britânicos, representados pela Apoc e pela Royal Dutch Shell (anglo-holandesa), foram privilegiados nas negociações que resultaram na criação, em 1912, na Companhia Turca de Petróleo, em que os alemães também receberam um quinhão significativo. O acordo final com o governo turco atribuiu 50% das ações à Apoc, 25% à Shell e outros 25% ao Deutsche Bank. Uma proposta da Standard de Nova Jersey foi descartada.

Empresas norte-americanas já começavam a mostrar interesse no Oriente Médio, apesar das vastas reservas em seu próprio país – disparado, o maior produtor mundial na época. O motivo está relacionado à quebra do monopólio da Standard Oil, em 1911. Nem todas as novas empresas daí resultantes tinham acesso a jazidas em solo norte-americano. Esse era o caso, especialmente, da Standard de Nova Jersey (ou, simplesmente, Jersey, e depois Exxon), a principal herdeira do império dos Rockefeller, e da Standard de Nova York (Socony e, mais tarde, Mobil). Depois de se lançarem à exploração do petróleo do México e da Venezuela, as companhias se mostraram dispostas a expandir suas operações para os territórios inexplorados do Império Otomano. Mas os britânicos dificultavam o ingresso na região.

A "DIPLOMACIA DO PETRÓLEO"

A Primeira Guerra Mundial não apenas pôs em primeiro plano a importância econômica e estratégica do petróleo como definiu a disputa pelas reservas do Oriente Médio em benefício das potências vitoriosas. Com a derrota alemã, a França herdou os 25% do Deutsche Bank na Companhia Turca de Petróleo. A Grã-Bretanha adotou como política nacional o controle do petróleo da região. Os britânicos expulsaram os turcos de todas as suas possessões no Oriente Médio e as repartiram com os franceses. A coroa britânica obteve, na Liga das Nações, mandatos para administrar a Mesopotâmia, a Palestina e a Península Arábica, enquanto a França recebeu plenos poderes na Síria e no Líbano.[1] A Grã Bretanha manteve também o seu domínio colonial sobre o Egito, ocupado em 1882, e sobre o porto de Áden, na extremidade sul do Golfo Pérsico. Só permaneceram livres do controle europeu a Turquia, o Iêmen e a Pérsia (esta última, com soberania limitada).

---

[1] A divisão das possessões do antigo Império Otomano entre a Grã-Bretanha e a França foi acertada nos acordos secretos de Sykes-Picot, de 1916.

O desfecho do conflito foi marcado pela profunda decepção das lideranças locais em relação às potências do Ocidente. Em troca do apoio árabe na Primeira Guerra Mundial, a Grã-Bretanha e a França tinham se comprometido a aceitar a autodeterminação dos povos submetidos ao Império Otomano. A promessa foi traída no final do conflito, com o estabelecimento dos mandatos britânicos e franceses. Desiludidos com os europeus, os árabes se voltaram para os Estados Unidos em busca de apoio na luta pelos direitos nacionais. O anúncio dos famosos 14 Pontos pelo presidente Woodrow Wilson, em janeiro de 1918,[2] foi interpretado por muitos líderes árabes como um sinal de que os Estados Unidos tinham ingressado na guerra para defender as nações oprimidas. Eles se decepcionaram ao perceber que Wilson não tinha interesse em se opor aos planos dos ingleses e dos franceses. Na realidade, ao anunciar seus 14 Pontos, Wilson tinha em mente muito mais o Leste Europeu e os Bálcãs do que o Oriente Médio. De qualquer maneira, sua própria política externa logo seria desautorizada pelo Congresso, com a saída norte-americana da Liga das Nações, em 1919.

O inconformismo árabe com as decisões do pós-guerra levou à eclosão de uma série de revoltas anticoloniais. Na Mesopotâmia, oficiais nacionalistas que haviam servido sob o Exército otomano deflagraram uma rebelião popular contra os britânicos em abril de 1920. Chegaram a controlar a maior parte do atual território iraquiano, inclusive a cidade de Bagdá. A repressão – brutal – mobilizou cerca de noventa mil soldados, entre britânicos e indianos a serviço da Grã-Bretanha. A recém-criada Força Aérea Real da Grã-Bretanha lançou no Iraque uma das primeiras campanhas sistemáticas de bombardeios aéreos contra civis. Aldeias inteiras foram destruídas a partir do ar. Morreram durante a rebelião entre cinco mil e dez mil iraquianos, na maioria civis, e cerca de dois mil soldados britânicos e indianos (Fromkin, 1989, p.202-3).

Para acalmar a situação, os britânicos concederam uma autonomia formal aos iraquianos. Com o endosso da Liga das Nações, instalaram em 1924 o Reino do Iraque, formado por três antigas províncias otomanas: Bagdá e Basra, com populações árabes, e Mossul, de maioria curda. Nesse Estado-cliente os britânicos asseguraram o total controle sobre os assuntos econômicos, jurídicos e militares. Para ocupar o trono, foi chamado um monarca da família hashemita, Faissal I, que havia exercido papel similar na Síria até ser afastado pelos franceses. Faissal I se mostrou um dócil serviçal dos interesses da coroa britânica.

---

[2] Em seu famoso discurso ao Congresso em 18 de janeiro de 1918, quando apresentou a justificativa para o ingresso dos Estados Unidos na Primeira Guerra Mundial, Wilson defendeu, entre os princípios, a autodeterminação dos povos até então submetidos à dominação imperial, a liberdade de navegação, o desarmamento, a abertura econômica, a não intervenção e a solução pacífica das divergências entre as nações.

A "solução" iraquiana foi aplicada pelos britânicos no Egito, onde uma revolta nacionalista havia eclodido em 1919, com a ampla participação. Em 1922, o Egito obteve sua independência formal, sob um regime monárquico. A Grã-Bretanha, no entanto, manteve suas bases militares, o controle sobre a política externa egípcia e a posse do Canal de Suez, entre outros privilégios. Importantes rebeliões nacionalistas também eclodiram na Síria (1925-1926), contra o domínio francês, e na Palestina (1936-1938), contra os britânicos, e foram esmagadas com grande derramamento de sangue. Os levantes anticoloniais do período entre as duas guerras mundiais ficaram fortemente impregnados na memória coletiva dos povos árabes, como assinala Khalidi:

> Os ocidentais cometem um sério erro em pensar que esses eventos estão enterrados num passado distante, esquecidos, portanto, pelas gerações mais jovens que atualmente dominam as sociedades do Oriente Médio. Deixando de lado o fato de que qualquer cidadão com mais de 50 anos ... pode se lembrar nitidamente dos últimos tempos da era colonial, a história da luta pela libertação do jugo estrangeiro tem sido ao longo de décadas ensinada a diversas gerações de crianças pelos sistemas educacionais dos países do Oriente Médio. ... Em consequência, a lembrança da resistência contra a intervenção e ocupação estrangeiras ainda está muito viva entre esses povos. (2004, p.29-30)

Durante todo esse período, sucessivos governos norte-americanos não apenas se recusaram a colaborar com os nacionalistas árabes (inclusive com os mais moderados) como apoiaram o sistema de mandatos e o controle da região pelos europeus. Simon Bromley, em *American Hegemony and World Oil*, atribui a atitude dos Estados Unidos a interesses econômicos:

> Numa região onde os Estados foram estabelecidos em bases precárias e onde a pacificação interna e os direitos de propriedade eram rotineiramente desafiados, a expansão do capital norte-americano requeria, acima de tudo, ordem e estabilidade. (1991, p.111)

Por isso, os Estados Unidos não demonstravam a menor pressa em acelerar a transição dos mandatos para a independência. Segundo Bromley,

> a estratégia geral dos EUA na região era a de dar apoio moral (mas não material) aos britânicos e, ao mesmo tempo, desfrutar dos benefícios econômicos derivados dos regimes administrados estabelecidos por eles. (ibidem, p.111)

A penetração dos Estados Unidos tinha um objetivo econômico definido – o petróleo – e uma força de vanguarda extremamente ativa: as cinco grandes empresas petroleiras norte-americanas em operação no cenário internacional: a Exxon (ou Jersey), a Mobil, a Standard Oil of California

(SoCal), a Texaco e a Gulf. Somadas às europeias Shell e Anglo-Persian (depois Anglo-Iranian, atual British Petroleum), elas formaram um cartel conhecido como "As Sete Irmãs", ou *majors*, que dominou o mercado mundial de petróleo até o início da década de 1970. O que as atraía a operar no exterior eram, sobretudo, os lucros fabulosos proporcionados pela venda do petróleo estrangeiro, obtido a um custo muito menor que nos Estados Unidos.

O governo de Washington raramente intervinha em apoio aos negócios das *majors* norte-americanas no Oriente Médio, mas dava a elas suporte diplomático por meio da sua Política da Porta Aberta, que reivindicava o livre acesso dos investimentos e dos produtos dos Estados Unidos a qualquer parte do mundo. O temor de iminente exaustão das jazidas de petróleo era manifestado por importantes autoridades norte-americanas, a começar pelo presidente Wilson. Tanto ele quanto seu sucessor, o republicano Warren Harding, estimularam as companhias norte-americanas a aumentar a oferta de petróleo em escala mundial. O crescimento do número de automóveis era espantoso. A frota norte-americana saltou, entre 1914 e 1920, de 1,8 milhão para 9,2 milhões. A busca de combustível para abastecer essa expansão se tornou um assunto de Estado, conforme assinala Yergin:

> A competição por novos campos petrolíferos não mais seria essencialmente uma batalha entre empresários dispostos a assumir riscos e homens de negócios agressivos. A Primeira Grande Guerra deixara absolutamente claro que o petróleo se tornara um elemento essencial da estratégia das nações; e os políticos e burocratas, de quem não se pode dizer que até então estivessem ausentes, agora se arremessavam ao centro da luta, atraídos para a competição por uma percepção comum – a de que o mundo do pós-guerra requereria uma quantidade cada vez maior de petróleo para a prosperidade econômica e o poderio nacional. (1993, p.180)

O ACORDO DA LINHA VERMELHA E O CARTEL DAS "SETE IRMÃS"

A resistência dos britânicos ao ingresso norte-americano no Oriente Médio se tornou insustentável pelas enormes dívidas contraídas pela Grã-Bretanha com os banqueiros norte-americanos durante o conflito. Outros fatores contribuíram para que as portas da região se abrissem aos empreendedores dos Estados Unidos. O governo britânico temia o crescente nacionalismo da Turquia, que mostrava interesse em recuperar o rico distrito petrolífero de Mossul – onde, em 1927, o óleo finalmente começara a jorrar. Além disso, as empresas britânicas careciam de capital para desenvolver plenamente as áreas a elas destinadas. Em 1928, houve uma reforma na composição acionária da Iraq Petroleum Company (IPC), como passou a se chamar a Turkish Petroleum Company. A empresa permitiu a entrada da Exxon e da Mobil, com um total de 23,5% das ações. Outras três parcelas de 23,5% se dividiram entre a Anglo-Persian, a Shell e a Compagnie Française des Pétroles (CFP, estatal), ficando os 5% restantes em mãos do especulador de origem armênia Calouste Gulbenkian, que articulou o acordo.

Na mesma reunião que formou a IPC, as empresas participantes decidiram formar um cartel que garantisse a elas o controle sobre toda a produção petroleira do Oriente Médio. Com a descoberta de novas jazidas no Texas, o excesso de oferta ameaçava os lucros do setor. E, diante das abundantes reservas disponíveis para a exploração em todo o Golfo Pérsico, era evidente o risco de que a competição entre as *majors* provocasse a queda dos preços. A solução seria um compromisso de que os integrantes do cartel renunciassem a agir isoladamente na região, de modo que impedisse a concorrência entre eles. A essa altura do debate, Gulbenkian pegou um lápis vermelho e traçou sobre um mapa uma linha ao longo das fronteiras do extinto Império Otomano (a Turquia, o Iraque, a Palestina, a Síria, o Líbano e a Península Arábica, incluindo os sultanatos sob domínio britânico, com exceção do Kuait). Dentro dessa área todas as decisões sobre investimentos, produção, concessões e preços teriam de ser tomadas em conjunto.

O Acordo da Linha Vermelha, como ficou conhecido, completou-se com os acordos assinados em agosto de 1928 no castelo de Achnacarry, na Escócia, em que os integrantes do cartel dividiram o mercado internacional por meio de um sistema de cotas, com base no seu percentual sobre a venda total naquele ano. Dali por diante, as vendas poderiam, é claro, continuar aumentando, mas só à medida que crescesse a demanda total. Por isso, as decisões tomadas em Achnacarry são conhecidas também como o Acordo "Como Está" ("As Is", em inglês), pois congelava a situação relativa dos seus signatários por prazo indeterminado.

O DESAFIO DOS ESTADOS UNIDOS À HEGEMONIA BRITÂNICA

O cartel manteve, de fato, os preços e a produção sob seu controle, assim como dificultou as tentativas dos governos nacionais do Oriente Médio de revisar as concessões de modo que obtivesse uma partilha dos lucros em termos menos desfavoráveis – mas não restringiu o avanço norte-americano na região. A Gulf Oil, com sede no Texas, tinha comprado em 1925 os direitos de prospecção petrolífera no protetorado britânico do Bahrein. No entanto, em 1928 a empresa passou a integrar o grupo norte-america no na IPC e aderiu ao Acordo da Linha Vermelha, o que a impedia de atuar de forma independente dentro dos limites do mapa, que incluíam o Bahrein. Dominada pelos britânicos, a IPC não se interessou em procurar petróleo no Bahrein nem permitiu que a Gulf levasse adiante esse projeto. As empresas britânicas tinham dificuldade em reunir os recursos necessários para acompanhar a extensão dos empreendimentos almejados pelos norte-americanos na região. A Gulf, impedida de operar no Bahrein, vendeu seus direitos à SoCal, da Califórnia, que estava livre das restrições impostas pelo cartel.

O Kuait, única porção do Golfo Pérsico fora da Linha Vermelha, também era alvo do interesse norte-americano. A Gulf comprou, igualmente, os direitos de prospecção no Kuait, sem necessidade do aval do cartel. Mas a Gulf e a SoCal enfrentaram um obstáculo poderoso: o governo britânico. Como ressalta Yergin, a Grã-Bretanha tinha firmado, antes da Primeira Guerra, acordos com os xeques locais, inclusive os do Bahrein e do Kuait, para que a exploração do petróleo fosse confiada apenas a empresas britânicas. Era a "cláusula da nacionalidade inglesa", elaborada a princípio para barrar o acesso da Alemanha ao Golfo Pérsico e que, na prática, passou a bloquear o desenvolvimento do petróleo dos protetorados por empreendedores norte-americanos. Prejudicadas, as duas empresas pediram – e obtiveram – o apoio do Departamento de Estado, em Washington. Seguiu-se uma longa e desgastante batalha diplomática.

Com o aumento da pressão dos Estados Unidos, a Grã-Bretanha recuou – de início, apenas no Bahrein. Em 1929, a SoCal foi autorizada a fazer perfurações no arquipélago. A busca efetiva começou em 1931 e, no ano seguinte, o petróleo começou a jorrar. No Kuait, a resistência britânica foi maior. Por sua posição geográfica, junto ao Iraque e ao Irã, o protetorado era considerado uma área estratégica pelos britânicos, que viam com muito desagrado a ideia de que outra potência surgisse para disputar influência por ali. Mas os norte-americanos tinham um aliado importante – o próprio emir do Kuait, o xeque Ahmad, que enfrentava uma crise econômica causada pelo desenvolvimento de pérolas artificiais no Japão, destruindo a demanda mundial pelas pérolas naturais, então o principal produto de exportação kuaitiano. O emir tinha forte interesse no petróleo como nova fonte de renda. E os ingleses queriam apenas garantir o controle sobre as reservas do Kuait, sem explorá-las de fato. Por isso, o xeque Ahmad encorajou a Gulf, que protestou no Departamento de Estado contra a política excludente dos britânicos. A diplomacia dos Estados Unidos, por sua vez, intercedeu em favor da Gulf.

Depois de longos debates internos, o governo de Londres cedeu às pressões norte-americanas e, em 1932, aboliu a cláusula da nacionalidade. Em compensação, impôs a formação de uma *joint-venture* entre a Gulf e a Anglo-Persian, cada uma com a metade das ações. A nova empresa, denominada Kuait Oil Company, começou a operar em 1934 e descobriu seu pri meiro poço em 1938. O resultado é que, antes do fim da década, os inte resses econômicos dos Estados Unidos estavam firmemente ancorados na margens ocidentais do Golfo Pérsico – uma região que, desde o século XIX se encontrava sob a influência exclusiva da Grã-Bretanha.

A ENTRADA DOS NORTE-AMERICANOS NA ARÁBIA SAUDITA

A grande cartada dos norte-americanos na disputa com os britânicos foi a sua entrada na atual Arábia Saudita. Com exceção da costa leste, onde a Grã-Bretanha havia instalado protetorados, a Península Arábica era dema siadamente pobre, inóspita e distante para atrair a cobiça do colonialismo europeu. Desde 1902, o chefe da tradicional dinastia Al Saud, Abdul Aziz Ibn Saud, reinava sobre o centro e o leste do país, a região do Nejd, com um governo instalado em Riad, enquanto a porção ocidental – o Hijaz, onde se situam as cidades sagradas de Meca e Medina – estava sob o domínio da família Hussein. Durante a Primeira Guerra Mundial, as duas famílias receberam armas dos britânicos para combater os turcos. Terminada a guerra, continuaram lutando entre si, até que em 1926 as forças de Ibn Saud derrotaram o clã rival e conquistaram Meca, unificando a maior parte da península. Nasceu assim o Reino de Hejaz e Nejd, que em 1932 passou a se chamar Arábia Saudita. Um fator decisivo para a supremacia da família Saud foi a aliança com um movimento religioso fundamentalista fundado no fim do século XVIII, conhecido como wahabismo. Com a criação da Arábia Saudita, a vertente wahabita do islamismo foi incorporada às instituições e à ideologia oficial do país.

A descoberta de grandes jazidas no Bahrein e no Kuait despertou o interesse das grandes companhias pelo deserto saudita. Duas delas – a norte-americana SoCal e a britânica Anglo-Persian (que agia em nome do consórcio Iraq Petroleum Company, a IPC), travaram acirrada disputa pela concessão. Finalmente, em 1933, a SoCal obteve, em troca de grande quantidade de dinheiro, um acordo que lhe permitia explorar o petróleo do país durante sessenta anos. Três anos depois, a SoCal admitiu como sócia a Texaco, formando o que viria se tornar a Arabian-American Oil Company (Aramco). O petróleo começou a jorrar na região em 1938 e, em poucos anos, as prospecções revelaram em toda sua extensão o fabuloso tesouro que se abrigava sob as areias sauditas. Assim, em apenas uma década, as companhias petrolíferas dos Estados Unidos passaram de uma rarefeita presença no Oriente Médio à condição de donas de uma parcela significa tiva das reservas da região.

Igor Fuser

O GOLFO PÉRSICO NA SEGUNDA GUERRA MUNDIAL

Quando eclodiu a Segunda Guerra Mundial, a presença militar dos Estados Unidos no Golfo Pérsico era nula. As autoridades norte-americanas encaravam a região como área de influência britânica e se mantinham a distância. Os interesses do país eram defendidos pelas empresas petroleiras. O conflito mudou a atitude das autoridades norte-americanas perante a região. No início da Segunda Guerra, o Golfo Pérsico produzia menos de 5% do petróleo mundial, enquanto os Estados Unidos produziam 63%.

Mesmo assim, as autoridades norte-americanas perceberam que as enormes reservas de petróleo existentes no Oriente Médio seriam criticamente importantes não só para a condução da guerra, mas para a segurança nacional depois do conflito. Em março de 1943, Herbert Feis, consultor econômico do Departamento de Estado, advertiu o secretário de Estado Cordell Hull para a necessidade de os Estados Unidos garantirem seu acesso seguro a essas reservas. Do contrário, afirmou, "os EUA correrão o perigo de ter de pagar um pedágio econômico ou político para garantir o petróleo ou, simplesmente, ficar sem ele". O geólogo E. L. De Golyer, da Petroleum Reserves Corporation (uma agência estatal de duração efêmera), assinalou no início de 1944: "O centro de gravidade da produção mundial de petróleo está se mudando da região do Caribe para o Golfo Pérsico".

O desenrolar do conflito salientou tanto a importância estratégica do petróleo quanto a debilidade militar da Grã-Bretanha no Oriente Médio. Os dois fatores levaram os Estados Unidos a se envolver diretamente na região, pela primeira vez. O principal receio era que as reservas petrolíferas – ou uma parte significativa delas – caíssem em mãos das forças do Eixo. Assim como fez em outras regiões do mundo, como a Irlanda e o México, a diplomacia nazista procurou se aproveitar dos sentimentos nacionalistas que opunham forças políticas locais à dominação inglesa ou norte-americana. No Iraque, a Alemanha deu apoio a um golpe nacionalista em maio de 1941, rapidamente esmagado por forças britânicas. O Irã adquiriu papel estratégico muito maior a partir da invasão da União Soviética, em junho do mesmo ano. O monarca Reza Shah resistiu às pressões da Grã-Bretanha para expulsar os assessores militares alemães instalados em Teerã. Então, numa operação conjunta, os britânicos invadiram e ocuparam o Irã a partir do Sul, enquanto os soviéticos fizeram o mesmo no norte do país. Forçado pelos Aliados, o xá abdicou em favor de seu filho Mohammed Reza Shah Pahlevi.

A Grã-Bretanha garantiu suas posições no Oriente Médio durante o conflito, mas isso só foi possível graças à ajuda econômica e militar que recebeu dos Estados Unidos. A extração de petróleo nas áreas sob controle de empresas britânicas caiu drasticamente, sobretudo pela falta de capital e pelas dificuldades de escoamento da produção, mas aumentou onde os norte-americanos estavam instalados – principalmente no Bahrein e na Arábia Saudita. A influência dos Estados Unidos cresceu ainda mais com o envio, a partir de 1943, de auxílio financeiro à monarquia saudita. Quando a Alemanha foi derrotada, os Estados Unidos estavam instalados no Golfo Pérsico de um modo muito mais firme do que antes, conforme observa Palmer: "Ao final da guerra, os EUA tinham aumentado dramaticamente sua participação econômica e, pela primeira vez, instalado tropas no Golfo Pérsico" (1992, p.22).

O PETRÓLEO NA ESTRATÉGIA NORTE-AMERICANA DO PÓS-GUERRA

O governo Truman continuava, ao final do conflito, firmemente disposto a integrar o petróleo do Oriente Médio à sua estratégia para o pós-guerra, apesar das tentativas fracassadas de controle estatal norte-americano dos poços da Arábia Saudita. Os Estados Unidos tinham fornecido 85% dos sete milhões de barris de petróleo consumidos pelos Aliados desde 1941, quando o país entrou na guerra. Altos funcionários do Pentágono e do Departamento de Estado assinalavam a importância de garantir um acesso seguro às fontes de petróleo estrangeiras como um meio de impedir a exaustão das reservas domésticas. John Loftus, chefe da Divisão de Petróleo do Departamento de Estado, em memorando de 1945, afirmou que a segurança nacional requeria "um aumento relativo na taxa de exploração das reservas de petróleo do Hemisfério Oriental (particularmente do Oriente Médio) e uma relativa diminuição da taxa de exploração no Hemisfério Ocidental". Eugene Rostow, da Universidade de Yale, em *A National Policy for the Oil Industry*, argumentava que era necessário importar petróleo em tempos de paz a fim de preservar as reservas para as épocas de guerra.

O secretário da Marinha, James Forrestal, era um ardoroso defensor das propostas de controle direto do petróleo do Golfo Pérsico. Em conversa com outros integrantes do governo durante a conferência das forças aliadas em Potsdam, Forrestal ressaltou a importância estratégica das reservas sauditas.

> Se algum dia entrarmos em outra guerra mundial, é bem provável que não tenhamos acesso às reservas mantidas no Oriente Médio, mas nesse meio tempo a utilização dessas reservas evitaria o esgotamento das nossas próprias, um esgotamento que pode vir a tornar-se grave nos próximos quinze anos. (Yergin, 1993, p.416)

Forrestal defendia, assim como muitos outros, a estreita cooperação entre o governo e as companhias de petróleo para ampliar a presença dos Estados Unidos no Oriente Médio. Na mesma linha, o Departamento de Estado apontou, em relatório de 1945, as reservas do Golfo Pérsico como "uma fonte estupenda de poder estratégico e um dos maiores tesouros materiais da história do mundo".

Após o fim da Segunda Guerra, três interesses, às vezes contraditórios entre si, marcaram a política norte-americana em relação ao petróleo do Oriente Médio:

a) ampliar o acesso às reservas a fim de garantir o combustível para a recuperação econômica da Europa Ocidental e do Japão sem comprometer os estoques domésticos;
b) impedir que a União Soviética se apoderasse das riquezas do Golfo Pérsico;
c) manter a cooperação com a Grã-Bretanha, que continuava de posse da maior parte das reservas conhecidas da região.

Yergin assinala o papel do petróleo no cenário mundial do pós-1945:

> Os Estados Unidos estavam se tornando uma sociedade cada vez mais baseada no petróleo, que já não conseguia suprir suas necessidades com a produção interna. A guerra mundial, recém-terminada, provara quão central e crítico era o petróleo para o poder nacional. Os líderes e os empreendedores americanos estavam também avançando no sentido de encontrar uma definição muito mais ampla de segurança nacional. ... O expansionismo soviético ... trouxe o Oriente Médio para o centro do palco. Para os EUA, os recursos de petróleo na região constituíam-se em interesse não menos vital do que a independência da Europa Ocidental. (1993, p.437-8)

A POLÍTICA DA PORTA ABERTA

A Arábia Saudita era o foco imediato dos interesses norte-americanos. Ali se travou a primeira batalha contra os britânicos – a disputa em torno do Acordo da Linha Vermelha, de 1928. Ideologicamente, os Estados Unidos eram a favor da política liberal da Porta Aberta em relação ao petróleo do Oriente Médio, e insistiram nessa posição em 1945. Na prática, essa era uma maneira de minar o domínio britânico na região, dada a incapacidade da Grã-Bretanha de competir efetivamente com as firmas norte-americanas. As regras até então vigentes já não correspondiam à nova correlação de forças, num momento em que a indústria petroleira dos Estados Unidos se empenhava em encontrar novas fontes de suprimento para substituir os poços domésticos, cada vez mais dispendiosos e insuficientes (Kolko, 1988, p.22).

A ruptura com a velha ordem petroleira ocorreu quando a SoCal e a Texaco propuseram o ingresso de novos sócios na Aramco para injetar os recursos necessários à construção do Oleoduto Transarábico, ou Tapline ligando Dhahran ao porto libanês de Sidon, no Mediterrâneo. As empresas teriam de ser, obrigatoriamente, norte-americanas, pois o rei Saud vetara o ingresso do capital britânico na exploração do petróleo saudita. E as principais interessadas eram, justamente, a Jersey e a Mobil, que já exploravam as reservas iraquianas como sócias da IPC. Para que elas pudessem entrar na Aramco, dois obstáculos teriam de ser superados. O primeiro era o Acordo da Linha Vermelha, que vinha impedindo a Jersey e a Mobil de atuar na Arábia Saudita. O segundo obstáculo eram as leis antitruste dos Estados Unidos, que impediam esse tipo de associação.

O governo Truman apoiou as empresas petroleiras quando elas declararam nulo o Acordo da Linha Vermelha e isentou a Jersey e a Mobil das leis antitrustes para que se juntassem à SoCal e à Texaco, em operação completada em 1948. A atitude da Casa Branca representou o início de uma "parceria informal" entre o governo e as *majors* norte-americanas (Painter apud Klare, 2004a). Nessa parceria, baseada na convicção de que a segurança nacional e a lucratividade corporativa exigiam a expansão do acesso dos Estados Unidos ao petróleo do Oriente Médio, o papel do governo era o de garantir a segurança e a estabilidade das regiões produtoras. Segundo o historiador David Painter (apud Klare, 2004a, p.35),

> Embora coubesse aos interesses privados, e não às agências governamentais a responsabilidade primária de implementar a política com relação ao petróleo, o governo dos EUA, mesmo assim, envolveu-se profundamente na manutenção de um ambiente internacional no qual as empresas privadas pudessem operar com segurança e lucro.

Era exatamente o que Forrestal tinha proposto ao final da guerra.

Truman interveio porque considerava a Aramco essencial para abastecer o Plano Marshall.[3] De fato, a energia barata do Golfo Pérsico viabilizou a decolagem econômica da Europa Ocidental, que trocou em poucos anos o carvão como principal fonte de combustível pelo petróleo importado. Mais de 20% das verbas do Plano Marshall entre 1948 e 1952 foram destinadas às importações de petróleo (Yergin, p.434). Nesse período, ocorreu um deslocamento dramático das fontes de fornecimento. Em 1946, 77% do petróleo consumido na Europa era oriundo dos Estados Unidos ou da América Latina. Em cerca de cinco anos, a tendência se inverteu: a partir de 1951, mais de 80% dos seus suprimentos vinham do Oriente Médio.

---

[3] O Programa de Recuperação Econômica que o secretário de Estado norte-americano George Marshall, anunciou em 1947 como uma forma de reerguer a Europa Ocidental.

De acordo com Bromley, a dependência em relação a essas fontes de energia, controladas cada vez mais por empresas norte-americanas, acentuou a dependência estratégica e econômica dos aliados europeus e asiáticos em relação aos Estados Unidos:

> O papel das *majors* norte-americanas em fornecer combustível de baixo custo à Europa Ocidental e ao Japão foi um fator importante para as relações bilaterais e multilaterais, dada a centralidade do petróleo barato para o *boom* do pós-guerra e para a mobilidade militar. (1991, p.83)

Para os governos, principalmente da Europa Ocidental, a manutenção dos preços do petróleo importado em níveis baixos teve vantagem adicional: possibilitou a arrecadação crescente de impostos sobre o consumo de gasolina e de diesel para financiar as despesas públicas.

UM NEGÓCIO "ALÉM DOS SONHOS DA AVAREZA"

A exploração e venda do petróleo do Oriente Médio proporcionava às empresas ocidentais lucros que o historiador John Blair definiu como algo "além dos sonhos da avareza" (1978, p.49). O custo de produção de um barril de petróleo na Arábia Saudita em 1945 era de US$ 0,10, ao qual se somavam US$ 0,16 em royalties pagos à Casa Real, enquanto o preço de venda oscilava entre US$ 1,05 e US$ 1,13. No Bahrein e no Kuait, os preços se situavam na mesma faixa. A esses valores se somavam os ganhos das *majors* no transporte, refino e comercialização (O'Connor, 1963, p.332). Em 1960, o presidente da Exxon informou que 28% dos ganhos da empresa, uma das mais ricas do mundo, vinham dos países árabes. Três anos antes, em 1957, o presidente da Gulf tinha revelado que mais da metade dos lucros da empresa procediam do petróleo do Kuait (Blair, 1978, p.57).

Nos anos iniciais da exploração do subsolo saudita, o rei Saud e sua numerosa família estavam interessados apenas em aumentar, o mais depressa possível, as receitas petroleiras que financiavam um estilo de vida marcado pelo luxo, pelo desperdício e pela extravagância. Após a Segunda Guerra Mundial, porém, a monarquia local passou a reivindicar uma fatia maior dos lucros auferidos pela Aramco. Em 1948, a Venezuela começou a pôr em prática uma nova Lei do Petróleo, que impôs às companhias estrangeiras donas de concessões – Jersey, Shell e Gulf – uma partilha dos lucros na base de 50% a 50%. Imediatamente, o rei Saud exigiu uma revisão do contrato nos termos venezuelanos. A monarquia saudita tinha fortes argumentos para sustentar o seu pleito. Os lucros da Aramco, em 1949, representaram quase o triplo dos rendimentos da própria Arábia Saudita sobre a concessão (Yergin, p.458).

As quatro companhias norte-americanas integrantes da Aramco – Gulf, SoCal, Jersey e Mobil – perceberam que seria difícil resistir à pressão dos seus hospedeiros, mas não estavam dispostas a reduzir os ganhos. A solução foi repassar a perda ao Tesouro dos Estados Unidos. Durante o complicado processo de negociações, veio à tona uma lei norte-americana de 1918, que não vinha sendo aplicada. Segundo a lei, uma empresa dos Estados Unidos operando no exterior poderia deduzir dos seus impostos o pagamento de taxas estrangeiras. A Aramco se dispôs a aceitar o aumento dos royalties para 50%, desde que o dinheiro fosse considerado imposto pelo Tesouro norte-americano e, portanto, descontado sobre o montante das taxas que a Aramco teria de pagar nos Estados Unidos.

Em novembro de 1950, o governo norte-americano concedeu o crédito fiscal à Aramco. Com isso, parcela substancial da receita do petróleo saudita foi desviada dos cofres norte-americanos para os da Casa de Saud. Didaticamente, Yergin explicou o efeito dessa fórmula na divisão da receita em 1951, o primeiro ano da sua aplicação. Nesse ano, a Aramco pagou à Arábia Saudita US$ 110 milhões (em comparação com os US$ 39 milhões de 1949) e apenas US$ 6 milhões ao Tesouro dos Estados Unidos (Yergin 1993, p.459). Na prática, os contribuintes norte-americanos passaram a subsidiar a posição da empresa nas terras sauditas.

A operação – apelidada de "a mágica dourada" – é ilustrativa da maneira como os interesses econômicos das empresas dos Estados Unidos se articularam com os objetivos estratégicos do país no Oriente Médio. A decisão do governo-americano foi justificada em nome da segurança nacional e o seu grande defensor foi o Departamento de Estado.

ORIGENS DO NACIONALISMO PETROLEIRO

No início da década de 1950, a percepção predominante em Washington era a de que os interesses nacionais corriam perigo. A eclosão da Guerra da Coreia, em junho de 1950, levou os Estados Unidos a se sentirem sob a ameaça do "expansionismo" soviético no Oriente Médio. A esse receio somava-se o despertar do nacionalismo no que viria ser chamado, mais tarde, de "Terceiro Mundo". Yergin lembra que apenas doze anos haviam se passado desde que o México, em 1938, expropriou as companhias petroleiras inglesas e norte-americanas. Outros países poderiam seguir esse exemplo.

> Os nacionalistas antiocidentais deveriam ser contidos. ... Independentemente das perdas do Tesouro norte-americano, o Departamento de Estado desejava que a Arábia Saudita e outros países produtores de petróleo aumentassem suas recei

tas, a fim de manter governos pró-ocidentais no poder e o descontentamento dentro de limites controláveis. Na Arábia Saudita, era urgente fazer o que fosse necessário para preservar a posição das companhias americanas. (1993, p.459)

O acordo para a divisão dos lucros na base de 50% a 50% logo foi estendido aos países produtores da costa leste do Golfo Pérsico (no Iraque, já estava em vigor desde 1948). No Irã, porém, os britânicos resistiram a reduzir os rendimentos astronômicos que obtinham com a exploração do petróleo. Desde 1911, quando começou a operar no país, até 1951, a Anglo-Iranian Oil Company (Aioc) tinha extraído petróleo no valor de US$ 3,3 bilhões, dos quais apenas US$ 316 milhões se destinaram aos cofres públicos iranianos. Nesse período, o Tesouro da Grã-Bretanha recebeu cerca de US$ 700 milhões em impostos cobrados sobre essa operação, sem contar a receita bilionária da própria Aioc, uma empresa estatal britânica (O'Connor, 1963, p.290). O Irã era o maior produtor de petróleo do Oriente Médio, mas sua população vivia na miséria.

O CONFLITO COM O IRÃ E A DERRUBADA DE MOSSADEGH

A assinatura do acordo de 50% a 50% pela Arábia Saudita desencadeou uma campanha pela nacionalização do petróleo iraniano. No início, os norte-americanos efetuaram gestões na Aioc e no governo britânico para aceitar a partilha dos lucros na base do meio a meio. Truman temia que a onda nacionalista pudesse levar o Irã à neutralidade na Guerra Fria e, além disso, considerava o monopólio da Aioc incompatível com a Política da Porta Aberta. Mas o Tesouro britânico não estava disposto a abrir mão de uma de suas principais fontes de receita. A Grã-Bretanha, devastada por duas guerras mundiais e abalada pela perda de sua principal colônia – a Índia –, enfrentava situação financeira difícil.

Kolko avalia que, ao endossar o princípio da partilha 50-50 para o petróleo de todo o Oriente Médio, o governo norte-americano sabotou a posição do seu aliado britânico na região (1988, p.69). O principal risco para o Ocidente, na avaliação do Departamento de Estado, provinha de "elementos ultranacionalistas", que tinham como alvo principal o imperialismo britânico e francês. A associação com as potências europeias, no raciocínio de Washington, ameaçava isolar os norte-americanos, abrindo caminho para a ascensão dos nacionalistas, o que punha em risco as concessões petroleiras (ibidem, p.70). E o petróleo, de acordo com o Conselho de Segurança Nacional, era, em 1950, "a questão mais importante para os EUA no Oriente Médio".

As negociações se arrastaram e a intransigência britânica intensificou o ímpeto dos nacionalistas. Quando, em 1951, os britânicos finalmente concordaram com a divisão 50-50, era tarde demais. No dia 7 de março o primeiro-ministro Ali Razmara, de posições moderadas, que negociou a revisão da concessão, foi assassinado. Uma semana depois, o Majlis (Parlamento) aprovou a nacionalização da Aioc. O principal líder nacionalista, Mohammed Mossadegh, ferrenho opositor do xá, tornou-se primeiro-ministro. No dia 1º de maio, o xá Reza Pahlevi, sem meios de se contrapor à decisão do Parlamento, assinou a lei que tornava a Aioc uma propriedade iraniana. Os bens da companhia foram expropriados, sem compensação, e as tropas e os funcionários britânicos, expulsos do Irã. A Grã-Bretanha apelou para o Conselho de Segurança da ONU e para a Corte Internacional de Justiça, em Haia, mas seu pedido foi rejeitado nos dois organismos, sob o argumento de que se tratava de uma disputa entre um país soberano e uma empresa, e não entre dois países, como alegavam os britânicos.

Os esforços da Casa Branca para obter uma solução conciliatória fracassaram. As esperanças de um recuo iraniano desapareceram quando Mossadegh criou uma empresa estatal petroleira, a National Iranian Oil Company (Nioc), ainda em 1951. As atitudes de Teerã já ultrapassavam, em muito, os limites que as autoridades de Washington estavam dispostas a tolerar. A radicalização do conflito levou os Estados Unidos a mudar sua posição, no início de 1952. O governo norte-americano não tinha interesse em romper completamente a aliança com a Grã-Bretanha e, sobretudo, temia que a posição de Mossadegh pudesse ameaçar as concessões petroleiras dos Estados Unidos em outros países do Oriente Médio. Funcionários do Departamento de Estado apoiaram a participação das *majors* norte-americanas no boicote mundial promovido pela Grã-Bretanha para impedir o Irã de comercializar o petróleo recém-nacionalizado. Para manter estável o fornecimento durante o boicote às exportações iranianas, as *majors* aumentaram sua produção no Iraque, no Kuait e na Arábia Saudita. Em janeiro de 1953, quando o republicano Dwight Eisenhower sucedeu ao democrata Truman, as exportações iranianas tinham despencado de 666 mil barris/dia para apenas 20 mil barris/dia. Ironicamente, os primeiros a empregar a "arma do petróleo" foram os Estados Unidos e a Grã-Bretanha, e não os países produtores, como viria a ocorrer vinte anos depois.

A administração de Eisenhower endureceu ainda mais as posições contra o Irã. O governo norte-americano, preocupado com o aumento da influência esquerdista naquele país, rejeitou um pedido de ajuda de Mossadegh (político anticomunista) e passou a agir nos bastidores, por meio da Agência Central de Inteligência (CIA) e em colaboração com o serviço secreto britânico, para a derrubada do regime parlamentar de Mossadegh por mi litares ligados ao xá. O golpe, em agosto de 1953, resultou na instauração de um regime ditatorial sob o comando do xá, encerrando a breve experiência do Irã com a democracia.[4]

Nas negociações que se seguiram, o Departamento de Estado obteve uma solução altamente favorável aos interesses dos Estados Unidos. A exploração das reservas que antes pertenciam à Aioc foi entregue a um consórcio, com significativa participação de empresas norte-americanas. O governo iraniano garantiu 50% dos lucros e reservou para a Nioc – cuja existência foi preservada – o petróleo situado fora da antiga concessão britânica. No novo arranjo, 32% das ações foram distribuídas, em partes iguais, às cinco *majors* dos Estados Unidos – Jersey, Mobil, SoCal, Texaco e Gulf – e 8% a um *pool* de 12 empresas menores, integrantes das chamadas "independentes", num total de 40% para companhias norte-americanas. A British Petroleum (BP), como a Aioc passou a se chamar, ficou com outras 40%. A Royal Dutch/Shell recebeu 14% e a Compagnie Française des Pétroles, 6%.

Como já havia ocorrido por ocasião do ingresso da Jersey e da Mobil na Arábia Saudita, o governo norte-americano impediu que a legislação antitruste inviabilizasse a transação.

> Graças à estreita colaboração entre Washington e Wall Street, no final de 1954 o Irã tinha se juntado à crescente lista de nações do Oriente Médio cujos campos de petróleo tinham se juntado ao império de segurança nacional dos EUA. (Little, 2004, p.93)

O envolvimento norte-americano na derrubada de Mossadegh e o posterior ingresso de companhias petroleiras norte-americanas no Irã imprimiram uma marca permanente na relação entre os dois países. Muitos anos mais tarde, o aiatolá Khomeini, ao comentar os eventos de 1953-54, escreveu que "o Irã tinha sido escravo da Grã-Bretanha num dia e da América no outro".

O PETRÓLEO E A CONSOLIDAÇÃO DA HEGEMONIA DOS ESTADOS UNIDOS

Na avaliação de alguns dos principais autores no campo das Relações Internacionais, o desfecho da crise iraniana foi um momento fundamental

---

[4] Para um bom relato – em português – da participação da CIA na derrubada de Mossadegh, ver *Todos os homens do xá*: o golpe norte-americano no Irã e as raízes do terror no Oriente Médio. Bertrand Brasil, 2004, de Stephen Kinzer, ex-correspondente do *New York Times*.

na consolidação da hegemonia norte-americana[5] após a Segunda Guerra Krasner afirma que as multinacionais norte-americanas "emergiram mais fortes, não apenas no Irã, mas no mundo todo". Para ele, "o fracasso de Mossadegh parecia demonstrar que países menos desenvolvidos não podiam se erguer contra o poder das multinacionais, especialmente se elas tivessem o apoio dos EUA" (1978, p.217). Já Keohane inclui o conflito no Irã em um conjunto de episódios que, no seu ponto de vista,

> demonstram que o domínio norte-americano do petróleo internacional não foi nem um acidente nem um produto de distração, mas sim o resultado de um cuidadoso planejamento estratégico tanto por dirigentes governamentais quanto corporativos com o governo frequentemente na liderança. (1978, p.141)

O controle do petróleo é apontado por Keohane como "o centro do sistema redistributivo da hegemonia norte-americana", pois manteve a Europa Ocidental dependente do fornecimento por empresas dos Estados Unidos. O acesso às fontes desse recurso natural, a preços estáveis, foi, segundo ele, um dos três fatores que asseguraram a prosperidade norte-americana no pós-guerra, juntamente com um sistema monetário internacional estável e a existência de mercados abertos aos produtos *made in USA* (1978, p.139).

A PARCERIA ENTRE O GOVERNO E AS EMPRESAS NORTE-AMERICANAS

Uma das consequências do domínio do mercado petroleiro mundial pelas *majors* foi a ascensão dos grandes bancos de Nova York ligados a essas empresas. A partir da Segunda Guerra Mundial, os bancos nova-iorquinos vincularam cada vez mais os seus negócios à expansão dos investimentos em petróleo no exterior. Uma série de fusões entre instituições financeiras, no início da década de 1950, fortaleceu a influência desses bancos (Engdahl, 2004, p.91). Em 1955, o Chase National Bank, da família Rockefeller (a dona da Standard Oil original e importante acionista nas empresas formadas a partir da sua divisão), se uniu a dois outros bancos para formar o Chase Manhattan Bank. O National City Bank of New York

---

[5] Keohane & Nye (2001, p.34) definem hegemonia como uma situação na qual "um Estado é poderoso o bastante para manter as regras essenciais que governam as relações entre os Estados, e está disposto a fazer isso". No mesmo livro (p.32), os autores mencionam quatro conjuntos de recursos como "especialmente importantes" para o exercício da hegemonia econômica mundial: o controle sobre as matérias-primas, sobre as fontes de capital, sobre os mercados e sobre as vantagens competitivas na produção de bens altamente valorizados.

– assim como o Chase, estreitamente ligado às empresas originárias da Standard Oil – comprou o First National Bank of New York, formando o futuro Citibank Corp. Também o Chemical Bank e o Morgan Garanty Trust, todos de Nova York, mantinham (e mantêm) estreitos laços com as grandes empresas de petróleo.

Como aponta Ikenberry, as autoridades norte-americanas encontraram nas *majors* um instrumento para garantir um suprimento de petróleo estrangeiro estável e barato. O autor reproduz uma declaração de John McCloy (1895-1989), ex-presidente do Chase Bank e poderoso negociador a serviço da Jersey, para mostrar a consistência das metas do governo dos Estados Unidos e sua identidade de interesses com a indústria petroleira: "O governo fez todo o possível para apoiar a atuação das companhias norte-americanas no Oriente Médio e, graças a isso, tivemos petróleo a preços estáveis durante décadas" (Ikenberry, 1988, p.69).

O PETRÓLEO E A MARÉ ANTICOLONIALISTA

Na segunda metade da década de 1950, apenas uma sombra se projetava no exercício tranquilo do domínio norte-americano sobre a principal matéria-prima da economia mundial: a persistência dos impulsos nacionalistas nos países periféricos. Depois da queda de Mossadegh, mais de uma década se passaria até que outro país do Oriente Médio ousasse expropriar uma empresa de petróleo ocidental. Mas o "nacionalismo de recursos" ganhava força. A maré anticolonialista dava o tom dos debates na ONU, onde novos Estados independentes protestavam – apoiados pela União Soviética– contra as iniquidades de um mercado internacional dominado pelo capitalismo e pelos Estados Unidos. Na conferência de Bandung, em 1955, na Indonésia, os países "não alinhados" denunciaram o desequilíbrio na distribuição mundial das riquezas e reafirmaram a vontade dos povos do "Terceiro Mundo" (expressão surgida nessa época) de desenvolver seu potencial econômico. Nos países árabes, os incendiários discursos antiocidentais do presidente egípcio Gamal Abdel Nasser conquistavam corações e mentes.

Krasner detecta, nesse período, a manifestação de uma dinâmica que ele considera inerente aos investimentos das metrópoles capitalistas nas matérias-primas dos países menos desenvolvidos. Segundo ele, "os investimentos externos lançam as sementes da sua própria destruição" (1978, p.138-9). Numa primeira etapa, os investidores interessados em explorar determinada matéria-prima trazem o capital, a tecnologia e o acesso aos mercados. A operação proporciona uma nova fonte de receita, sem nenhum custo à população nativa. Quando o empreendimento se desenvolve, as condições de barganha do país hospedeiro melhoram. As corporações estrangeiras possuem grandes investimentos fixos que não podem ser liquidados sem custos substanciais. Novos investidores estão à espreita, dispostos a oferecer pagamentos mais altos por concessões de lucratividade já comprovada. Cidadãos do país hospedeiro adquirem habilidades que antes eram exclusivas da mão de obra estrangeira. E a importância do investimento externo diminui à medida que a participação nos lucros – ainda que desigual – viabiliza um montante de capital nativo suficiente para sustentar a exploração. O país hospedeiro deixa, então, de ver benefício no investimento estrangeiro. "O entusiasmo inicial", afirma Krasner, "dá lugar a uma insatisfação moderada e, em seguida, ao desejo de eliminar completamente o controle externo" (ano, p.139)

A descrição corresponde fielmente aos acontecimentos no Irã pós-1954. A empresa estatal iraniana Nioc, aproveitando a rápida expansão do mercado internacional, se interessou em produzir petróleo em áreas não exploradas pelo consórcio ocidental. Um dos legados de Mossadegh tinha sido a nacionalização do subsolo – nas demais nações produtoras, as concessionárias estrangeiras eram proprietárias das reservas no solo. O xá estava disposto a tornar o país menos dependente da influência estrangeira e a aumentar a participação iraniana nos lucros do petróleo (Yergin, 1993, p.524). Para isso, associou-se em 1957 com a empresa estatal petroleira italiana, a Ente Nazionale Idrocarburi (ENI), comandada por Enrico Mattei, empreendedor que se tornou célebre por desafiar os interesses das "Sete Irmãs"[6] em vários países, e uma companhia norte-americana até então afastada dos negócios no Oriente Médio, a Standard Oil of Indiana. As empresas recém-chegadas "furaram" o cartel das *majors* ao firmarem contratos que lhes davam uma participação nos lucros de apenas 25%, contra 75% para a iraniana Nioc em localidades do Irã ainda não exploradas.

Em paralelo, autoridades do setor petroleiro de vários países árabes vinham se articulando com o objetivo de influir nas negociações com as empresas ocidentais. As novidades eram preocupantes para os produtores. Com a demanda crescente na Europa e nos Estados Unidos, os investimentos em prospecção de petróleo se intensificaram no mundo inteiro. Novos fornecedores entraram no mercado. A Argélia (ainda uma colônia francesa) e a Líbia (uma monarquia pró-ocidental), favorecidas pela proximidade com o continente europeu, logo se tornaram produtores significativos. O aumento da oferta pressionava os preços para baixo. Outro novo – e inesperado – competidor foi a União Soviética. Ávidos por divisas para importar equipamentos industriais, os soviéticos passaram a vender à Europa Ocidental petróleo por preços aviltados. Mais grave ainda, aos olhos dos árabes e do Irã, foi o sistema de cotas de importação adotado nos Es-

---

[6] Mattei foi o primeiro a utilizar a expressão pejorativa "Sete Irmãs", *Sette Sorelle*, em italiano. Morreu em 1962, num misterioso desastre aéreo, que muitos atribuem a sabotagem

tados Unidos em 1959 como um meio de evitar a dependência energética. As cotas geraram um situação de superoferta no mercado mundial, prejudicando os exportadores.

No mesmo ano de 1959, realizou-se no Cairo o primeiro Congresso Árabe do Petróleo, do qual também participaram, como observadores, representantes da Venezuela e do Irã. O congresso lançou as bases de uma plataforma comum dos exportadores, que destacava os seguintes pontos: estabilidade dos preços, maior participação dos países produtores nos lucros, a construção de um oleoduto árabe e a consulta prévia pelas companhias antes de mudar os preços do petróleo (O'Connor, 1963, p.375).

Um delegado árabe citado pelo *The Wall Street Journal* afirmou:

> É melhor para nós vender menos petróleo e obter um preço mais alto do que mais petróleo por um preço baixo. Enquanto o nosso petróleo ainda estiver debaixo do chão, teremos a chance de conseguir um preço maior por ele mais tarde; depois que tiver sido vendido, esta chance não existirá mais. (O'Connor, 1963, p.375)

O SURGIMENTO DA OPEP

O descontentamento dos árabes atingiu o ápice quando, no início de setembro de 1960, o cartel das *majors* reduziu os preços de venda pela segunda vez em menos de um mês. Seis dias depois, em 10 de setembro, representantes dos cinco maiores fornecedores internacionais – Arábia Saudita, Venezuela, Kuait, Iraque e Irã, responsáveis por 80% das exportações mundiais de petróleo bruto – se reuniram em Bagdá, a convite do governo nacionalista de Abdel Karim Kassim. Ao final de quatro dias de discussões, os participantes anunciaram a criação da Organização dos Países Exportadores de Petróleo (Opep). Nas palavras do iraquiano Fadhil al-Chalabi, futuro secretário-geral da nova entidade, a Opep representou

> o primeiro ato coletivo de afirmação da soberania por parte dos exportadores de petróleo e o primeiro momento decisivo nas relações econômicas internacionais em direção ao controle dos Estados sobre os recursos naturais. (Yergin, 1993, p.541)

O historiador O'Connor afirmou: "Pela primeira vez, um cartel de países enfrentava um cartel de empresas" (1963, p.378).

O analista de petróleo Edward Morse interpreta o processo de criação da Opep como efeito colateral do que considera uma tendência permanente na política norte-americana de energia – as autoridades, sempre que se veem diante de necessidade de ajustes domésticos dolorosos, preferem transferir os custos das mudanças sobre outros países em vez de enfrentar os atores políticos internos que teriam seus interesses afetados. Para proteger o mercado interno de petróleo, no fim da década de 1950, o governo norte-americano forçou a queda dos preços internacionais do combustível, prejudicando os países exportadores. "Na época, ninguém tinha ideia das forças que estavam sendo desencadeadas", escreveu Morse. "A política doméstica de petróleo nos EUA, e não meramente a ideologia terceiro-mundista da redistribuição da riqueza global, foi o motivo na criação da Opep" (1999, p.29).

Na primeira década de existência da Opep, sua capacidade era muito limitada. O mundo tinha excesso de petróleo disponível – e os países exportadores, concorrentes entre si, tinham de se esforçar para conservar seus rendimentos (Yergin, 1993, p.542). Além disso, em todos os países membros da Opep, com exceção do Irã, as reservas estavam em mãos de empresas estrangeiras, que davam a última palavra em relação aos preços e ao volume da produção. Apesar das condições desfavoráveis, a maré nacionalista manteve seu impulso, gerando disputas cada vez mais sérias com as multinacionais.

O primeiro país árabe a entrar em confronto aberto com as *majors* foi o Iraque, onde vigorava desde 1958 um regime nacionalista. As autoridades tinham adotado, no início, uma atitude conciliatória em relação à IPC, o consórcio anglo-americano que abarcava quase todo o território do país em sua concessão petrolífera. Os novos governantes deram-se conta de que não teriam nada a ganhar com a expropriação imediata. Em vez disso, abriram o diálogo com as *majors* sobre temas como uma participação nos lucros superior a 50% (O'Connor, 1963, p.317).

A fundação da Opep encorajou o Iraque a adotar uma posição mais agressiva. Seu presidente, Abdel Kassim, insatisfeito com as negociações intermináveis, exigiu que a IPC renunciasse às áreas não utilizadas em sua concessão e cedesse ao governo iraquiano 20% da propriedade da empresa e 55% dos lucros. Diante da resposta negativa, Kassim anunciou a famosa Lei 80, de 11 de dezembro de 1961. A lei, prevista para vigorar a partir de fevereiro de 1963, confiscava 99,5% da concessão da IPC e estabelecia uma empresa estatal, a Iraq National Oil Company (Inoc), para controlar a indústria do petróleo no país. A afronta iraquiana foi interpretada em Washington e em Londres como uma prova de que o regime de Bagdá – apoiado internamente pelo Partido Comunista – estava a caminho de ingressar na esfera de influência soviética. O subsecretário de Estado norte-americano Phillips Talbott classificou a planejada expropriação da IPC como uma "violação unilateral de um importante acordo do Ocidente com o Iraque" (Little, 2002, p.62).

Em vez de uma retaliação direta, como pediam as *majors*, o governo de John Kennedy optou pela ação encoberta, tal como no Irã uma década antes. Em fevereiro de 1963, poucos dias antes da entrada em vigor da Lei 80,

Kassim foi deposto e executado, num golpe militar com a participação da CIA. O novo regime, liderado pelo partido Baath,[7] reabriu negociações com a IPC e se distanciou da União Soviética. Na onda de perseguição política que se seguiu ao golpe, foram mortos entre três mil e cinco mil militantes comunistas – a ação mais sangrenta já cometida contra algum partido político no mundo árabe. A CIA entregou aos dirigentes do Baath a lista dos comunistas que seriam executados (Hiro, 2002, p.54).

Na interpretação de Little, a ingerência norte-americana no Iraque fazia parte de "um esforço mais amplo dos governos de Kennedy e (Lyndon) Johnson de impedir que a Opep se tornasse poderosa demais" (2002, p.63). É que, para surpresa das autoridades ocidentais, o cartel dos exportadores se fortalecia rapidamente. As três primeiras adesões – Líbia, Indonésia e Catar – fizeram com que mais da metade do petróleo produzido no mundo não comunista viesse dos oito países da Opep.

A POLITIZAÇÃO DO PETRÓLEO

Os norte-americanos receavam que a ascensão das ideias nacionalistas levasse os países produtores árabes a uma atitude que o presidente da Aramco, Thomas Barger, chamou, em 1965, de "uso impensado do petróleo como uma arma política" (Little, 2002, p.63). A preocupação tinha fundamento. Dois anos depois, por ocasião da Guerra dos Seis Dias, os árabes recorreram, pela primeira vez, ao embargo do petróleo com o objetivo de influenciar a política das potências ocidentais em relação a Israel. A monarquia saudita, furiosa com o ataque israelense ao Egito, à Síria e à Jordânia, ordenou à Aramco que suspendesse todas as remessas de petróleo para os Estados Unidos e a Grã-Bretanha. O Iraque e outros países árabes da Opep aderiram ao embargo. Na Líbia e no Kuait, greves na indústria petroleira forçaram todas as empresas norte-americanas e inglesas lá instaladas a suspender as operações. Em meados de junho, uma semana após o fim da guerra, as exportações de petróleo árabe para o Ocidente tinham caído 60%.

Mas o embargo já era esperado. Para prevenir essa eventualidade, o governo Johnson tinha formado o Comitê de Suprimento do Petróleo Estrangeiro, com a participação de mais de vinte executivos de empresas do setor. O grupo tomou providências imediatas para desviar exportações da América Latina e da África Ocidental para a Europa, garantindo o abastecimento. A situação do mercado internacional do petróleo, com excesso

---

[7] O Partido Socialista Baath, fundado em 1954 como uma organização política pan-árabe, tinha cerca de mil militantes no Iraque quando tomou o poder pela primeira vez nesse país, em 1963.

de produção, tornou ineficaz o uso dessa matéria-prima como arma política. Divergências entre os governos árabes não tardaram a surgir. Os sauditas e os kuaitianos expressaram o temor de que o embargo apenas prejudicaria os produtores árabes, com a perda de mercados e de receitas. O Kuait foi o primeiro país a romper o embargo e, no início de setembro, as remessas de petróleo árabe já tinham sido restabelecidas. Para o governo dos Estados Unidos, a crise trouxe duas lições, de acordo com relatório do Departamento do Interior (Yergin, 1993, p.580): a importância de diversificar as fontes de suprimentos e de "manter uma frota de navios-petroleiros grande e flexível".

O fracasso do embargo de 1967 não interrompeu as nacionalizações. Ao contrário, o apoio francês e norte-americano a Israel estimulou ainda mais os dirigentes árabes a adotarem iniciativas antiocidentais. Segundo Krasner, "Os motivos políticos da insatisfação dos países hospedeiros *(de investimentos em matérias-primas)* se tornaram pelo menos tão importantes quanto os econômicos". "Os regimes do Terceiro Mundo descobriram que atacar os investimentos estrangeiros oferece recompensas políticas, ao menos no curto prazo (1978, p.139)". O Iraque retomou o processo de nacionalização do petróleo, bloqueado com o golpe de 1963. Dois decretos-leis, em 1967, deram à estatal iraquiana Inoc direitos exclusivos para explorar o gigantesco campo petrolífero de Rumaila, recém-descoberto, excluindo o consórcio ocidental IPC. Para desenvolver essa operação, o Iraque recorreu à ajuda de técnicos soviéticos (Hiro, 2002, p.158).

Também na Líbia as empresas ocidentais perderam pouco a pouco o controle da exploração do petróleo, até a sua retirada completa. O rei líbio Idris, em vez de entregar as ricas reservas do país ao cartel das *majors*, preferiu distribuir as concessões entre diversas companhias. Uma delas, a Occidental, uma empresa de médio porte com sede na Califórnia, tornou-se de um dia para o outro a sexta maior companhia petroleira do mundo ao descobrir, em 1966, uma jazida gigantesca numa região desértica da Líbia. Três anos depois, um golpe depôs a monarquia e levou ao poder o coronel Muamar Kadafi, que imediatamente começou a pressionar as 21 companhias petroleiras instaladas no país a aumentar os preços (Yergin, 1993, p.601-4). As mais importantes, como a Exxon (novo nome da Jersey), se recusaram – uma atitude fácil, pois possuíam outras fontes de fornecimento, e necessária, do seu ponto de vista, uma vez que a elevação do preço num país despertaria inevitavelmente a mesma demanda nos demais produtores.

Diante do impasse, Kadafi se voltou para a Occidental, que dependia totalmente das reservas líbias. A ideia era romper a resistência dos produtores estrangeiros pelo ponto mais fraco. Em 1970, o governo líbio exigiu que a empresa aumentasse o preço e elevasse a participação do país nos lucros do petróleo para 55%, sob pena de revogar a concessão. Acuado, o dono da Occidental, Armand Hammer, começou a buscar fontes alternativas de suprimento para o caso de ser obrigado a encerrar suas operações na Líbia. Quando a Exxon, a maior entre as firmas norte-americanas instaladas em território líbio, negou-se a ajudar sua concorrente, a Occidental se rendeu. O acordo foi assinado em agosto e, até o fim de setembro, todas as companhias estrangeiras na Líbia aceitaram o aumento de preços e os 55% de participação nos lucros exigidos por Kadafi. O desenlace "alterou decisivamente o equilíbrio de poder entre os governos dos países produtores e as empresas petrolíferas", ressaltou Yergin (1993, p.603-4).

> Para os países exportadores de petróleo, a vitória dos líbios era estimulante; não apenas reverteu abruptamente o declínio do preço real do petróleo, mas também trouxe de volta a reivindicação dos exportadores pelo controle sobre seus recursos petrolíferos, que se havia iniciado uma década antes, com a fundação da Opep.

As *majors* ficaram assustadas. Como no passado, elas contavam com a plena colaboração de Washington para enfrentar os desafios nacionalistas. Mas dessa vez se manifestou um desacordo entre as empresas petroleiras e o governo norte-americano numa questão referente aos interesses no exterior. As multinacionais preferiam negociar em bloco com os integrantes da Opep em busca de um acordo válido para todo o Oriente Médio. O governo de Richard Nixon, por outro lado, receava que um enfoque abrangente fortalecesse a Opep ao aproximar os regimes moderados do Golfo e os radicais do Norte da África, como a Líbia e a Argélia. Em lugar disso, preferia acordos em separado com cada um dos países produtores.

Na visão das autoridades norte-americanas, uma atitude muito assertiva em favor das *majors* poderia ter efeito negativo perante os governos do Oriente Médio aos quais os Estados Unidos haviam se aliado no confronto global com a União Soviética. Esses regimes, embora pró-ocidentais, mostravam-se interessados acima de tudo em ampliar seus rendimentos e seu controle sobre os recursos econômicos. Por isso, o governo Nixon defendia uma acomodação entre as empresas petroleiras e as políticas nacionalistas a fim de "proteger os legítimos interesses dos EUA", nas palavras de James Akins, do Departamento de Estado (Little, 2002, p.67).

Para complicar, havia ainda um motivo permanente de irritação dos líderes árabes, inclusive os mais conservadores – o apoio norte-americano a Israel, que se tornou praticamente irrestrito depois da Guerra dos Seis Dias. Os executivos das empresas petroleiras temiam que uma associação muito clara com o governo dos Estados Unidos deixasse seus negócios mais vulneráveis à ação de governos árabes insatisfeitos com a política de Washington. Pela primeira vez, manifestava-se uma contradição importante entre os interesses da segurança nacional dos Estados Unidos e os interesses corporativos das grandes empresas norte-americanas no exterior.

A OFENSIVA DA OPEP

A hesitação norte-americana favoreceu o avanço dos países da Opep, que, a cada rodada de negociações, obtinham preços mais altos e maior participação nos lucros. Um momento decisivo ocorreu na reunião da Opep em Caracas que fixou em 55% a parcela mínima dos royalties a serem pagos pelas empresas concessionárias aos governos locais, a exemplo do que já vigorava na Líbia. Os países produtores também conseguiram impor sua vontade às *majors* nos acordos sobre preços fechados em Teerã (fevereiro de 1971) e Trípoli (abril de 1971).

A força da Opep provinha, em grande parte, da capacidade de se manter coerente com seu propósito original – forjar uma aliança entre governos soberanos com o objetivo de maximizar o retorno monetário da exploração dos seus recursos petrolíferos. A evolução dos preços médios do barril de petróleo ao final de cada ano atesta o sucesso dessa estratégia: em 1969, US$ 1,27; em 1970, US$ 2,01; em 1971, US$ 2,18, e em 1972, US$ 2,48. Em junho de 1973, quatro meses antes do "choque do petróleo", esse valor já estava em US$ 2,90 – um aumento de 128% em três anos e meio (Rustow, 1982, p.142).

Em paralelo aos reajustes de preços, prosseguia a ofensiva em direção à reconquista da soberania plena sobre as concessões petrolíferas. O exemplo foi dado pelo presidente Henri Boumédienne, na Argélia, que, em ato unilateral, decretou em fevereiro de 1971 a nacionalização da maior parte do capital das empresas estrangeiras – todas elas, francesas – em operação no país. No ano seguinte, foi a vez do Iraque. A gota d'água foi a decisão da IPC, controlada por empresas norte-americanas, de cortar pela metade a produção petroleira na região de Kirkuk. A decisão, adotada em meio a intensa disputa com as autoridades de Bagdá, visava a pressionar o regime iraquiano a reverter sua política. O resultado foi o oposto disso. O governo, desde 1968 outra vez sob o controle do Partido Baath,[8] nacionalizou a IPC em junho de 1972, tornando o Iraque o primeiro país árabe a expropriar totalmente uma companhia ocidental (Hiro, 2002, p.158).

Já os regimes árabes conservadores encontraram um meio mais delicado de reivindicar a posse de seus recursos petrolíferos – em vez de "nacionalização", engajaram-se numa campanha por uma "participação" na propriedade das empresas concessionárias. A Arábia Saudita obteve, em 1972, 20% de participação no capital da Aramco. As demais monarquias do Golfo Pérsico seguiram seu exemplo. Na prática, tratava-se de uma nacionalização por etapas.

---

[8] Afastado num golpe palaciano em 1963, o Baath voltou ao poder em Bagdá em 1968, num novo golpe.

Em setembro de 1973, a Líbia estatizou 51% das atividades das empresas que ainda não estavam sob controle nacional. Nixon divulgou uma nota de advertência em resposta: "Petróleo sem mercado, como o sr. Mossadegh constatou há muitos anos, não é um bom negócio para um país". Mas a severa repreensão não produziu o efeito desejado. ... Havia uma dramática diferença nas condições de mercado. Quando Mossadegh estatizou a Anglo-Iranian, novas fontes com grande capacidade de produção se desenvolviam em outras regiões do Oriente Médio. Porém em 1973 não havia mais capacidade de reserva e o mercado estava ativo e faminto. A Líbia não teve problemas para vender seu petróleo. Todos os países exportadores reivindicavam aumentos de preço, mencionando a inflação e a desvalorização do dólar. Três empresas – Texaco, Chevron e Mobil – exigiram publicamente uma mudança na política americana no Oriente Médio. O rei Faissal afirmou: "Está difícil permanecermos amigos dos EUA" (Yergin, 1993, p.623). Uma arma poderosa estava sendo engatilhada contra a aliança americano-israelense.

5
A DEFESA DOS INTERESSES ESTRATÉGICOS DOS ESTADOS UNIDOS NO GOLFO PÉRSICO (1945-1973)

Ao fim da Segunda Guerra Mundial, a formulação da política dos Estados Unidos para o Oriente Médio estava ligada a duas preocupações centrais: a) o receio de que a União Soviética se aproveitasse do declínio britânico para estender sua influência àquela região; b) a necessidade de garantir o controle das imensas reservas de petróleo. Uma terceira preocupação, a garantia da sobrevivência do Estado de Israel, incorporou-se às prioridades dos Estados Unidos a partir de 1948. A ameaça soviética real ou suposta justificou a inclusão do Golfo Pérsico nos esquemas globais de segurança militar norte-americana. Na prática, porém, o desafio que se apresentou aos Estados Unidos na região foram os regimes e movimentos nacionalistas, não alinhados, que buscavam o controle soberano dos seus próprios recursos naturais. O governo norte-americano se aliou a governantes conservadores e autocráticos, como o xá do Irã e a monarquia saudita, que passaram a agir como seus prepostos regionais, numa estratégia conhecida como "os dois pilares". Essa política de alianças, vinculada à atuação das grandes empresas petroleiras, fez com que os Estados Unidos passassem a ser encarados na região como os autênticos herdeiros da dominação imperialista britânica.

A DOUTRINA TRUMAN E A GUERRA FRIA NO ORIENTE MÉDIO

No início da Segunda Guerra Mundial, os estrategistas norte-americanos estavam convencidos de que a Grã-Bretanha continuaria a exercer seu papel tradicional de potência hegemônica no Oriente Médio. Um telegrama do presidente Franklin Roosevelt ao primeiro-ministro Winston Churchill, em março de 1942, revela claramente essa visão. Ao recapitular os planos de batalha contra o Eixo, Roosevelt afirmou: "O Oceano Índico, o Golfo Pérsico, o Mar Vermelho, a Líbia e o Mediterrâneo ficarão totalmente sob a responsabilidade britânica". O desenrolar do conflito logo mostrou que a força militar norte-americana nessas regiões seria muito mais importante do que Roosevelt previa. Em maio de 1943, o diplomata norte-americano Patrick Hurley observou após uma viagem ao Egito: "A Grã-Bretanha não mais possui os instrumentos essenciais de poder no Oriente Médio".

O temor de que a União Soviética tentasse preencher o "vácuo de poder" deixado pelos britânicos se materializou na crise surgida no Irã entre 1945 e 1946. Stálin se recusou a retirar suas tropas das províncias do norte do país, ocupadas durante a guerra. Os soviéticos só saíram do Irã depois que a Casa Branca deu sinais de que estaria disposta ao uso da força para pôr fim à ocupação. A retirada soviética é encarada por muitos historiadores como uma evidência de que os objetivos do Kremlin na região eram limitados.

No governo de Harry Truman, os Estados Unidos adotaram como peça fundamental de sua política externa o princípio da "contenção" dos soviéticos, formulado pela primeira vez pelo diplomata George Kennan. Os norte-americanos temiam que forças comunistas na Grécia e na Turquia pudessem derrubar os respectivos governos, levando esses países para o bloco soviético. Foi nessa época que o subsecretário de Estado Dean Acheson formulou a "teoria do dominó", que na década de 1960 viria justificar a política norte-americana na Guerra do Vietnã. Segundo Acheson, a tomada do poder pelos comunistas na Grécia poderia "resultar na perda de todo o Oriente Médio e do Norte da África" (Little, 2004, p.122).

A resposta de Washington a esse risco foi o anúncio, em 12 de março de 1947, da Doutrina Truman, segundo a qual os Estados Unidos deveriam "apoiar os povos livres na resistência a tentativas de dominação por minorias armadas ou por pressões externas". Essa orientação significa muito mais do que uma política de Estado específica. Na definição do historiador Francis Sempa, uma doutrina de segurança nacional "é o princípio organizador que ajuda os estadistas a identificar e priorizar os interesses geopolíticos de um país". Seu objetivo é servir como "um guia pelo qual os dirigentes conduzem a política externa de um país" (2004, p.1). A Doutrina Truman atribuía especial importância aos países da chamada "camada norte" – a Turquia e o Irã –, encarados como uma barreira natural ao expansionismo soviético no Oriente Médio. Os governos pró-ocidentais desses países receberam vultosos pacotes de ajuda econômica dos Estados Unidos.

O DESAFIO VITORIOSO À HEGEMONIA BRITÂNICA

O grande dilema dos Estados Unidos no Oriente Médio após a Segunda Guerra Mundial dizia respeito à sua atitude em relação à Grã-Bretanha. De um lado, a manutenção da aliança com os britânicos – principais parceiros no combate ao comunismo – era encarada em Washington como indispensável diante de uma eventual ameaça soviética na região. Do outro lado, a importância crescente do petróleo do Golfo Pérsico levava os Estados Unidos a ampliar sua participação no controle das riquíssimas reservas da região – uma tendência que provocaria, inevitavelmente, um choque com os interesses da Grã-Bretanha, conforme comenta Michael Palmer:

> Os dirigentes americanos estavam preocupados com a instabilidade da região, o que poderia ameaçar a contínua expansão da indústria petroleira ou tentar os soviéticos a um envolvimento potencialmente desestabilizador ou, até mesmo, uma intervenção direta. A debilidade da posição britânica no Oriente Médio, portanto, apresentava oportunidades diplomáticas e econômicas sem precedentes aos americanos, mas, ao mesmo tempo, ameaçava levá-los a um envolvimento militar e político mais profundo numa região instável. (1992, p.26)

Esse envolvimento era inevitável dentro da lógica da expansão da economia norte-americana e dos interesses estratégicos dos Estados Unidos. Um marco dessa expansão foi o histórico encontro entre Roosevelt – que retornava da conferência de Ialta – e o monarca saudita Ibn Saud no dia 14 de fevereiro de 1945. Os dois governantes, reunidos a bordo do cruzador norte-americano *Quincy*, no Canal de Suez, estabeleceram uma aliança tácita entre os Estados Unidos e a Arábia Saudita pela qual os norte-americanos se comprometeram a proteger a monarquia saudita em troca da garantia do acesso ao petróleo do país[1] (Klare, 2004a, p.36).

O primeiro resultado prático da cúpula Roosevelt-Saud foi a instalação de uma base aérea norte-americana em Dhahran, próxima aos campos petrolíferos de Dasa, na Arábia Saudita. O direito de possuir um campo de pouso em território saudita tinha sido objeto de disputa entre os norte-americanos e os britânicos durante a Segunda Guerra. Com o fim do conflito, a base de Dhahran deixara de ser necessária em seu objetivo militar inicial, o apoio logístico às forças aliadas em Burma (atual Mianmá). Mas os norte-americanos seguiram adiante em seu projeto – movidos, agora, apenas pelo interesse no petróleo, como revela a justificativa oficial do Departamento de Estado:

"É nosso interesse nacional garantir que esse recurso vital *(o petróleo)* permaneça em mãos americanas. Uma avaliação do projeto do aeroporto não pode se basear apenas na sua utilidade como campo de pouso" (Palmer,

---

[1] Esse encontro foi lembrado em 1990 pelo então secretário de Defesa Dick Cheney, ao defender o envio de tropas à Arábia Saudita com o argumento de que era necessário defender esse país depois da invasão do Kuait pelas tropas iraquianas do regime de Saddam Hussein.

1992, p.28-9). Assim aconselhado, Truman aprovou a construção da base em Dhahran, inaugurada em 1946.

O episódio de Dhahran estabeleceu o precedente para uma questão que se tornaria motivo de tensão entre os dois países nas décadas seguintes: a presença militar norte-americana em território saudita. Essa presença sempre foi encarada de forma ambígua pelas autoridades de Riad, conforme analisa Josh Pollack:

> Embora os Estados Unidos pudessem deter um eventual agressor em tempos difíceis, uma presença norte-americana muito ostensiva representaria uma provocação às autoridades religiosas ultraconservadoras e forneceria um poderoso instrumento de propaganda para os inimigos internos e externos *(da monarquia saudita)*. Por esse motivo, os líderes sauditas têm oscilado entre a busca de vínculos de segurança, quando se sentem ameaçados, e a tentativa de minimizá-los, quando acham que essa aproximação se tornou perigosa demais. (2002, p.3)

A AMBIGUIDADE DE WASHINGTON PERANTE A QUESTÃO COLONIAL

Naquele período, os governantes dos Estados Unidos não demonstravam grande interesse pelos problemas dos países periféricos. As prioridades de Washington eram a reconstrução da economia mundial em parceria com a Europa Ocidental e o conflito com a União Soviética. As duas preocupações definiram a atitude dos Estados Unidos em relação à descolonização na África, na Ásia e no Oriente Médio e moldaram a sua prática nessas regiões. Segundo o historiador Gabriel Kolko, a retórica anticolonialista de Washington cedeu lugar a uma posição pragmática de conivência com a tentativa da Grã-Bretanha e da França em preservar os seus domínios imperiais (1988, p.12). Os Estados Unidos apoiaram a manutenção da Argélia como colônia francesa e a da Índia nas mãos dos britânicos. No Oriente Médio, o governo Truman negou apoio à independência da Síria e do Líbano e só entrou em choque com a Grã-Bretanha em relação à criação do Estado de Israel devido aos grupos de pressão domésticos cujo voto o Partido Democrata cortejava na campanha eleitoral de 1948.

Não era apenas o receio de desagradar aos aliados europeus que movia as autoridades norte-americanas. Os Estados Unidos se preocupavam, especialmente, com a natureza "radical" dos movimentos políticos contrários ao colonialismo britânico e francês. Temiam a ascensão de forças esquerdistas simpáticas à União Soviética ou até mesmo alinhadas com ela. "Os círculos dirigentes dos EUA não acreditavam que os processos locais de radicalização política e social pudessem ter origens autônomas", afirma Kolko. "Tudo era atribuído à ingerência soviética" (1988, p.12).

No caso do Oriente Médio ainda havia, pairando sobre tudo, o interesse vital pelo petróleo, num período em que os Estados Unidos estavam herdando, gradativamente, tanto as responsabilidades do domínio britânico quanto os benefícios econômicos de uma posição hegemônica na região. Uma descolonização fora do controle das potências ocidentais poderia pôr em perigo os investimentos das companhias petroleiras norte-americanas e britânicas – as *majors* – e prejudicar a reconstrução europeia. Esse risco pode ter relação com a ambiguidade de Washington perante a questão colonial. Truman expressou claramente essa posição ao alertar para os danos que uma "independência política prematura", sem "a necessária preparação econômica e social", poderia causar aos povos submetidos ao jugo colonial. Na interpretação de Kolko, os Estados Unidos não defendiam a autodeterminação como um fim em si mesmo:

> A independência, quando e se viesse, seria para os países capazes de desempenhar um papel numa ordem mundial integrada e compatível com os interesses dos EUA – uma atitude paternalista que subordinava o anticolonialismo às necessidades norte-americanas. (1988, p.14)

OS PACTOS DE "SEGURANÇA REGIONAL"

A eclosão da Guerra da Coreia, em 1950, levou os Estados Unidos a endurecerem a sua política de "contenção" do comunismo e da influência soviética. A peça principal nessa inflexão da política externa norte-americana foi o famoso relatório que o Conselho de Segurança Nacional (NSC, na sigla em inglês) encaminhou a Truman em abril daquele ano, o NSC-68. Entre outras coisas, o documento propunha a criação de organizações regionais que agrupassem governos engajados na luta antissoviética. O NSC-68 não menciona em particular nenhum país do Oriente Médio, mas adverte que o Kremlin pode estar se preparando para "avançar em direção às regiões petrolíferas" da região (Little, 2004, p.125).

A primeira tentativa de estabelecer uma organização de defesa regional naquela parte do mundo foi o Comando do Oriente Médio (Middle East Command). A ideia, lançada em 1951, era constituir uma aliança entre os Estados Unidos, a Grã-Bretanha e o Egito que constituísse uma barreira contra a União Soviética. O plano naufragou diante da negativa do Egito, que considerava a "ameaça soviética" mero pretexto para preservar o imperialismo britânico e sabotar a luta dos árabes pela independência. Em 1952, os dirigentes norte-americanos voltaram a insistir no plano de criar uma organização de defesa regional, mudando apenas o nome: Organização de Defesa do Oriente Médio (Middle East Defense Organization), com uma sigla que em português tem um significado sinistro: Medo. Antes que a nova organização se tornasse realidade, os nacionalistas tomaram o poder no Egito, descartando-a sem dar margem para negociação. Claramente, os líderes árabes estavam convencidos de que tinham muito mais a temer da parte de Londres do que de Moscou.

As linhas gerais da política externa dos Estados Unidos não foram afetadas pela transição de Truman (democrata) para Eisenhower (republicano), em janeiro de 1953. É consensual entre os historiadores a constatação de Kolko de que havia uma "continuidade perfeita" entre os dois presidentes na definição dos objetivos norte-americanos e na interpretação das mudanças que ocorriam no mundo. Segundo Kolko, tanto Truman quanto Eisenhower "atribuíam aos russos a capacidade de moldar os eventos nos países mais remotos – e de se aproveitarem deles em caso de não serem os iniciadores dessas ações" (1988, p.18). O novo secretário de Estado, John Foster Dulles, encarava o "extremo nacionalismo" como uma ferramenta do comunismo e via qualquer mudança política nas regiões periféricas do planeta como algo desfavorável aos Estados Unidos. A decorrência prática só podia ser o alinhamento incondicional com as forças conservadoras em todos os cantos do planeta.

Essa linha de conduta regeu o envolvimento dos Estados Unidos na crise política que culminou com o golpe militar de 1953 no Irã – um processo cujo desenlace elevou a um novo patamar a interferência norte-americana nos assuntos do Golfo Pérsico. Depois de alguma hesitação, os Estados Unidos, ainda na gestão de Truman, ficaram ao lado das autoridades britânicas e da empresa Anglo-Iranian (Aioc) no confronto com o governo nacionalista do primeiro-ministro iraniano Mohamed Mossadegh a propósito da repartição dos lucros do petróleo. O apoio incluía a participação norte-americana no boicote internacional ao petróleo iraniano, decretado pela Grã-Bretanha em represália pela nacionalização da Aioc. Ironicamente, os primeiros a empregar a chamada "arma do petróleo" – o uso da posição no mercado internacional desse combustível com objetivos políticos – foram os Estados Unidos e a Grã-Bretanha, e não os países produtores, como viria a ocorrer em 1973.

Em apuros financeiros, Mossadegh pediu socorro à recém-instalada administração Eisenhower. Insinuou que o boicote poderia forçar o Irã a vender seu petróleo para países do bloco soviético. O governo norte-americano, inquieto diante dos sinais de aumento da influência esquerdista em Teerã, rejeitou o pedido e passou a agir nos bastidores, por meio da CIA, para a derrubada do regime parlamentar de Mossadegh pelos militares leais ao xá Reza Pahlevi. O golpe, em agosto de 1953, resultou na instauração de um regime ditatorial sob o comando do xá. O petróleo foi devolvido aos estrangeiros, com uma diferença: a entrada das *majors* norte-americanas no país, conforme já exposto no capítulo anterior.

O golpe no Irã assinalou a primeira vez em que os Estados Unidos agiram diretamente para influenciar a política interna de algum país do Oriente Médio. Agentes da CIA conduziram o movimento golpista do começo ao fim, numa ação encoberta – a Operação Ajax – que incluiu a iniciativa da articulação de um grupo de oficiais pró-xá, o suborno de políticos e de militares e uma intensa campanha de agitação nas ruas. Esse episódio, de acordo com Charles Kupchan, reafirmou a atitude predominante no Ocidente de que os europeus e os Estados Unidos teriam "direito" ao petróleo do Golfo Pérsico (1987, p.17). Embora Kupchan não desenvolva esse tópico, deixa implícito que a soberania dos Estados-nacionais periféricos sobre as riquezas do seu subsolo é algo passível de contestação pelas potências ocidentais.

O APOIO DOS ESTADOS UNIDOS AOS REGIMES CONSERVADORES

A partir da derrubada de Mossadegh, um padrão começava a se afirmar na atuação dos Estados Unidos no Oriente Médio. No Irã, como em intervenções posteriores, o governo norte-americano agiu movido por cálculos e temores relacionados com a Guerra Fria. Mas o inimigo concreto com o qual ele se defrontou não foram os soviéticos e sim as forças nacionalistas em luta contra o domínio ocidental e em defesa da autodeterminação e do controle dos próprios recursos naturais. Não há elementos que permitam atribuir a ação dos Estados Unidos no Oriente Médio a um plano deliberado de conquistar a hegemonia usando o fantasma do comunismo como mero pretexto. O grande confronto era, de fato, a Guerra Fria, presente na maioria dos conflitos internacionais daquele período. No próprio cenário doméstico norte-americano, o tema predominante no início da década de 1950 foi a perseguição aos comunistas reais ou imaginários – o macartismo. Na prática, porém, a projeção de poder no Oriente Médio proporcionou aos Estados Unidos, até 1973, dois benefícios que nada se relacionavam à Guerra Fria: a conquista da hegemonia antes exercida pelos britânicos e o controle sobre o petróleo da região.

Com sua opção preferencial pelas forças conservadoras, os Estados Unidos sufocaram, no próprio berço, as possibilidades de uma modernização política, econômica e cultural no Oriente Médio, que só poderia emergir dos movimentos nacionalistas, civis ou militares, de orientação secular, com origem e suporte social na classe média. Esse ponto de vista é defendido por Kolko em *Another Century of War?*:

> Os movimentos seculares de mudança política, social e ideológica ou foram reprimidos – e aqui o papel dos EUA em reforçar os regimes tradicionalistas se

revelou decisivo – ou se desacreditaram por si mesmos. Assim, a rebelião e o descontentamento adotaram cada vez mais, em todo o Oriente Médio, as formas e a ideologia do fundamentalismo islâmico. (2004, p.25)

A CRISE DO CANAL DE SUEZ

Com o xá no poder, a administração Eisenhower tratou de consolidar a orientação pró-ocidental dos países da chamada "camada norte" – a primeira linha de defesa do Oriente Médio na eventualidade de um ataque soviético. Por iniciativa norte-americana, constituiu-se em 1955 o Pacto de Bagdá, formado por Irã, Iraque, Paquistão e Turquia, além da Grã-Bretanha e dos próprios Estados Unidos. A presença excluía, efetivamente, qualquer possibilidade de participação do Egito.

A ascensão de Gamal Abdel Nasser ao poder, em 1954, levou o Egito a adotar uma política de hostilidade em relação aos interesses britânicos e a aproximar-se da União Soviética. Em 1955, numa decisão que assustou os estrategistas de Washington, Nasser assinou um acordo para o fornecimento de armas da Checoslováquia, um satélite soviético, em troca de algodão egípcio. Com essa atitude, observa Kupchan, ele se tornou o primeiro governante árabe a convidar o envolvimento direto da União Soviética no Oriente Médio. A compra de armas era movida por considerações pragmáticas, muito mais do que ideológicas. Mas o resultado foi que, a partir daí, "as questões regionais passaram a ficar submersas na aparência geral do confronto Leste-Oeste ou soviético-americano" (1987, p.21).

O Oriente Médio estava longe de constituir o foco prioritário das atenções dos dirigentes da União Soviética, muito mais voltados para o Leste Europeu e o Extremo Oriente. Aos olhos de Washington, porém, a venda de equipamentos militares soviéticos ao Egito sugeriu uma intenção do Kremlin de saltar sobre a "camada norte" direto para o coração do mundo árabe, numa iniciativa ousada que colocaria em questão o conceito de perímetro defensivo sobre o qual se assentava o Pacto de Bagdá. A importância estratégica do Egito estava ligada ao Canal de Suez, por onde transitavam dois terços do petróleo do Golfo Pérsico que abastecia a Europa Ocidental. Esse fato, tal como no episódio do Irã, trouxe à tona disposição das autoridades norte-americanas de não medir consequências no sentido de garantir o acesso às fontes vitais de energia. Mais uma vez, estava subjacente à conduta norte-americana a ideia do "direito ao petróleo", implícita na resposta de Eisenhower à mensagem que recebeu de um assessor, em julho de 1957: "Eu acho que você provou, na análise apresentada na sua carta, que na eventualidade de uma crise que ameace cortar o acesso do mundo ocidental ao petróleo do Oriente Médio, nós teremos de usar a força" (Kaufman, 1977, p.13).

Inicialmente, os Estados Unidos e a Grã-Bretanha reagiram à aproximação egípcio-soviética com uma tentativa de sedução: a oferta de um empréstimo para financiar a construção da gigantesca represa de Assuã, necessária para o controle das cheias anuais do rio Nilo. A essa altura, já se manifestavam sérias divergências entre Washington e Londres a propósito da orientação nacionalista do regime egípcio. Os norte-americanos temiam que a defesa dos velhos interesses coloniais abrisse espaço para o aumento da influência soviética no Egito. Já os britânicos protegiam com unhas e dentes os últimos resíduos do seu império em extinção. Em meio às negociações sobre o controle do Canal de Suez, então uma propriedade de empresas inglesas e francesas, o governo dos Estados Unidos retirou a oferta do financiamento de Assuã. A reviravolta resultou das pressões de diferentes grupos de interesses domésticos sobre o Congresso – sobretudo, agricultores do sul do país, receosos de que o aumento da produção de algodão egípcio viesse a concorrer com as exportações norte-americanas no mercado mundial, e congressistas simpatizantes de Israel, avessos à concessão de ajuda externa a um inimigo declarado do Estado judaico (Yergin, 1993, p.496-7).

Nasser, então, lançou sua cartada decisiva. No dia 26 de julho de 1956, expropriou o Canal de Suez. Foi o início de uma longa crise diplomática em que as divergências entre as potências ocidentais se tornaram mais evidentes do que nunca. Os britânicos e os franceses defendiam uma solução militar que obrigasse Nasser a "devolver" o canal. Já os norte-americanos adotaram uma linha conciliatória, sob o argumento de que o interesse mais importante – o fluxo livre de navios-petroleiros – não tinha sido afetado. O impasse culminou, em outubro de 1956, com uma audaciosa operação militar de forças britânicas, francesas e israelenses para a ocupação de Suez. Eisenhower nem sequer foi consultado.

A aventura – que mobilizou sessenta mil soldados britânicos, trinta mil franceses, 1.200 aviões e dois terços da Marinha de Guerra da Grã-Bretanha – resultou num fiasco monumental. Eisenhower, em vez de se omitir, como esperavam os britânicos e os franceses, manifestou-se firmemente contra a intervenção. Recusou-se a fornecer petróleo aos aliados europeus para compensar a perda das remessas do Golfo Pérsico – interrompidas com o bloqueio do canal – e fez com que o FMI rejeitasse o pedido britânico de uma ajuda financeira de emergência. Humilhados, os britânicos e os franceses retiraram suas tropas de Suez, enquanto os israelenses tiveram de desocupar o Sinai e a Faixa de Gaza, que haviam conquistado.

O episódio – que o futuro primeiro-ministro inglês Harold MacMillan qualificou, numa conversa com Foster Dulles, como "o último suspiro de uma potência em declínio" – selou, de fato, o fim da hegemonia britânica no Oriente Médio. O equilíbrio político na região se alterou dramaticamente. De acordo com Kolko, "foi a primeira vez depois de 1945 que uma região importante do Terceiro Mundo se livrou inteiramente da dominação europeia e deixou um campo aberto aos norte-americanos". Dois fatores, segundo ele, explicam a reviravolta: o petróleo, que deu ao Estados Unidos um incentivo inexistente na África e na Ásia, e a ação das forças nacionalistas, que minaram lentamente o poderio britânico, enfraquecendo-o. Caberia agora aos Estados Unidos enfrentarem a maré antiocidental no mundo muçulmano:

> Da mesma maneira que o nacionalismo árabe já tinha apresentado uma ameaça aos britânicos, os EUA agora tinham diante de si o desafio de controlá-lo ..., um desafio que surgiu como efeito inevitável de seu desejo de dominação econômica, que inicialmente não tinha nada a ver com a contenção da URSS. (Kolko, 1988, p.86)

Segundo Palmer, o conflito no Canal de Suez estimulou os sentimentos nacionalistas no mundo árabe de uma forma nunca vista antes. As reações envolveram tanto ações governamentais quanto mobilizações de massa. O governo da Arábia Saudita mobilizou suas Forças Armadas, rompeu relações diplomáticas com a França e a Grã-Bretanha, proibiu que navios dos dois países se abastecessem em seus portos e cortou o fornecimento de petróleo para eles. A Síria fechou o oleoduto que conduzia o petróleo do Iraque, enfraquecendo o regime monarquista e pró-ocidental daquele país. Protestos de rua irromperam no Kuait e no Bahrein, ambos ainda protetorados britânicos. Nasser, vitorioso, emergiu como o grande líder árabe. Em vez de mostrar gratidão aos Estados Unidos por deterem a invasão, estreitou os laços do Egito com a União Soviética, que acabou financiando a represa de Assuã.

A DOUTRINA EISENHOWER E O "VÁCUO DE PODER"

Os acontecimentos no Oriente Médio eram motivo de grande preocupação em Washington. Conforme Eisenhower disse a um grupo de congressistas dos dois partidos reunidos na Casa Branca, em janeiro de 1957, a crise de Suez destruiu a tradicional influência britânica, atiçou o nacionalismo árabe "radical" e abriu as portas da região para novas incursões da União Soviética. "Os EUA não podem deixar um vácuo no Oriente Médio e supor que os soviéticos vão ficar de fora", declarou o presidente. A alternativa óbvia para os Estados Unidos era a de ampliar sua própria influência política e militar a fim de garantir os interesses em jogo na região (Palmer,

1992, p.78). Dois meses depois, em março de 1957, o Congresso aprovou a Doutrina Eisenhower: autorização prévia ao presidente para enviar tropas ao Oriente Médio e para conceder ajuda financeira e militar a qualquer governo da região que estivesse ameaçado de sofrer "agressão armada de algum país controlado pelo comunismo internacional". Com sua retórica anticomunista, essa política oficializava o papel dos Estados Unidos como o "xerife" da região.

De acordo com Kupchan, a nova doutrina de segurança dos Estados Unidos no Oriente Médio servia a dois propósitos: 1) assegurar aos regimes simpáticos ao Ocidente que poderiam contar com os Estados Unidos em sua defesa; 2) impedir que governantes "radicais" tentassem depor regimes em países vizinhos. Ele observa:

> A Doutrina Eisenhower ... forçava os regimes do Oriente Médio a escolher entre o Leste e o Oeste, e a suprimir forças políticas nativas por medo de que os EUA encarassem o nacionalismo como uma força que iria conduzir o país ao campo soviético. (1987, p.22)

O verdadeiro alvo da Doutrina Eisenhower era o regime nasserista do Egito. Na análise de Stephen Pelletière, os norte-americanos tinham, efetivamente, fortes motivos para se opor aos militares nacionalistas do Oriente Médio, mas esses motivos não tinham ligação direta com a Guerra Fria. Esses oficiais árabes eram favoráveis a uma orientação econômica estatizante, contrária aos princípios do livre-mercado – e eram intransigentes na defesa do que consideravam interesses nacionais. Segundo Pelletière, a Guerra Fria exercia uma influência exagerada na formulação da política dos Estados Unidos para a região:

> Os norte-americanos não podiam tolerar o fato de que esses militares (*nacionalistas árabes*) adquiriam armas da URSS. Mas eles eram praticamente forçados a isso. Os termos sob os quais os ocidentais estavam dispostos a vender armas eram repugnantes aos olhos de um patriota árabe. Dulles queria que os oficiais nacionalistas se alistassem numa cruzada anticomunista, o que eles não queriam de forma alguma. Um líder como Nasser estava ideologicamente impossibilitado de fazer essa opção. O não alinhamento era popular entre os líderes do Terceiro Mundo. (2004, p.58)

O PRIMEIRO DESEMBARQUE DOS *MARINES* NO ORIENTE MÉDIO

A maior derrota para a política dos Estados Unidos no Oriente Médio naquele período foi a sublevação de 14 de julho de 1958 no Iraque, que derrubou a monarquia e instaurou no poder um grupo de militares nacionalistas liderados por Abdel Karim Kassim. Os governos ocidentais perderam um valioso aliado – um dos países mais populosos da região, peça central dos arranjos anglo-americanos para a "defesa" regional e, sobretudo, um dos principais produtores de petróleo do Golfo Pérsico. A própria existência do Pacto de Bagdá deixou de fazer sentido. De acordo com Palmer, a Casa Branca chegou a cogitar uma intervenção militar no Iraque, mas desistiu ao constatar que não houve praticamente nenhuma reação interna ao golpe – ao contrário, a população, demonstrando sentimentos antimonarquistas e antiocidentais, deu apoio à revolta (1992, p.79). Além disso, o novo regime iraquiano, em atitude cautelosa, manteve o fluxo de petróleo para o Ocidente. E esperou três anos até cancelar as concessões das companhias petrolíferas estrangeiras.

A reviravolta no Iraque coincidiu com a tentativa de deposição do governo pró-ocidental na Jordânia e com o pedido de ajuda militar norte-americana formulado pelo presidente do Líbano, Camille Chamoun, que se sentia ameaçado pelo agravamento da luta entre cristãos e muçulmanos.[2] Tanto no caso da Jordânia quanto no do Líbano, os governos ocidentais optaram pela intervenção armada. Paraquedistas britânicos, enviados a pedido do rei Hussein, saltaram sobre Amã, garantindo a monarquia. Quase ao mesmo tempo, 18 mil *marines* desembarcaram em Beirute – o tamanho do contingente norte-americano estava relacionado com o plano de invadir o Iraque se o novo regime fizesse movimentos ameaçadores em relação à Jordânia, ao Kuait e/ou à Arábia Saudita. O governo dos Estados Unidos apresentou duas justificativas para a ação militar: ela representaria, ao mesmo tempo, uma barreira contra a radicalização que, segundo Eisenhower, ameaçava engolir toda a região, e um meio de garantir a "credibilidade" dos Estados Unidos aos olhos de seus aliados em todos os continentes.

O desembarque norte-americano nas praias de Beirute teve a aparência de uma comédia hollywoodiana. Em vez de enfrentar o fogo inimigo, os soldados se viram cercados por banhistas de biquíni e por vendedores de sorvete e refrigerantes – uma acolhida bem diferente da que os libaneses ofereceram em 1982, quando os Estados Unidos voltaram a intervir no país. Em poucos dias, as facções libanesas assinaram um acordo de paz que manteve o poder nas mãos dos cristãos e os *marines* regressaram a seus navios no Mediterrâneo. Tudo se resolveu sem que fosse disparado um

---

[2] Chamoun, um chefe maronita aliado dos Estados Unidos, provocou uma crise ao fraudar as eleições parlamentares de 1957 a fim de garantir um segundo mandato, rompendo o acordo entre as duas grandes comunidades religiosas libanesas em favor da minoria cristã. Em resposta, seus opositores xiitas e sunitas se uniram numa sublevação que ameaçava instalar em Beirute um governo muçulmano pró-Nasser (Little, 2004, p.234).

único tiro. Mas um precedente muito importante tinha sido lançado: pela primeira vez, tropas norte-americanas intervieram diretamente no Oriente Médio. E, como viria a ocorrer outras vezes no futuro, o emprego da força militar norte-americana estava relacionado com disputas intraestatais em países da região, e não com sua defesa contra uma agressão externa.

Os Estados Unidos aprofundaram seu envolvimento no Oriente Médio mesmo na ausência de uma ameaça concreta da União Soviética. Kupchan entre outros estudiosos, é enfático ao descartar a interferência soviética nas mudanças políticas da região. Segundo ele, Nasser só se moveu para mais perto dos soviéticos depois de ser isolado por sua exclusão do Pacto de Bagdá, afrontado pela recusa norte-americana em financiar a represa de Assuã e ameaçado pela Doutrina Eisenhower. No caso da Síria, onde um regime antiamericano tinha sido instalado em 1957, os governantes chegaram a pedir ajuda a Nasser para suprimir a influência comunista no país. A guerra civil no Líbano era o resultado de tensões políticas internas (que o tardio colonialismo francês fez questão de acirrar). Já a saída do Iraque do Pacto de Bagdá refletia o desejo de Kassim de seguir uma política de não alinhamento e não o de se aliar à União Soviética. "O declínio do peso do Ocidente no Oriente Médio era um desenvolvimento que os soviéticos eram capazes de capitalizar", analisa Kupchan. "Mas não era algo orquestrado por eles nem um processo movido por alguma afinidade particular (*dos árabes* com o comunismo soviético" (1987, p.24).

O COMPLICADOR ISRAELENSE

Os anos seguintes foram menos turbulentos. O impulso nacionalista dos árabes se deslocou para a arena econômica, com o surgimento da Opep e a emergente disputa em torno dos lucros e da propriedade das reservas petrolíferas. No plano estratégico, o desafio norte-americano de preencher o "vazio" deixado pela Grã-Bretanha se acentuou quando, em 1961, os britânicos decidiram fechar suas instalações militares no Kuait, o que encorajou o Iraque a ressuscitar sua antiga reivindicação sobre o protetorado, repleto de petróleo. O Iraque se negou a reconhecer a independência do Kuait e começou a mobilizar tropas para invadi-lo. O conflito se resolveu com o envio de uma força árabe multinacional, liderada pela Arábia Saudita, que garantiu a retirada britânica. O Pacto de Bagdá foi substituído, em 1959, pela Organização do Tratado Central, formada por Turquia, Irã, Paquistão e os Estados Unidos (nenhum país árabe participava). O quartel-general foi instalado no Estado norte-americano do Arkansas – um local a salvo dos efeitos desestabilizadores do nacionalismo terceiro-mundista.

Na década de 1960, os Estados Unidos passaram a recorrer com mais frequência, no mundo inteiro, às atividades clandestinas da CIA para interferir na política interna de outros países. Fundada em 1947, no contexto da Guerra Fria, a agência se expandiu durante os oito anos de governo de Eisenhower, quando se tornou, na avaliação de Kolko, "o instrumento mais flexível para a intervenção norte-americana no Terceiro Mundo" (1988, p.51).[3] O Oriente Médio não foi exceção. Em 1963, no Iraque, um golpe com a participação da CIA derrubou o regime de Kassim, substituindo-o pelo partido Baath, conforme já visto no capítulo anterior. Entre os conspiradores envolvidos naquele golpe estava um jovem oficial chamado Saddam Hussein.

Os assuntos do Oriente Médio estavam longe de constituir uma prioridade do governo de John Kennedy, às voltas com temas incendiários como Cuba, o Vietnã e a ameaça soviética. O presidente discordava da Doutrina Eisenhower. Em sua opinião, o intervencionismo de seu antecessor surtiu efeito oposto, já que os nacionalistas árabes passaram a ver os Estados Unidos como uma reencarnação do odiado imperialismo britânico. Kennedy preferia que aliados locais se encarregassem, eles mesmos, da defesa dos interesses do Ocidente na região. Nessa perspectiva, a Arábia Saudita teria papel importante a desempenhar. A importância regional da monarquia saudita se tornou evidente por ocasião da guerra civil no Iêmen do Norte, no início da década de 1960. Diante da intervenção de forças egípcias em apoio aos rebeldes esquerdistas, a Arábia Saudita enviou tropas que, com a ajuda de instrutores norte-americanos, decidiram o conflito no país vizinho em favor da monarquia conservadora, esmagando a rebelião.

Mas os formuladores da política externa dos Estados Unidos tinham dúvidas sobre até que ponto a Casa de Saud era um aliado suficientemente forte ou confiável para substituir a Grã-Bretanha. A negativa em renovar a concessão da base aérea de Dhahran mostrou a intenção do regime saudita de preservar certa autonomia em relação aos norte-americanos. Por isso, a estrutura de defesa do Oriente Médio arquitetada em Washington no início da década de 1960 incluiu um segundo pilar: o Irã. O regime do xá Reza Pahlevi era um aliado firme, possuía um dos maiores exércitos da região e estava ávido para expandir o seu papel estratégico no Golfo Pérsico. Em abril de 1962, o xá garantiu ao secretário de Estado Dean Rusk que o Irã estava pronto a preencher a lacuna dos britânicos desde que os Estados Unidos fornecessem dinheiro e armas em quantidade suficiente.

A escalada da Guerra do Vietnã monopolizou as atenções das autoridades norte-americanas, que não estavam dispostas a assumir encargos

---

[3] Para a mais completa visão sobre as "ações encobertas" da CIA nos países periféricos ver Blum (2004).

adicionais no Oriente Médio. O assunto ficou parado até que, em 1965, durante o governo de Lyndon Johnson, o governo britânico deu mais um passo em sua lenta retirada da região, abandonando a colônia em Áden. O governo Johnson começou, então, a articular a implantação da política dos "dois pilares", chamando as monarquias do Irã e da Arábia Saudita a assumir as antigas responsabilidades militares britânicas e aumentando as remessas de armas aos dois países.

O apoio a Israel na Guerra dos Seis Dias, em junho de 1967, ampliou enormemente o envolvimento dos Estados Unidos no Oriente Médio. Até o início da década 1960, as sucessivas administrações norte-americanas procuraram se manter equidistantes no conflito árabe-israelense – ou, ao menos, manter essa aparência. O maior fornecedor de armas a Israel, até 1967, era a França. Nos governos de Kennedy e Johnson, os Estados Unidos aumentaram, gradativamente, sua identificação com a causa israelense. Foi nessa época que a disputa no Oriente Médio passou, cada vez mais, a ser encarada como parte do confronto global americano-soviético. Os principais países árabes vizinhos de Israel – o Egito e a Síria – aprofundaram suas ligações com a União Soviética, de quem dependiam para obter as armas necessárias para enfrentar um inimigo de extraordinária capacidade militar. Isso, por sua vez, facilitou o estreitamento dos laços entre os Estados Unidos e Israel.

Em 1967, a atitude norte-americana foi totalmente diversa da linha adotada quando egípcios e israelenses lutaram no Canal de Suez, onze anos antes. Khalidi observa que em 1956 as autoridades de Washington foram surpreendidas pelos fatos e, ao final dos combates, determinaram o retorno ao *status quo ante bellum* (2004, p.131). Na Guerra dos Seis Dias, os Estados Unidos deram o "sinal verde" para o ataque preemptivo israelense. Mais importante ainda, o governo Johnson se absteve de pressionar Israel para que se retirasse dos territórios que conquistou, como em 1956. Em vez disso, defendeu uma solução negociada – terra em troca de paz.

O conflito de 1967 assinalou a primeira vez em que os governos árabes recorreram à "arma do petróleo" em represália pelo apoio ocidental a Israel. O embargo foi um fracasso. Kupchan (1987, p.30) sublinha:

> Ainda assim, a tentativa em si revelou claramente que o conflito árabe-israelense estava integralmente vinculado aos acontecimentos no Golfo Pérsico e que os países do Golfo estavam dispostos a usar suas reservas de petróleo como um meio de pressão sobre o Ocidente.

Além de tudo, a imagem dos Estados Unidos na região sofreu um golpe irreversível. "Os norte-americanos se tornaram um alvo do ódio árabe, tal como os ingleses depois da crise de Suez", constatou Palmer (1992, p.83).

Igor Fuser

A DOUTRINA NIXON E A POLÍTICA DOS "DOIS PILARES"

O plano norte-americano de delegar as responsabilidades militares dos Estados Unidos no Oriente Médio ao Irã e à Arábia Saudita foi retomado na gestão de Richard Nixon. O presidente, que devia grande parte da sua vitória à insatisfação dos eleitores norte-americanos com o "atoleiro" do Vietnã, assumiu a Casa Branca, em 1969, disposto a reduzir o envolvimento norte-americano nos conflitos do "Terceiro Mundo". Para isso, ele pretendia delegar a defesa dos interesses do Ocidente a substitutos regionais, armados e financiados pelos Estados Unidos. O modelo dessa política foi a tentativa da "vietnamização" do conflito na Indochina, ou seja, transferir gradualmente os encargos militares ao regime anticomunista do Vietnã do Sul.

A Doutrina Nixon foi anunciada em julho de 1969, em relatório do presidente ao Congresso. O documento confirmava o compromisso de defender os países aliados diante de um ataque de "uma potência nuclear". Nos "outros tipos de agressão", os Estados Unidos se desobrigavam da missão de intervir. Afirma o texto oficial:

> Forneceremos assistência econômica e militar quando solicitados de acordo com nossos compromissos expressos em tratados. Mas vamos esperar que a nação diretamente ameaçada assuma a responsabilidade primária de prover os recursos humanos necessários para a sua defesa. (Kupchan, 1987, p.32)

Kupchan lança luz sobre os fundamentos da Doutrina Nixon ao situá-la no contexto da *détente* entre os Estados Unidos e a União Soviética. Para ele, a necessidade de aliviar o peso da Guerra do Vietnã explica apenas em parte a adoção da política de delegar a defesa dos interesses norte-americanos a aliados no Terceiro Mundo. Mais relevante, na visão desse autor, era a redução da tensão internacional (uma política perseguida com grande ênfase por Nixon e por seu principal estrategista, Henry Kissinger), com o consequente abrandamento das disputas entre as duas superpotências nos cenários regionais. A dupla Nixon-Kissinger estava convencida de que o Kremlin, numa situação de paridade nuclear e relativa debilidade econômica, estava mais interessada em negociações de armas atômicas e em acordos para a importação de trigo dos Estados Unidos do que, por exemplo, em solidificar sua influência no mundo árabe. O conceito da *linkage*, ou seja, o vínculo entre questões de política externa sem relação direta entre si, levaria os soviéticos a uma posição mais moderada no Oriente Médio. "A Doutrina Nixon, em contrapartida, era uma indicação de que as tropas norte-americanas gastariam menos tempo no Terceiro Mundo do que na década de 60", assinalou Kupchan (1987, p.33).

Essa foi uma inflexão importante na política norte-americana no Oriente Médio, com implicações que se estendem muito além da *détente* e da Doutrina Nixon. Na análise de Kupchan, a redução do confronto com a União Soviética "deu ao governo Nixon a oportunidade de clarear distinção entre ameaças e interesses". A obsessão com o perigo soviético deu lugar a uma formulação mais pragmática dos interesses dos Estados Unidos no Oriente Médio, conforme esse autor explica:

> Embora o nível do envolvimento dos EUA ... tivesse aumentado acentuadamente a partir de meados da década de 60, seus interesses chaves mudaram apenas no que diz respeito à ênfase. Em 1970, os EUA ainda queriam conter a União Soviética garantir o acesso aos suprimentos de petróleo e manter a superioridade militar de Israel. Nas décadas de 50 e de 60, porém, esses interesses específicos permaneciam submersos na preocupação com o avanço do nacionalismo árabe apoiado pelos soviéticos. Havia uma tendência crônica de adotar políticas baseadas na contenção da influência soviética e no isolamento dos regimes radicais em lugar de encarar as divisões políticas regionais que, em última instância, abriram as portas do Oriente Médio aos soviéticos. (1987, p.33)

Em outras palavras: a política norte-americana dos "dois pilares" no Golfo Pérsico, ao ser levada à prática, relacionava-se mais à estabilidade da região (o que incluía os interesses ligados ao petróleo) do que a sua defesa contra um inimigo externo – a União Soviética – cada vez mais improvável.

A ESCALADA ARMAMENTISTA

Os Estados Unidos concluíram que a opção mais atraente para a aplicação da Doutrina Nixon no Golfo Pérsico seria recorrerem cada vez mais a Riad e a Teerã. A monarquia saudita aderiu com entusiasmo, usando sua crescente receita com o petróleo para dobrar os gastos militares de US$ 700 milhões em 1969 para US$ 1,4 bilhão em 1972. Também instalou, com assistência norte-americana, uma academia militar de elite para proporcionar treinamento de primeira linha a oficiais e pilotos sauditas. O xá Reza Pahlevi ficou ainda mais satisfeito com a nova política de segurança dos Estados Unidos. A Doutrina Nixon coincidia perfeitamente com seu grandioso projeto de transformar o Irã numa potência regional. Dinheiro não lhe faltava. Com os preços do petróleo em alta, o xá recorreu às suas reservas de petrodólares para montar um aparato militar que superou, de longe os esforços sauditas do outro lado do Golfo. Os gastos militares iranianos entre 1969 e 1972 atingiram a astronômica quantia de US$ 16,2 bilhões – quase sete vezes mais do que as despesas militares do país durante os vinte anos anteriores.

A Casa Branca atendeu, sem vacilar, a todos os pedidos apresentados pelos iranianos e pelos sauditas. Os mais modernos artefatos do arsenal convencional norte-americano foram entregues aos dois aliados no Golfo Pérsico. O Irã recebeu 190 aviões de combate Phantom F-4, oitenta caças supersônicos F-14 e 460 tanques M-60A1, entre outros equipamentos; a lista de compras da Arábia Saudita incluía sessenta caças Eagle F-15, duzentos helicópteros de ataque AH-1S e 250 tanques M-60A1. O Irã aumentou imediatamente sua presença militar no Golfo Pérsico, passando a patrulhar diretamente o Estreito de Hormuz – um ponto vital para a passagem de navios-petroleiros. A primeira oportunidade de usar os novos equipamentos para defender os interesses ocidentais na região surgiu no início de 1973, quando o sultão de Omã pediu ajuda ao xá para esmagar uma revolta esquerdista na província de Dhofar. Com o pleno apoio da Casa Branca, o Irã utilizou os recém-adquiridos helicópteros *made in USA* para transportar 1.200 soldados na bem-sucedida intervenção em Omã. Em contraste com o Irã, que deu prioridade à projeção do poderio militar em âmbito regional, a monarquia saudita dedicou a boa parte dos novos armamentos ao reforço de sua segurança interna. Em paralelo às Forças Armadas, o regime formou uma poderosa Guarda Nacional, especialmente voltada para a defesa da Casa de Saud.

Ironicamente, a venda maciça de armas para o Irã e para a Arábia Saudita não diminuiu o envolvimento militar dos Estados Unidos no Golfo Pérsico. Ao contrário, gerou novos e inesperados compromissos. Num prelúdio das complicações que surgiriam na década de 1980, o Irã se valeu de seu poderio bélico e das relações especiais com os Estados Unidos para reafirmar uma antiga reivindicação territorial sobre o arquipélago do Bahrein, ao qual a Grã-Bretanha tinha decidido conceder a independência a partir de dezembro de 1971. Os Estados Unidos bloquearam a ambição do xá. E mais: assim que o Bahrein se tornou independente, o governo norte-americano assinou com as autoridades locais um acordo para a construção de uma base naval permanente. A decisão foi alvo de críticas de nacionalistas árabes, que encararam a nova base norte-americana como uma manifestação do colonialismo ocidental. Mas o governo do Bahrein, inquieto diante das intenções iranianas, insistiu em abrigar uma instalação da Marinha dos Estados Unidos em seu território (Palmer, 1992, p.93-5).

Outro problema diz respeito ao envio de grande quantidade de assessores militares norte-americanos ao Irã e à Arábia Saudita. Os dois países, relativamente atrasados, não tinham pessoal preparado para lidar com os equipamentos bélicos de alta tecnologia fornecidos pelos Estados Unidos. Instrutores e as equipes de manutenção teriam de ser despachados junto com as remessas. O resultado é que, em 1977, havia cerca de 6.250 norte-americanos em funções de apoio às Forças Armadas do Irã e outros 4.140

na Arábia Saudita, sem contar os seus dependentes. A presença desses "infiéis" em países fortemente religiosos tornou-se motivo de descontentamento, conforme explica Klare (2004a, p.44):

> Embora esses assessores fossem essenciais para o sucesso dos programas de transferência de armas norte-americanas e da própria Doutrina Nixon, eles acabariam por se tornar uma fonte de atrito e agitação. Na Arábia Saudita, críticos muçulmanos expressaram objeções à presença de um número tão grande de infiéis no reino; no Irã, clérigos dissidentes reclamaram que os norte-americanos estavam introduzindo o álcool e a pornografia no país.

Esse é um fenômeno que teria consequências muito mais graves do que na época se poderia imaginar.

6
O CHOQUE DE 1973, A AMEAÇA DE INTERVENÇÃO E O "DIREITO" AO PETRÓLEO

O início de uma nova era no petróleo mundial. (Yergin, 1993, p.641)

A maior redistribuição forçada de riqueza na história do mundo (Gilpin, 1981, p.208)

Um ponto de virada histórico nas relações econômicas entre os países produtores de petróleo do Terceiro Mundo e os principais países capitalistas, os Estados Unidos em primeiro lugar. (Kolko, 1988, p.230)

Nenhuma crise da segunda metade do século XX desabou sobre um mundo tão despreparado ... . Em apenas três meses, os sistemas globais político e econômico encontraram-se diante de enormes desafios que ameaçavam suas próprias fundações. (Kissinger, 2001, p.685)

Essas citações dão ideia da importância do "choque do petróleo", como ficou conhecida a abrupta alta de preços desencadeada por decisões tomadas em outubro de 1973 pelos países do Oriente Médio integrantes da Opep. As decisões que quadruplicaram as cotações do combustível, assim como o uso inédito do embargo do petróleo como uma arma política relevante, tiveram imenso impacto sobre o sistema internacional. O "choque" do petróleo demonstrou, ao mesmo tempo, os limites de uma economia sustentada sobre a exploração irrestrita de um recurso mineral não renovável e espalhado desigualmente pelo planeta. Depois de algum tempo, as economias desenvolvidas se revelaram capazes de mitigar o impacto por mecanismos monetários, financeiros e comerciais. Mas a vulnerabilidade ocidental à interrupção dos suprimentos petrolíferos se tornou evidente.

Igor Fuser

A ESCALADA DOS PREÇOS E O EMBARGO DO PETRÓLEO

A sequência de eventos que culminou no "choque do petróleo" teve início no dia 8 de outubro, no terceiro dia da Guerra do Yom Kippur,[1] deflagrada com o ataque de surpresa de tropas do Egito e da Síria às posições de Israel no Sinai e nas Colinas de Golã. Nesse dia, em reunião em Viena, os ministros responsáveis pela gestão do petróleo de seis países do Golfo Pérsico – Irã, Iraque, Abu Dhabi, Kuait, Arábia Saudita e Catar – propuseram aos representantes da indústria petroleira internacional um aumento de 70% no preço do petróleo. Diante do impasse nas negociações, os executivos ocidentais retornaram para os seus países. Já os delegados da Opep, ao se reunirem novamente, no dia 16, na cidade do Kuait, decretaram por sua própria conta o aumento que reivindicavam, elevando o preço do petróleo de US$ 3,01 para US$ 5,12 por barril.

Dois dias depois, em 18 de outubro, cinco dos seis participantes da reunião anterior – ficou de fora o representante do Irã, que não é um país árabe – anunciaram o corte de 25% na produção de petróleo, a ser seguido por reduções adicionais de 5% por mês, até a retirada de Israel dos territórios ocupados em 1967, na Guerra do Seis Dias. A essa decisão se somou o embargo nas remessas de petróleo, anunciado separadamente por todos os governos árabes integrantes da Opep aos países que apoiavam Israel. Aplicado inicialmente apenas aos Estados Unidos, o boicote foi depois estendido para a Holanda, Portugal, Rodésia (atual Zimbábue) e África do Sul. As medidas provocaram um aumento drástico nos preços dos combustíveis, acompanhado por reações de pânico entre os consumidores e por uma corrida frenética em que governos e empresas competiam entre si, em clima de "salve-se quem puder", para garantir seus suprimentos de energia.

O alcance do "choque do petróleo" ultrapassou, em muito, o seu impacto imediato. Tão ou mais importante do que o aumento dos preços, em si, foi a forma com que ele foi decretado – uma decisão unilateral. Isso nunca havia ocorrido antes. Em todos os reajustes anteriores, o valor tinha sido definido em negociações com as empresas ocidentais. Agora, a Opep tomava em suas mãos o controle dos preços e dos níveis de produção. O significado histórico dessa decisão pode ser medido pelas palavras do xeque Ahmed Zaki Yamani, ministro saudita do Petróleo e dos Recursos Minerais e principal porta-voz da Opep, logo após o aumento dos preços: "Esperei muito por esse momento. E, enfim, ele chegou. Somos os únicos donos da nossa *commodity*" (Yergin, 1993, p.633).

---

[1] O feriado judaico do "Dia do Perdão".

Muitos fatores se combinaram para tornar possível essa reviravolta. Entre eles, incluíam-se:

- os avanços acumulados pela Opep, ao longo dos anos anteriores, nas negociações sobre a participação nos lucros e na propriedade do petróleo;
- a retirada das tropas remanescentes da Grã-Bretanha no Oriente Médio em 1971 (o que inviabilizava uma reação militar imediata);
- o aumento das importações de petróleo pelos Estados Unidos e o fim de sua capacidade de elevar a produção doméstica;
- e, ainda, a crise política internacional gerada pela Guerra do Yom Kippur.

Como um oportuno catalisador, o conflito árabe-israelense deu aos países exportadores uma oportunidade de ouro para afirmar sua autonomia e exercer plenamente o poder sobre o mercado que já vinham adquirindo desde 1970. A "arma do petróleo", um fiasco na guerra de 1967, agora era utilizada efetivamente, numa ação tática que Henry Kissinger chamou de "chantagem política" e que o historiador Gabriel Kolko definiu como "o ataque mais eficaz aos interesses norte-americanos desde 1945" (1988, p.230). Os países árabes agora possuíam a unidade política e os recursos financeiros necessários a um embargo bem-sucedido.

Não há dúvida de que o conflito militar apenas forneceu à Opep um pretexto – e, certamente, um incentivo – para pôr em prática algo que já pretendia fazer de qualquer maneira. Sua carta mais ousada, o aumento drástico dos preços, já estava planejada desde setembro e foi anunciada antes da decisão norte-americana de socorrer Israel, em desvantagem no campo de batalha, com o envio emergencial de armamentos no valor de US$ 2,2 bilhões – o estopim para o embargo. Na prática, a "arma do petróleo" se revelou de grande utilidade no plano econômico, ao contribuir para a sustentação dos novos preços.

No plano político, os resultados do boicote são difíceis de avaliar. Nenhum país ficou sem combustível, até porque o petróleo é uma mercadoria fungível – pode ser substituído por uma quantidade equivalente, seja qual for o lugar de origem. O redirecionamento das remessas, transportadas por navios, frustrou a tentativa árabe – se é que ela correspondia a um objetivo real, e não apenas simbólico – de punir determinados governos por sua conduta política. Os Estados Unidos não sentiram falta de petróleo numa escala significativa. E o propósito declarado do embargo, impor concessões territoriais a Israel, não foi alcançado. Quando os países árabes normalizaram o fornecimento de petróleo, em 18 de abril de 1974, os territórios ocupados em 1967 continuavam em poder dos israelenses e a questão palestina não tinha nem sequer sido discutida. Por outro lado, os

Estados Unidos cortaram o envio de ajuda militar a Israel e pressionaram os dirigentes israelenses a um armistício, concluído apenas dois dias depois que a Arábia Saudita anunciou o seu embargo. Com base nisso, é válido supor que a "arma do petróleo" possa ter tido alguma influência direta no desenlace do conflito. A avaliação de Keohane é de que o embargo, ao "mudar a correlação de forças entre a Opep e os EUA", alterou em alguma medida o conflito entre árabes e israelenses (1978, p.204).

O cientista político Seyom Brown, em análise do comportamento dos Estados Unidos, assinala que Kissinger recebeu a notícia do embargo a bordo do avião que o levava a Moscou, onde tentaria convencer os soviéticos a forçarem seus aliados egípcios à aceitação de um cessar-fogo. "Não eram somente os pesos relativos de cada lado na barganha entre árabes e israelenses que se alteravam", afirmou Brown, em *The Faces of Power*, referindo-se ao embargo. "Como Kissinger iria descobrir ao longo dos meses e anos subsequentes, também estava mudando toda a equação do poder mundial em torno da qual ele tinha construído seus conceitos de *realpolitik*" (1994, p.274). Em suma, a "arma do petróleo" demonstrou ao mundo inteiro o estrago que é capaz de causar. "Agora ela podia ser novamente embainhada. Mas a ameaça permaneceria" (Yergin, 1993, p.661).

Indiscutível é a vitória dos governos árabes no plano econômico. Os produtores da Opep lucraram muito mais do que poderiam sonhar. E os de fora da Opep, também, pois os aumentos decididos no Oriente Médio se tornavam, imediatamente, a regra no mercado internacional. O aumento de 70% em outubro de 1973 foi só o início de uma escalada de tirar o fôlego. Como afirmou o ministro iraniano dos Assuntos Petrolíferos, Jamshid Amuzegar, os países exportadores decidiram ajustar os preços de acordo com as condições do mercado e estavam dispostos a elevar a cotação do petróleo até o ponto em que os consumidores aceitassem pagar (ibidem, p.654). Em dezembro, os ministros dos países árabes e do Irã, reunidos em Teerã, aumentaram o preço para US$ 11,65 por barril – quatro vezes o valor vigente dois meses antes. Gilpin não exagerava ao mencionar a gigantesca redistribuição de riqueza promovida pelo cartel dos exportadores. As receitas agregadas dos países da Opep, que tinham sido de US$ 14 bilhões em 1972, pularam para US$ 23 bilhões em 1973 e atingiram US$ 96 bilhões em 1974.

A VULNERABILIDADE ECONÔMICA DO OCIDENTE

O "choque" de 1973 foi a primeira crise internacional em que a escassez física de petróleo desempenhou papel relevante. A produção norte-americana tinha atingido o pico em 1970 e iniciava seu lento declínio, num período de demanda crescente tanto nos próprios Estados Unidos quanto no mercado internacional. Duas décadas de protecionismo norte-americano, com a importação de petróleo limitada por um rígido programa de cotas, aceleraram a exaustão das reservas domésticas, até o ponto em que a pressão da demanda forçou o governo a abrir o país ao combustível estrangeiro. O encerramento gradual do programa de cotas, que culminou com a sua abolição completa na primavera de 1973, provocou aumento acentuado das importações norte-americanas, elevando ainda mais a demanda global. A parcela do petróleo estrangeiro no abastecimento dos Estados Unidos cresceu 8% em 1970, 15% em 1971, 21% em 1972 e 32% em 1973. No início de 1973, os Estados Unidos ultrapassaram o Japão como o maior importador de petróleo do mundo. As importações, naquele momento, correspondiam a cerca de 30% das necessidades norte-americanas, comparadas com 19% em 1960.

Fortemente dependente do combustível importado, "os EUA não poderiam mais controlar o mercado mundial por meio da regulação da sua própria produção doméstica", afirma Calleo (1992, p.113). Em 1967, na Guerra dos Seis Dias, os fornecedores árabes já tinham tentado negar ao Ocidente o acesso a seus suprimentos de petróleo. O desafio se revelou inócuo uma vez que os Estados Unidos recorreram a seus estoques disponíveis, mais do que suficientes, na ocasião, para compensar as eventuais perdas causadas pelo boicote. Em 1973, a capacidade norte-americana de ampliar sua produção de petróleo – que, segundo Yergin (1993, p.642), "se mostrara o elemento mais importante na margem de segurança no mundo ocidental, não apenas em cada crise de energia do pós-guerra, mas também durante a II Guerra Mundial" – já não existia. Na sintética avaliação de Keohane, "em 1967 os EUA eram uma parte da solução", enquanto "em 1973 tinham se tornado uma parte do problema" (1978, p.204). O motivo: "Sua base fundamental de petróleo tinha se enfraquecido muito".

À primeira vista, o crescimento do consumo de petróleo no início da década de 1970 parece incompatível com o aumento dos preços. Uma interpretação mecânica das leis de mercado levaria a crer que, com os preços mais altos, a demanda tenderia a uma queda. Ocorre que, no caso do petróleo, o conceito da elasticidade dos preços não se aplica do mesmo modo que na maioria das *commodities*. Durante toda a década de 1960, a queda de um terço no nível dos preços incentivou o aumento do consumo global, o que era perfeitamente previsível. Mas a inversão dessa tendência, com a elevação abrupta dos preços no início dos anos 1970, não foi acompanhada por uma redução da demanda. Como explicou Rustow, o período de preços baixos incentivou a transição, nas décadas de 1950 e 60, do carvão para o petróleo como principal fonte de energia na Europa e no Japão:

>   Mesmo um aumento relativamente drástico nos preços do petróleo não seria suficiente para justificar os investimentos de capital necessários para reabrir minas de carvão obsoletas e converter geradores e motores. A demanda por petróleo é inelástica em sua resposta ao preço, ao menos no curto prazo. (1982, p.142)

A mudança na correlação de forças já tinha ficado evidente dois anos antes, em 1971, quando o governo norte-americano despachou para o Oriente Médio o subsecretário de Estado John Irwin II, encarregado de pressionar os governos da Irã e da Arábia Saudita em favor das *majors* nas negociações com a Opep. A missão fracassou quando Irwin percebeu que nem mesmo os aliados mais próximos dos Estados Unidos naquela região estavam dispostos a renunciar a uma fatia maior dos lucros de sua principal matéria-prima (Wyant, 1977, p.73). Mais tarde, em abril de 1973, outro alto funcionário do Departamento de Estado, James Akins, publicou um artigo na revista *Foreign Affairs* intitulado "A crise do petróleo: desta vez, o lobo está aqui". Akins advertiu para o risco do uso da "arma do petróleo" pelos países árabes a fim de alterar a política norte-americana no Oriente Médio e expôs as escolhas "difíceis e limitadas" que restariam aos Estados Unidos:

>   Nós podemos tentar romper o boicote por meios militares, isto é, a guerra; podemos ceder aos fornecedores de petróleo; ou aceitar o que seria certamente um estrago severo à nossa economia, que possivelmente entrará em colapso. (p.113)

O artigo de Akins causou polêmica. Pouco depois, uma revista rival, a *Foreign Policy*, publicou uma resposta do economista Morris Adelman,[2] intitulada "A escassez é real?". Adelman respondia que não. O aumento de preços, no seu ponto de vista, era o resultado da manipulação praticada pela Opep. Sem a organização dos exportadores, argumentou, "os aumentos não ocorreriam e não haveria o risco de transtornos nos suprimentos" (1973, p.113). Na visão de Akins (1973), porém, o motivo de preocupação não era o montante do petróleo no mercado mundial, que, segundo ele, só começaria a faltar em meados da década de 1980, e sim o fato de que a produção estava concentrada em poucos países. Uma redução em qualquer um dos grandes fornecedores reunidos na Opep já seria suficiente para causar "uma significativa escassez mundial de petróleo". O ponto de vista de Akins – que enfatizava a contradição entre a demanda crescente do Ocidente e a concentração da produção num punhado de países do Oriente Médio – mostrou-se vitorioso, de um modo inapelável, num prazo de apenas seis meses.

---

[2] Adelman é citado aqui no Capítulo 2, em discussão sobre o esgotamento das reservas de petróleo.

A CRISE DE ENERGIA E SUAS CONSEQUÊNCIAS

As potências ocidentais foram apanhadas de surpresa. Nixon expressou claramente sua preocupação no dia 17 de outubro: "Ninguém está mais agudamente consciente daquilo que está em risco: o petróleo e nossa posição estratégica". O pessimismo – e até o catastrofismo – marcou a reação dos círculos dirigentes norte-americanos diante do "choque". O perigo mais grave era o de uma bancarrota do sistema financeiro mundial. Kissinger advertiu para o risco de a economia mundial mergulhar "num ciclo vicioso de competição, autarquia, rivalidade e depressão tal como o que levou ao colapso da ordem mundial na década de 30" (Rustow, 1982, p.174). Gerald Ford, conduzido à Casa Branca em 9 de agosto de 1974 após a renúncia de Nixon devido ao caso Watergate, comentou que era "difícil discutir o problema de energia sem escorregar numa linguagem de fim do mundo".

As consequências do "choque" foram, de fato, imensas. Entre elas:

a) **Crise econômica**: Na avaliação de Calleo, "1974 foi o pior ano para a economia norte-americana desde a Segunda Guerra Mundial". Os indicadores mais importantes apontam para um quadro de "estagflação" – crescimento muito baixo ou negativo, acompanhado de altas taxas inflacionárias. Inflação acima de 12% em 1974, queda de 2% no PIB real e desemprego de 7,2%, o mais elevado num período de 14 (1992, p.106). Na Europa e no Japão, os efeitos foram ainda mais devastadores. O aumento do petróleo provocou um grande choque de preços "em economias já dominadas por forças inflacionárias", ressaltou Yergin. "A inflação se tornou tão profundamente arraigada nas economias do Ocidente que passou a ser considerada o mais completo desafio da era moderna" (1993, p.665). Os mais prejudicados com o aumento dos preços foram os países periféricos – entre eles, o Brasil – que não produziam petróleo em grande quantidade.

b) **Desafio à hegemonia global dos Estados Unidos**: Krasner e Keohane estão entre os autores que apontam o "choque" de 1973, juntamente com o processo de nacionalização das concessões petroleiras no Oriente Médio e na Venezuela, como um momento dramático de desafio à posição dominante dos Estados Unidos. Para Krasner (1978), "a tomada dos bens (*norte-americanos*) no exterior é um reflexo da diluição do poderio dos EUA em escala global". Ele ressalta que, "embora os EUA ainda sejam extremamente poderosos, há um número crescente de questões específicas em que não podem prevalecer" (p.27). Detalhando seu raciocínio, Krasner afirma: "Os EUA não podem mais estabelecer a estrutura – as regras básicas do jogo e os arranjos institucionais para o movimento internacional dos bens, capital e tecnologia. Em especial, os EUA não podem mais defender e manter uma estrutura em que a exploração, transporte e comercialização das matérias-primas são controlados por corporações verticalmente integradas, baseadas nos países industriais avançados" (1978, p.219). Keohane enfatiza que o desgaste da posição hegemônica dos Estados Unidos antecede os eventos de 1973, à medida que a exaustão das reservas domésticas de petróleo já enfraquecia sua posição. Segundo ele, "a guerra do Yom Kippur foi mais um catalisador da ação do que uma causa fundamental – gerou nos membros árabes da Opep a disposição de assumir maiores riscos" (1978, p.204).

c) **Aceleração das nacionalizações**: O cronograma da transferência das concessões petroleiras para os países produtores ganhou novo ritmo. O Kuait, que ainda não havia aderido à política de "participação", adquiriu 60% da concessão em seu território, deixando 40% para a BP e a Gulf. No ano seguinte, a monarquia kuwaitiana se apossou dos 40% restantes, sem assumir nenhum compromisso com as duas companhias. "Para o Kuait, o petróleo é tudo", justificou o ministro encarregado do setor, Abdel Mattaleb Kazemi (Yergin, 1993, p.678). O mesmo processo ocorreu na Arábia Saudita. Em junho de 1974, o xeque Yamani anunciou um aumento de 25% para 60% na "participação" saudita no capital da Aramco. No fim do ano, porém, comunicou às quatro empresas norte-americanas que formavam a Aramco – Exxon, Mobil, Texaco e Chevron (a antiga SoCal) – que o Estado saudita não se contentaria com menos de 100%. O acordo final foi fechado em 1976, quando a empresa, nacionalizada, passou a se chamar Saudi Aramco. "Os países produtores haviam alcançado seu objetivo máximo: controlar seu próprio petróleo", constata Yergin (p.683).

d) **Explosão da renda dos países exportadores:** O caso mais espetacular foi o da Arábia Saudita. As reservas financeiras internacionais dos sauditas pularam de US$ 3,9 bilhões em 1973 para US$ 14,3 bilhões em 1974 e US$ 49,6 bilhões no fim de 1976 (Rustow, 1982, p.157). Nos dois anos que se seguiram ao "choque", a Arábia Saudita acumulou reservas que ultrapassaram sucessivamente as do Japão, dos Estados Unidos e da Alemanha.

e) **Fortalecimento do nacionalismo no Oriente Médio**: Depois de três décadas de crescente presença na região, os Estados Unidos identificavam claramente as forças nacionalistas como seu principal inimigo. O diplomata George McGhee, um dos arquitetos da política dos Estados Unidos para aquela região desde a década de 1950, admitiu em 1974: "Em retrospecto, isso (*o nacionalismo*) sempre foi um perigo maior nos países árabes do que o próprio comunismo, que nunca encontrou terreno fértil entre os árabes" (Kolko, 1988, p.226). Como agravante, o conflito árabe-israelense reforçava o antiamericanismo no mundo árabe.

A RECUPERAÇÃO DA ECONOMIA INTERNACIONAL

A ordem internacional construída após a Segunda Guerra Mundial sob a liderança dos Estados Unidos sofreu, sem dúvida, um sério abalo com o "choque" de 1973. Mas o golpe estava longe de ser irreversível. Nos anos seguintes, a combinação de iniciativas das potências ocidentais com fenômenos decorrentes da própria alta dos preços do petróleo conduziu a uma significativa – ainda que parcial – recuperação. A primeira iniciativa para reverter a correlação de forças desfavorável aos países industrializados foi a criação da Agência Internacional de Energia (AIE), na conferência realizada em Washington em fevereiro de 1974. Os participantes da reunião adotaram uma série de estratégias para enfrentar futuras crises no fornecimento de petróleo. A mais importante delas foi a decisão de acumular reservas de combustível – os "estoques estratégicos" – às quais os governos pudessem recorrer em caso de emergência.

A gigantesca "redistribuição forçada da riqueza" não teve efeitos tão apocalípticos quanto se chegou a temer. No conjunto, os países integrantes da Opep aumentaram seus rendimentos de US$ 23 bilhões de dólares, em 1972, para US$ 140 bilhões de dólares, em 1977, gerando superávits muito superiores ao que eram capazes de gastar. Esse dinheiro acabou regressando aos centros financeiros do sistema capitalista de duas maneiras. Uma delas foi a explosão das importações por conta dos lucros do petróleo. Embriagados pela súbita opulência, o Estado e as elites dos países da Opep mergulharam numa febre de gastos praticamente ilimitada, que abarcava tanto produtos necessários quanto supérfluos, armamentos, programas de industrialização (quase todos fadados ao fracasso), subsídios, programas sociais e, é claro, muito desperdício e corrupção.[3]

O outro instrumento usado para amortecer o impacto do "choque" foi a aplicação das receitas petroleiras da Opep nos países capitalistas centrais. Esses recursos, reciclados pelos bancos, transformaram-se nos petrodólares que injetaram liquidez no sistema financeiro internacional e ajudaram a superar a recessão de 1974-75. Esse dinheiro "em excesso" está na raiz da crise da dívida externa dos países periféricos na década de 1980 – boa parte dos petrodólares se converteu em empréstimos concedidos a juros inicialmente baixos e que, com o posterior aumento das taxas, tornaram-se impagáveis. Os países árabes e o Irã também fizeram grandes investimentos em empresas e em imóveis na Europa e nos Estados Unidos.

Uma fatia significativa dos ganhos monetários obtidos pelos países da Opep foi anulada pelo mesmo fenômeno econômico que os estimulara a aplicar o "choque" e que, por sua vez, foi exacerbado pela alta do petróleo

---

[3] Uma análise das distorções econômicas e sociais nos países exportadores de petróleo está em Karl (1997).

– a inflação. Entre 1974 e 1978, o preço do barril de petróleo subiu moderadamente, de US$ 12 para US$ 15, enquanto o dólar se desvalorizou 48% em relação ao marco alemão no período de 1976 a 1979. Ou seja: em termos reais, os exportadores de petróleo recebiam cada vez menos pela sua matéria-prima e pagavam cada vez mais pelos produtos que importavam. Como explicou Calleo, a desvalorização do dólar deu aos Estados Unidos certa vantagem competitiva em relação aos europeus e aos japoneses. Mas esses países também lucravam, pois, como o petróleo era faturado em dólares, acabavam comprando mais petróleo pelo mesmo dinheiro – e a energia mais barata permitia que baixassem os preços dos seus produtos, que permaneciam competitivos apesar da valorização das suas moedas. "A inflação se tornou o principal meio de ajuste para a explosão dos preços do petróleo", concluiu Calleo (1992, p.134). Por um conjunto de medidas políticas e econômicas, os Estados Unidos conseguiram amortecer o impacto do "choque" petroleiro e diluir, ainda que parcialmente, o golpe desferido sobre a sua posição hegemônica. Kupchan sintetizou dessa forma o paradoxo da nova situação:

> O embargo do petróleo, ao mesmo tempo que deu aos árabes um forte trunfo em relação ao Ocidente (a privação do petróleo), também levou a um grau inédito a interdependência entre os países produtores e os consumidores. (1987, p.50)

KISSINGER E A AMEAÇA DA FORÇA (O *"OIL GRAB"*)

Uma questão que permanece em aberto é em que medida a ameaça do uso da força pelos Estados Unidos contribuiu para deixar os países exportadores – em particular, a Arábia Saudita – mais propensos a adaptar suas políticas aos interesses norte-americanos. A ideia, nunca formulada com clareza, de que os Estados Unidos têm algum tipo de "direito" ao petróleo do Oriente Médio já estava presente, de modo discreto, nas décadas de 1940 e 50. Kupchan, ao analisar o envolvimento dos Estados Unidos na derrubada de Mossadegh, em 1953, comentou:

> O episódio do Irã indicou claramente a disposição dos EUA de usar a coerção para influenciar a política interna de outros países e refletiu a atitude predominante no Ocidente de que os europeus e os norte-americanos têm um "direito" ao petróleo do Golfo. (1987, p.17)

Trata-se de uma ideia que aparece com frequência no discurso dos dirigentes norte-americanos, especialmente em momentos críticos em que há a percepção de ameaça aos suprimentos de combustível. Eisenhower, em citação já reproduzida aqui, afirmou em 1957, após a crise do Canal de Suez, que os Estados Unidos usariam a força "na eventualidade de uma crise que ameace cortar o acesso do mundo ocidental ao petróleo do Oriente

Médio". No ano seguinte, o presidente pediu ao Congresso autorização para enviar tropas ao Oriente Médio. Em sua justificativa, disse que a atitude era necessária para mostrar a "todos, inclusive os soviéticos, que estamos plenamente dispostos a sustentar os direitos ocidentais na região" (Kupchan, 1987, p.21). Está implícito nessa fala que um desses "direitos" – e, certamente, o principal entre eles – era o acesso ao petróleo.

A primeira vez que uma alta autoridade dos Estados Unidos mencionou a possibilidade concreta do emprego da força para garantir o "direito" ao petróleo do Oriente Médio foi a famosa entrevista de Kissinger à revista *Business Week*, publicada em 13 de janeiro de 1975, durante o governo Ford. Kissinger permanecia no cargo de secretário de Estado, que já exercera na administração Nixon, e a entrevista foi concedida em meio às dificuldades enfrentadas pelo governo norte-americano em articular uma frente comum dos principais países consumidores nas negociações de preços com a Opep. Aos jornalistas, Kissinger declarou que, na ausência da solidariedade entre os consumidores, o único meio de baixar os preços seria "criar uma crise política de primeira magnitude" (Brown, 1994, p.298). Instado a explicar o que ele queria dizer com isso, falou em lançar uma "ofensiva política maciça" contra países como a Arábia Saudita e o Irã.

Na sequência do diálogo, Kissinger avaliou os prós e os contras de uma ação militar direta. Confirmou que a alternativa do uso da força para reduzir os preços do petróleo foi cogitada, mas afirmou que a considerava "um caminho perigoso demais". Em seguida, porém, fez questão de dizer que essa opção não estava completamente descartada. "Não estou dizendo que não existe nenhuma circunstância em que nós poderíamos usar a força", afirmou, num raciocínio oblíquo em que a negativa aparece três vezes na mesma frase. "Mas uma coisa é usá-la numa disputa por preço e outra coisa é (*usar a força*) no caso de uma situação de real estrangulamento do mundo industrializado." Mais adiante, na mesma entrevista, Kissinger enfatizou: "Quero deixar claro, entretanto, que o uso da força somente seria considerado na mais grave emergência".

Quando suas declarações foram publicadas, Kissinger se disse "atônito" diante da reação negativa de autoridades árabes e europeias. Em nova entrevista, dessa vez a uma emissora de TV norte-americana, argumentou que "nenhum país pode anunciar que permitirá que o asfixiem sem reagir". Em *The Faces of Power*, o cientista político Seyom Brown (1994, p.298) justifica a atitude de Kissinger ("Ele simplesmente estava dizendo que os Estados Unidos não permitiriam que eles mesmos ou seus aliados fossem asfixiados", comentou) e retoma, com outras palavras, a concepção de que os Estados Unidos se consideram portadores de direitos especiais em relação ao petróleo do Oriente Médio:

> Somente contra ações econômicas que, em seus efeitos e intenções, se mostrassem equivalentes ao uso da força é que os Estados Unidos responderiam mili-

tarmente; mas, ao não descartar totalmente essas contingências, Kissinger estava obviamente tentando advertir os árabes de que haveria um determinado ponto em até mesmo suas políticas de preços, para não falar em um *(novo)* embargo, poderiam provocar seriamente os Estados Unidos. (p.298)

No auge da crise, o próprio Kissinger já tinha insinuado a possibilidade de uma retaliação contra o embargo do petróleo. Numa entrevista coletiva no dia 21 de novembro de 1973, ele declarou: "Está claro que, se as pressões continuarem de um modo não razoável e por prazo indefinido, então os Estados Unidos terão de considerar quais contramedidas terá de adotar" (Frankel, 2004). Sua polêmica entrevista à *Business Week* foi concedida numa conjuntura em que a imprensa e funcionários do governo norte-americano especulavam abertamente sobre a ocupação militar de poços de petróleo no Oriente Médio – o chamado *"oil grab"*. Para reforçar essa possibilidade, os Estados Unidos mantiveram, até o fim do embargo, uma frota de porta-aviões no Oceano Índico, próxima ao Golfo Pérsico.

Em janeiro de 1975, o acadêmico Robert Tucker discutiu a viabilidade da ocupação de poços de petróleo em países árabes em artigo publicado na revista conservadora *Commentary* intitulado "Oil: The Issue of American Intervention" (Petróleo: a questão da intervenção americana). Na opinião de Tucker, a intervenção militar seria necessária para conjurar o risco de um desastre econômico e político comparável à Grande Depressão da década de 1930. Tucker sugeriu que os Estados Unidos ocupassem "uma área que se estende por toda a região costeira da Arábia Saudita, do Kuait até o Catar". Essa faixa litorânea, prosseguiu, "não tem centros populacionais significativos e é desprovida de árvores" – o que evitaria os problemas que os Estados Unidos enfrentaram no Vietnã. O controle dessa área, que abriga grande parte das reservas da Opep, iria "romper a atual estrutura de preços ao quebrar o núcleo do cartel, política e economicamente". No texto de Tucker, o apelo à ação militar ganha uma tonalidade épica: "A costa árabe do Golfo é um novo El Dorado esperando por seus conquistadores", escreveu (1975). Nos trinta anos decorridos da publicação do artigo, Tucker desenvolveu uma bem-sucedida carreira acadêmica. É colaborador de publicações como *Foreign Affairs* e *The National Interest*, além da mesma *Commentary*, e dá aulas de Política Externa Americana na respeitadíssima Universidade Johns Hopkins.

Dois meses depois do texto de Tucker pró-invasão, a prestigiada revista *Harper's* publicou em sua edição de março de 1975 um longo artigo intitulado "Seizing Arab Oil" (Tomando o petróleo árabe). O autor, sob o pseudônimo de Miles Ignotus, defendeu a mesma ideia de uma intervenção militar no Golfo Pérsico, especificamente na Arábia Saudita. Depois de avaliar – e rejeitar – outros meios de enfrentar a alta dos preços, como a "reciclagem" dos petrodólares pelo sistema financeiro, Ignotus concluiu: "A única força viável para se contrapor ao controle do petróleo pela Opep é a própria força – força militar" (1975). A gravidade do artigo reside não apenas no seu conteúdo, mas também na possível identidade do seu autor, apresentado pela *Harper's* como "um professor e consultor de defesa residente em Washington e estreitamente vinculado com formuladores de política norte-americanos de alto escalão". Ao contrário do "Garganta Profunda", o informante da imprensa no caso Watergate que veio a público recentemente depois de mais de trinta anos de segredo, o misterioso colaborador da *Harper's* permanece desconhecido.

Mas suas opiniões tinham ampla circulação no *establishment* de defesa daquela época. Tanto Ignotus quanto Tucker expressavam os pontos de vista que vinham sendo defendidos por intelectuais e estrategistas favoráveis a uma política externa extremamente agressiva. A revista *Commentary*, dirigida por Norman Podhoretz, era o principal porta-voz dessa corrente, que mais tarde se tornaria conhecida como "neoconservadora". Seus integrantes atacavam em linguagem virulenta a acomodação com a União Soviética promovida por Kissinger nos governos de Nixon e de Ford (a *détente*). Alguns deles, como Richard Perle e Paul Wolfowitz, exerceram cargos nos governos republicanos de Ronald Reagan e George Bush (pai), atingindo o auge da sua influência na gestão de George W. Bush.

Seja qual for a identidade secreta de Ignotus (1975), ele tem o mérito de expor, sem disfarces, ideias que exercem ou já exerceram influência entre os formuladores da política externa norte-americana. Seguem-se algumas das passagens mais expressivas do seu artigo:

sobre as justificativas dos árabes para o que ele considera uma política de "extorsão" contra os países consumidores:

"Quando membros da Opep começaram a acumular bilhões de dólares em reservas financeiras, somos informados de que se trata apenas de uma justa compensação pela 'exploração' no passado – como se homens que durante anos receberam imensos *royalties* por um produto que eles não fabricaram nem descobriram pudessem dizer que foram explorados" (p.47).

sobre os argumentos terceiro-mundistas em favor das políticas da Opep:

"O cartel do petróleo está fazendo uma redistribuição maciça da riqueza mundial, mas de uma maneira muito peculiar: os camponeses indianos que compram querosene estão subsidiando os super-ricos (*os milionários do Golfo Pérsico*), enquanto os cidadãos norte-americanos estão comprando carros menores porque os xeques querem aviões maiores" (p.47).

sobre os investimentos árabes no Ocidente:

"Agora mesmo, os kuaitianos puderam comprar facilmente a British Leyland Motors, o maior complexo industrial na Grã-Bretanha. Construída pelo trabalho de dezenas de milhares de operários ingleses ao longo de mais de setenta anos, a BLM já pode ser adquirida por uma única família do Kuait por um valor equivalente a apenas seis dias da produção de petróleo" (p.47).

CUSTOS E BENEFÍCIOS DO "PETRÓLEO PELA FORÇA"

Por mais delirantes que fossem as justificativas para uma invasão do Golfo Pérsico, o fato é que essa possibilidade chegou a ser cogitada seriamente pelos formuladores da política externa dos Estados Unidos na década de 1970. O *Washington Post* revelou, em 1º de janeiro de 2004, o memorando de um funcionário britânico mantido em segredo pelo governo da Grã-Bretanha durante trinta anos. O documento, intitulado *Oriente Médio – o possível uso da força pelos Estados Unidos*, se refere à advertência feita no fim de 1973 pelo secretário de Defesa James Schlesinger ao embaixador britânico em Washington, Lord Cromer, de que os Estados Unidos não iriam tolerar ameaças de países "subdesenvolvidos e subpovoados" e de que "já não era óbvio para ele (*Schlesinger*) que os Estados Unidos não iriam usar a força" (1973, p.7).

O memorando, com data de 13 de dezembro de 1973, foi enviado ao primeiro-ministro Edward Heath pelo serviço secreto britânico. A mensagem afirma que, se a situação no Oriente Médio se deteriorasse devido a uma ruptura do cessar-fogo entre árabes e israelenses ou à intensificação do embargo do petróleo, a opção militar seria inevitável: "Nós acreditamos que a preferência dos norte-americanos será por uma operação rápida conduzida por eles mesmos", escreve o informante. Concretamente, o memorando informa que os Estados Unidos despachariam paraquedistas para tomar campos de petróleo na Arábia Saudita, no Kuait e em Abu Dhabi.[4]

O documento (1973) – incluído entre as centenas de papéis confidenciais liberados anualmente pelo Arquivo Nacional da Grã-Bretanha ao completarem trinta anos – chega a entrar em detalhes sobre os tipos de unidades militares que seriam mobilizadas pelos Estados Unidos para a conquista dos campos de petróleo: "O controle da área teria de ser assegurado por um período de cerca de dez anos".

Kissinger confirma no segundo volume do seu livro de memórias, *Years of Upheaval*, que as referências à possível intervenção no Golfo Pérsico "não eram ameaças vazias". Ele revela: "Encomendei vários estudos dos departamentos-chave sobre as retaliações contra países árabes integrantes da Opep se o embargo continuasse" (1982, p.477). O já citado historiador Michael Palmer informa em *The Guardians of the Gulf* que estrategistas norte-americanos estavam avaliando, naquele período, opções para romper o embargo do petróleo. Entre elas, Palmer menciona o desvio de navios-petroleiros, ataques aéreos e até mesmo um desembarque de tropas em praias da Península Arábica. "Infelizmente", comenta, "nenhuma dessas propostas parecia prática ou eficaz" (1992, p.100).

---

[4] Parte dos Emirados Árabes Unidos.

Fica claro, em retrospectiva, que os Estados Unidos usariam a força apenas num caso extremo. O próprio Kissinger afirmou, em 1975, que uma política agressiva contra a Arábia Saudita ou Irã a fim de forçá-los a reduzir os preços poderia ter efeitos prejudiciais aos interesses dos Estados Unidos. "Esse é um custo muito alto, mesmo para uma redução imediata do preço do petróleo", afirmou (Yergin, 1993, p.674). "Se provocássemos a deposição do governo da Arábia Saudita e um Kadafi assumisse o comando, ou se destruíssemos a imagem do Irã de resistência a pressões externas, iríamos abrir caminho para tendências políticas que poderiam prejudicar nossos objetivos econômicos." Segundo Yergin, "o objetivo principal de Washington era garantir a estabilidade" (ibidem, p.674).

Mesmo que tenham sido arquivados, os estudos sobre o uso da força para garantir os suprimentos de petróleo do Oriente Médio ajudam a lançar luz sobre o pensamento do *establishment* norte-americano quanto ao assunto. Um dos trabalhos que se tornaram públicos, intitulado *Oil Fields as Military Objectives – A Feasibility Study* (Campos de petróleo como objetivos militares – um estudo de viabilidade), foi elaborado pelo Serviço de Pesquisas do Congresso (Congressional Research Service) a pedido da Comissão de Relações Internacionais do Congresso. O relatório, de 21 de agosto de 1975, concluiu que, para ser bem-sucedida, uma intervenção para ocupar importantes reservas de petróleo no Golfo Pérsico teria de atender a dois pré-requisitos militares essenciais: 1) a tomada das instalações deve ocorrer sem que elas sofram estragos graves; 2) a União Soviética deve se abster de intervir. A menos que essas duas condições sejam atendidas simultaneamente, avalia o relatório, a operação é desaconselhável. "Combinará altos custos com altos riscos" e o resultado é que serão "precárias" as perspectivas de êxito, com a previsão de duras consequências políticas, econômicas, sociais, psicológicas e militares.

Em certa altura, o texto lança uma pergunta: "Quais circunstâncias poderiam justificar o uso da força das armas pelos Estados Unidos para aliviar pressões tais como as que a Opep poderia impor?". Os autores do estudo discutem os fatores que influenciariam o processo de decisão em três terrenos: 1) as leis internacionais; 2) as responsabilidades constitucionais; e 3) a opinião pública doméstica e internacional. As normas das Nações Unidas, conforme observam os autores do relatório, são muito estritas quanto à ilegalidade de uma ação armada. A Carta dos Direitos e Deveres Econômicos, documento da ONU (ano) citado no texto, estabelece do modo inequívoco, em seu Artigo 2, o direito de todo país à sua "soberania total e permanente, o que inclui a posse, uso e acesso à sua riqueza, recursos naturais e atividades econômicas". O Artigo 32, por outro lado, afirma que "nenhum Estado poderá usar medidas econômicas, políticas ou de qualquer outro tipo para coagir outro Estado com o propósito de obter dele a renúncia ao exercício dos seus direitos soberanos". Ainda assim, o artigo é insuficiente para legitimar a cogitada intervenção. A Carta das Nações Unidas – o documento supremo da organização internacional – é muito clara no sentido de que "nenhuma consideração de qualquer natureza pode servir como justificativa para uma agressão", o que, na definição da ONU, resume-se ao "emprego da força armada em primeiro lugar". A conclusão, implícita no relatório, é que só é possível praticar esse tipo de ação armada violando as normas da ONU.

No entanto, o estudo assinala que, em circunstâncias extremas, um país sempre poderá "invocar o princípio da autopreservação para suplantar o dispositivo legal da ONU e romper um embargo pela força". Segue-se uma discussão sobre se essa alternativa estaria ao alcance dos Estados Unidos. Os autores concluem que o argumento da "autopreservação" poderia ser utilizado por aliados dos Estados Unidos que se encontrem em situação de vulnerabilidade a um embargo, mas ressaltam que essa alternativa "não estaria disponível aos EUA, que podem sobreviver às sanções da Opep".

De acordo com o estudo, os precedentes históricos norte-americanos dificultam o uso legal da força para obter petróleo. O relatório menciona a guerra de 1812 contra a Grã-Bretanha, notando que, nesse caso, não se tratava de um embargo contra os Estados Unidos e sim de um bloqueio naval, o que é muito diferente. A possibilidade de o país ser vítima de um embargo nunca tinha sido cogitada antes, devido à abundância dos seus recursos naturais. Precedentes negativos são mais fáceis de achar, ressalta o texto, apontando como exemplo o ataque japonês a Pearl Harbor. Obviamente, os Estados Unidos rejeitaram o argumento utilizado pelos japoneses para justificar a agressão – o de que o Japão estava com sua sobrevivência ameaçada pelo embargo econômico (e, sobretudo, petroleiro) aplicado pelos Estados Unidos.

O que chama atenção é que, na discussão dos aspectos legais envolvidos na questão, o principal argumento para desencorajar uma intervenção norte-americana no Golfo Pérsico se sustenta num fator circunstancial – o baixo grau de dependência dos Estados Unidos em relação ao petróleo importado. Não há no documento uma posição de princípio relacionada com o respeito à soberania dos países estrangeiros e/ou com a recusa a uma política de agressão. Num contexto diverso, de alta vulnerabilidade dos Estados Unidos, qual seria a recomendação? A relevância da pergunta fica evidente quando se compara a relativa autonomia energética dos Estados Unidos em meados da década de 1970 com sua situação atual, de crescente dependência. Um governo norte-americano que permaneça fiel à lógica subjacente ao relatório de 1975 do Serviço de Pesquisas do Congresso poderá, em determinadas circunstâncias, invocar a mesma justificativa que trinta anos atrás já estaria ao alcance de países aliados dos Estados Unidos: a "autopreservação" como elemento legitimador da agressão armada.

7
Doutrina Carter: o Golfo, região "vital"

No início de 1980, Carter anunciou que os Estados Unidos consideravam o Golfo Pérsico uma região do seu "interesse vital" e que estariam dispostos a defendê-la por "todos os meios necessários, inclusive a força militar". A Doutrina Carter representa uma mudança qualitativa em relação à política em vigor desde 1945. Nas três décadas do pós-guerra, os Estados Unidos procuraram garantir o acesso ao petróleo sem empregar diretamente o poderio militar, apoiando-se em uma ambígua parceria com a Grã-Bretanha e, depois, na aliança com o Irã e a Arábia Saudita. Esse esquema desmoronou com a revolução islâmica que, em fevereiro de 1979, instalou no Irã um regime teocrático muçulmano e declarou os Estados Unidos como seu inimigo número 1. A reviravolta aconteceu ao fim de uma década marcada pelo "choque" do petróleo e que culminou, em dezembro de 1979, com a intervenção soviética no Afeganistão.

A SECURITIZAÇÃO DO PETRÓLEO

A Doutrina Carter – que o historiador Douglas Little definiu como "uma Doutrina Monroe para o Oriente Médio" (2002, p.154) – foi anunciada por Jimmy Carter em 23 de janeiro de 1980, no discurso anual "The State of the Union" (O Estado da União), em que os presidentes norte-americanos apresentam ao Congresso suas diretrizes para o ano que se inicia. Essa tomada de posição foi um esforço da Casa Branca para retomar a iniciativa política no Oriente Médio e marcar uma atitude de firmeza do Estados Unidos diante um duplo desafio: 1) assegurar o controle das reservas de petróleo do Golfo Pérsico, e 2) reagir à intervenção da União Soviética no Afeganistão, interpretada, ao menos publicamente, como uma ameaça.

O discurso do presidente vinculou o petróleo e a segurança do Golfo Pérsico em dois parágrafos-chave. Num deles, Carter (1980, p.1) afirmou:

> A região que agora é ameaçada pelas tropas soviéticas no Afeganistão é de grande importância estratégica. Ela contém mais de dois terços do petróleo exportável no mundo. O esforço soviético de dominar o Afeganistão trouxe as forças militares soviéticas a uma distância de 300 milhas do Oceano Índico, perto do Estreito de Hormuz, por onde passa a maior parte do petróleo do mundo.

Em seguida, Carter anunciou a tomada de posição que, apresentada inicialmente como uma resposta dos Estados Unidos à aventura soviética no Afeganistão, logo ganhou o estatuto de doutrina de política externa, orientando a posição estratégica norte-americana em relação ao Golfo Pérsico até a atualidade:

> Vamos deixar absolutamente clara a nossa posição: qualquer tentativa de uma força externa de obter o controle da região do Golfo Pérsico será considerada um ataque aos interesses vitais dos Estados Unidos da América, e esse ataque será repelido por todos os meios necessários, inclusive a força militar. (p.1)

A Doutrina Carter assinalou uma mudança na política de segurança em relação ao Golfo Pérsico, que passou a ser encarado como uma região prioritária, destinada a ficar sob o controle e a proteção direta dos Estados Unidos. As intenções dessa nova diretriz eram as seguintes: restaurar plenamente a influência política norte-americana no Golfo; garantir a cooperação dos governos da região com os Estados Unidos; conter a propagação da Revolução Iraniana e aproximar os países árabes de Israel.

Em *The New American Militarism*, Andrew Bacevich atribuiu à Doutrina Carter a importância de um marco histórico na política externa norte-americana.

> Desde o tempo de Carter até o momento presente, a doutrina que leva o seu nome permaneceu sacrossanta. Como consequência, cada um dos sucessores de Carter na Casa Branca expandiu o nível de envolvimento militar dos EUA e suas operações na região do Golfo Pérsico. (2005, p.181).

A REVOLUÇÃO ISLÂMICA NO IRÃ

Em grande medida, a revolução islâmica no Irã foi um efeito – indesejável e imprevisto – da política norte-americana em relação àquele país. Ao eliminar o governo de Mossadegh, em 1953, o golpe de Estado articulado pela CIA destruiu também a possibilidade de que o Irã viesse a trilhar uma trajetória de modernização assentada sobre um nacionalismo laico, uma política externa não alinhada e um regime democrático. A monarquia absolutista do xá marginalizou a classe média – base social das políticas de

Mossadegh – ao mesmo tempo que hostilizou a oligarquia rural, alvo de uma reforma agrária ineficaz (a chamada "Revolução Branca"), cujo principal resultado foi um enorme êxodo de camponeses e o surgimento de um cinturão de miséria na periferia de Teerã. Na década de 1960, a principal força da oposição era o clero xiita tradicionalista, em que se destacava o aiatolá Khomeini. Os sacerdotes xiitas (mulás) resistiam às reformas modernizantes do xá, o qual já reprovavam por seguir a religião bahai, em lugar do islamismo praticado pela quase totalidade da população. Em 1963, a repressão a uma onda de manifestações promovida pelos mulás causou mais de mil mortes. O estopim dos protestos tinha sido a decisão governamental de conceder aos militares norte-americanos a "extraterritorialidade" jurídica, um estatuto tipicamente colonial que os tornava imunes às leis do país. Khomeini foi preso e despachado para o exílio na França. Desde então, o antiamericanismo se tornou um componente essencial em sua pregação.

Isolado, o xá passou a governar, cada vez mais, com base na alta hierarquia militar e na repressão exercida pela Savak, a polícia política célebre pela brutalidade. Os laços estreitos da Savak com a CIA reforçaram a imagem dos Estados Unidos como um agente de opressão. Nas décadas de 1960 e 70, a defesa dos interesses norte-americanos no Golfo Pérsico se tornou cada vez mais vinculada ao Irã, enquanto as compras de armas pelo regime do xá aumentavam tanto em quantidade quanto em sofisticação. Entre 1970 e 1978, o Irã gastou US$ 20 bilhões em armamentos *made in USA*, o equivalente a 25% das exportações norte-americanas de material bélico no período. Essas compras ajudaram a aliviar o déficit no comércio exterior dos Estados Unidos após o "choque" de 1973. Ao mesmo tempo, se mostraram providenciais para manter em plena atividade a indústria de armamentos – o "complexo industrial-militar" – durante o período de magros orçamentos que se seguiu à derrota no Vietnã.

No Irã, o negócio milionário das armas trouxe como efeitos colaterais a corrupção, praticada sobretudo por oficiais superiores das Forças Armadas e por parentes do xá, e a presença maciça de assessores militares norte-americanos, necessários para instruir os militares iranianos no manejo dos equipamentos de alta tecnologia recém-adquiridos. Esses norte-americanos, cujo número ultrapassou trinta mil em 1977, tinham um estilo de vida incompatível com os costumes locais, alimentando a retórica da oposição, que culpava a influência estrangeira pelos problemas do país.

Os Estados Unidos demoraram a se dar conta da fragilidade do regime do xá. Kissinger, o cérebro da política externa nas gestões de Nixon e de Ford, defendia entusiasticamente o reforço do poderio militar iraniano. Ele argumentava que essa era a melhor opção para evitar "um vácuo perigoso" no Golfo Pérsico, o que deixaria os regimes conservadores vulneráveis às pressões políticas do Iraque, um aliado da União Soviética (1982, p.522). Carter manteve o apoio irrestrito ao xá Reza Pahlevi, numa atitude que contrastava com sua pregação em defesa dos direitos humanos. O presidente recebeu o xá na Casa Branca em novembro de 1977 e, em retribuição, passou os festejos do Ano Novo em Teerã, ocasião em que elogiou o Irã como "uma ilha de estabilidade numa das regiões mais conturbadas do mundo" (Yergin, 1993, p.706). No ano seguinte, quando eclodiram os protestos no Irã, o governo norte-americano se manteve solidário com o xá, ignorando o aviso do seu embaixador em Teerã, William Sullivan, que aconselhou o Departamento de Estado a "pensar o impensável", isto é, a elaborar alternativas para a eventualidade da queda da monarquia (ibidem, p.714).

Em vez de dar ouvidos às advertências, os responsáveis pela política dos Estados Unidos no Irã preferiram confiar em avaliações otimistas, como a enviada em 28 de setembro de 1978 pelo Defense Intelligence Agency, o serviço secreto do Pentágono: "Espera-se que o xá permaneça ativamente no poder nos próximos dez anos" (ibidem, p.710). Quando a situação se agravou, a Casa Branca rejeitou as sugestões do Departamento de Estado de abrir um canal de diálogo com Khomeini. Ao contrário: no auge da crise, o poderoso conselheiro de Segurança Nacional, Zbigniew Brzezinski, chegou a sugerir a Carter que recomendasse ao xá o uso de suas Forças Armadas para esmagar a rebelião. "A política mundial não é um jardim de infância", argumentou (Kolko, 1988, p.272). Já o secretário de Estado, Cyrus Vance, temia que uma ordem de abrir fogo contra os mulás e seus seguidores provocasse um motim entre os militares iranianos, mergulhando o país numa situação de caos que poderia culminar com a ascensão do Partido Comunista ao poder. Esse risco foi conjurado com a iniciativa do xá de deixar o país, em fevereiro de 1979, entregando o poder a um governo centrista que logo seria atropelado pela irresistível maré islâmica. O "impensável" tinha acontecido.

Um senso de urgência – e, em alguns momentos, de quase pânico – se espalhou entre os congressistas ligados à formulação da política externa e os altos funcionários da Casa Branca, do Departamento de Estado e do Pentágono. Tal como em 1949, quando a notícia da tomada do poder pelos comunistas na China foi recebida em Washington como um pesadelo tornado realidade, os círculos dirigentes se engalfinhavam na busca de um "culpado" pelo desastre no Irã. Para agravar a situação, o mercado mundial de petróleo sofria um segundo "choque", com uma alta dos preços em 150% devido à interrupção quase total das exportações iranianas. E as relações entre as duas superpotências se deterioravam rapidamente, com o colapso da *détente* e o acirramento da Guerra Fria a partir da intervenção soviética no Afeganistão, em 27 de dezembro de 1979.

A GEOPOLÍTICA DE BRZEZINSKI

A dupla crise no Irã e no Afeganistão foi interpretada em Washington à luz de um pensamento político influenciado pela geopolítica, uma linha de interpretação dos conflitos mundiais que predominou entre as elites políticas da Europa e dos Estados Unidos nas primeiras décadas do século XX. O fundador da geopolítica foi o almirante e geógrafo britânico Halford Mackinder (1861-1947), um pensador totalmente voltado para o crescimento e consolidação dos domínios imperiais da Inglaterra. A partir da ideia de que os conflitos internacionais podem ser explicados por fatores geográficos – o controle do território, dos recursos naturais e de posições estratégicas como portos, canais, sistemas fluviais –, Mackinder definiu como o epicentro da luta pelo poder mundial a região central da Eurásia, chamada por ele de *Heartland* e que coincidia aproximadamente com o território da Rússia imperial e, mais tarde, da União Soviética. A potência ou coligação de potências que controlar essa imensa massa territorial, dizia Mackinder, dominará a Eurásia e, em consequência, terá em suas mãos o planeta inteiro.

Na visão geopolítica, os atores principais se dividem entre as potências "continentais" – encravadas na Eurásia, como a Rússia e a Alemanha – e as potências "marítimas", com destaque para os Estados Unidos, a Grã-Bretanha e o Japão. Em resumo, os conflitos globais modernos se resumiriam a um duelo cujos principais contendores são uma potência "continental" em busca do domínio completo da Eurásia e uma potência "marítima" disposta a impedir essa proeza. Muitos analistas acreditam que foi essa preocupação geopolítica – o medo do domínio da Eurásia pela Alemanha – o principal fator que levou os Estados Unidos a participarem das duas guerras mundiais.

As ideias de Mackinder foram parcialmente contestadas por outro importante teórico geopolítico, o norte-americano Nicholas Spykman (1893-1943), professor de Ciência Política nas universidades da Califórnia e de Yale. Spykman previu que as disputas do futuro, após a Segunda Guerra Mundial, seriam diferentes das anteriores. A Eurásia deixaria de ser o foco principal (o "pivô"), que se deslocaria para as regiões adjacentes, a *Rimland*, em geopolitiquês. Nas palavras solenes de Spykman, "quem dominar a *Rimland* dominará a Eurásia e quem dominar a Eurásia terá em suas mãos o destino do mundo" (Chauprade, 2003, p.51). Esse é o pensamento que serviu de matriz para a doutrina norte-americana da "contenção", base da conduta estratégica dos Estados Unidos após 1945. Fiéis ao modelo de Spykman, os estrategistas norte-americanos do imediato pós-guerra encaravam o cenário mundial como uma disputa geopolítica em que a principal potência "marítima" (os Estados Unidos) lutava para impedir que uma potência continental emergente (a União Soviética) viesse a controlar as regiões de *Rimland* mais importantes – a Europa Ocidental, a costa asiática do Pacífico e o Oriente Médio.

Curiosamente, a geopolítica e suas ideias-chave desapareceram do discurso público após a Segunda Guerra Mundial. No *The Penguin Dictionary of International Relations*, Evans e Newnham apontam três motivos para esse declínio (1997, p.197-9). O primeiro é a incômoda associação da geopolítica com a ideologia nazista, em especial o conceito de *lebensraun* (território vital), desenvolvido pelo geopolítico alemão Karl Haushofer (1869-1946) para justificar as políticas agressivas de Hitler. Um segundo motivo é o determinismo geográfico que, segundo alguns críticos, colocaria em dúvida o caráter científico dessa escola de pensamento. Finalmente, Evans e Newnham atribuem o descrédito da geopolítica nos meios acadêmicos à influência predominante, nas últimas décadas, das correntes neoliberais, que enfatizam a interdependência entre os países e dão mais importância aos fatores econômicos do que aos territoriais (ibidem).

Klare (2003a) acredita que os formuladores de política externa dos Estados Unidos da segunda metade do século XX sempre tiveram em mente os conceitos da geopolítica, mas, por motivos ideológicos, evitaram expressá-los explicitamente:

> A geopolítica desapareceu durante a Guerra Fria em favor de um modelo de competição ideológica. Ou seja, a ideologia geopolítica parecia incoerente com as justificativas elevadas (em que as palavras "democracia" e "liberdade" apareciam com destaque) dadas às intervenções no Terceiro Mundo. Mas, se você estudar a história da Guerra Fria, verá que os conflitos abertos que ocorreram foram conscientemente moldados por uma orientação geopolítica. (p.12)

Qualquer que seja a opinião que se tenha sobre a obsolescência ou atualidade dessa corrente, o fato é que o mais influente formulador da política externa norte-americana durante o governo Carter era também um renomado teórico da geopolítica: o impronunciável Brzezinski. Nos 25 anos desde a sua saída do governo, o ex-assessor de Segurança Nacional escreveu diversos livros em que discute o panorama mundial e as opções estratégicas dos Estados Unidos segundo os conceitos de Mackinder e, principalmente, de Spykman, procurando atualizá-los. O Oriente Médio e a Ásia Central ocupam lugar de destaque nessas análises. Na visão de Brzezinski, a disputa dos Estados Unidos com os soviéticos tinha como palco as três frentes estratégicas da *Rimland*: a Europa Ocidental (com destaque para a dividida Alemanha), o Leste da Ásia (Coreia, Vietnã) e o Sudoeste da Ásia (Golfo Pérsico, Afeganistão).[1] A particularidade do Sudoeste da Ásia é que

---

[1] Para mais informações sobre a geopolítica e sobre o pensamento estratégico de Brzezinski, ver Mello (1998).

só emergiu como um "pivô" importante na década de 1970, depois que as outras duas frentes estavam relativamente estabilizadas. Nesse conflito, estaria em jogo o maior tesouro do planeta, conforme escreveu Brzezinski em *The Great Chessboard* (1997, p.30):

> Para os EUA, o grande tesouro geopolítico é a Eurásia. Durante um milênio e meio, os assuntos mundiais foram dominados por potências eurasianas. ... O predomínio global dos EUA depende diretamente de por quanto tempo e com qual grau de eficácia os norte-americanos serão capazes de manter sua preponderância no continente eurasiano. ... A Eurásia é o maior continente do mundo e o seu eixo geopolítico. Uma potência que dominar a Eurásia controlará duas das três regiões economicamente produtivas mais avançadas ... e garantirá a subordinação automática da África, tornando o Hemisfério Ocidental e a Oceania geopoliticamente periféricos em relação ao continente central. Cerca de 75% da humanidade vive na Eurásia e a maior parte da riqueza física do mundo também se situa lá, uma parte dela em empresas e a outra parte embaixo do solo. A Eurásia responde por 60% do PIB mundial e por 75% dos recursos de energia no mundo.

Esse é o raciocínio – e o projeto estratégico – embutido na Doutrina Carter.

DO IDEALISMO À POLÍTICA DA FORÇA

A disposição de Carter de defender os interesses norte-americanos no Golfo Pérsico "até mesmo pela força militar" contrasta com sua notória aversão ao uso das armas para resolver problemas políticos. Como assinala Bacevich, Carter foi "o menos militarista dos presidentes norte-americanos". Em seu discurso de posse, em janeiro de 1977, não fez nenhuma alusão aos militares e, durante o mandato, jamais se preocupou, como é de praxe entre os ocupantes da Casa Branca, em prestar reverências às Forças Armadas e às supostas qualidades dos seus integrantes (Bacevich, 2005, p.105). O novo presidente chegou ao poder com a promessa de resgatar os "valores básicos" da nação norte-americana, maculados pela carnificina inútil no Vietnã e pela desagregação moral no Caso Watergate. Em contraposição ao ostensivo cinismo da *realpolitik* de Kissinger, Carter apresentava como prioridades de sua política externa a proteção dos direitos humanos e a eliminação das armas nucleares. Defendia a ética na política com a eloquência de um pregador evangélico, o que, aliás, é uma das suas múltiplas atividades:

> Estou acostumado com o argumento de que é necessário escolher entre o idealismo e o realismo, entre a moralidade e o exercício do poder, mas rejeito esse ponto de vista. Para mim, a demonstração do idealismo americano é uma abordagem prática e realista dos assuntos externos, e os princípios morais são a melhor fundação para o exercício do poder e da influência dos Estados Unidos. (Brown, 1994, p.309)

É surpreendente que um estadista capaz de emitir essas palavras com uma convicção aparentemente sincera tenha tido sua política externa influenciada de forma crescente e, no final do mandato, totalmente determinada pela implacável geopolítica de Brzezinski. O peso das opiniões do conselheiro de Segurança Nacional chegou a tal ponto que coube a ele, Brzezinski, redigir o parágrafo fundador da Doutrina Carter, introduzido na fala presidencial sem nem ao menos ter sido discutido com o próprio presidente. Esse episódio foi revelado em 2003 pelo principal redator dos discursos de Carter, o jornalista Hendrik Hertzberg, atual editor da revista *The New Yorker*. Em entrevista ao site independente *Newsdesk.org*, Hertzberg relatou que, em janeiro de 1980, ao preparar o pronunciamento presidencial *O Estado da União*, recebeu uma ordem sem precedentes (Huang, 2003). Uma frase teria de ser inserida no discurso, e não poderia ser alterada. A ordem, segundo ele, veio de Brzezinski. "Escreva o que você quiser para introduzir essa frase – foi dito a Hertzberg, segundo seu relato – mas não mexa nessas palavras." O trecho intocável era justamente o que mencionava a disposição dos Estados Unidos de usar a força no Golfo Pérsico. "Essa foi a única parte que veio praticamente num envelope fechado", recorda Hertzberg.

Nos dois primeiros anos de governo, Carter oscilou entre as orientações contraditórias dos seus principais formuladores de política externa: a posição conciliadora do secretário de Estado Cyrus Vance, sempre propenso a amenizar os conflitos e a explorar até o limite as possibilidades de diálogo, e a "linha dura" de Brzezinski, interessado em retomar o confronto com a União Soviética – que ele encarava como uma disputa geopolítica, mais do que ideológica – e em fortalecer a capacidade militar dos Estados Unidos. Essas divergências abarcavam um vasto leque de questões, tais como a *détente*, o diálogo Norte–Sul, as relações com a China (vista pela "linha dura" como um potencial aliado contra a União Soviética) e a política de direitos humanos (que na origem tinha como alvo as ditaduras pró-americanas no "Terceiro Mundo" e depois se reduziu a uma peça de retórica antissoviética).

O historiador Thomas McCormick em *America's Half-Century* apresenta uma análise sobre as duas correntes de política externa que se digladiavam nos bastidores do governo Carter. A linha centrista, de Vance, partia da suposição de que a *détente* tinha encerrado a Guerra Fria e que a hegemonia norte-americana estava em processo de extinção. No seu lugar, surgiria um mundo multipolar no qual o poderio dos Estados Unidos teria de ser exercido de forma seletiva e, de preferência, indireta. "Os centristas viam os principais problemas do mundo como essencialmente econômicos, complexos demais para comportar soluções militares", escreveu o autor (1995, p.191). Sua análise atribui a essa corrente, com raízes em setores empresariais, uma disposição de tolerar rebeliões nos países periféricos como uma etapa necessária da modernização. Essas revoluções, se deixadas por sua própria conta, "sem ser empurradas para os braços dos soviéticos", no futuro iriam se voltar para o Ocidente em busca de mercados, dinheiro e equipamentos.

Já as tendências conservadoras ou de direita, segundo McCormick, consideravam que a Guerra Fria estava em plena vigência e que a hegemonia norte-americana não estava morta. Para elas, a ordem mundial ainda precisava de um xerife. Os problemas econômicos e sociais, apesar da sua complexidade, não poderiam ser resolvidos efetivamente a menos que precedidos de soluções militares que impusessem a estabilidade política. Os direitistas argumentavam que os Estados Unidos tinham o poder e a responsabilidade de desempenhar esse papel, cujo exercício era apenas uma questão de vontade. Em decorrência, estavam comprometidos com a remilitarização da política externa, em busca da restauração de uma liderança global norte-americana num nível comparável ao do início dos anos 1950.

Os triunfos iniciais da diplomacia de Carter – a renovação do Tratado do Canal do Panamá e os acordos de Camp David entre Israel e o Egito – foram frutos do trabalho de Vance, com sua posição moderada e seu incansável ânimo negociador. Mas, nas questões relacionadas com o Golfo Pérsico, a influência predominante foi a de Brzezinski. Logo no início do governo Carter, ele ressuscitou a ideia, dos tempos de Eisenhower, de que aquela região constituía um ponto débil no esquema global de defesa das posições dos Estados Unidos. No fim da década de 1950, chegaram a ser esboçados planos para a formação de um destacamento militar norte-americano capaz de intervir em qualquer ponto do Oriente Médio em questão de dias – a *Rapid Deployment Force – RDF* (Força de Intervenção Rápida). O projeto, que permaneceu numa gaveta durante a Guerra do Vietnã, foi retomado em 1977 a partir de um relatório confidencial sobre as necessidades militares do país, elaborado pelo cientista político Samuel Huntington por encomenda do gabinete de Brzezinski (Brown, 1994, p.381). Sua previsão era de que, nos anos seguintes, a região do Golfo

---

[2] Esse contexto explica um episódio curioso na relação entre o *establishment* acadêmico norte-americano e a política brasileira. Em 1973, Samuel Huntington – dedicado, na época, ao problema da instabilidade política nos países periféricos – encaminhou ao regime militar brasileiro um documento em que propunha um processo de "descompressão" para a ditadura. A sugestão era de "uma ditadura sem ditador", segundo o relato de Elio Gaspari (2003). Huntington, que esteve no Rio de Janeiro como emissário informal de Kissinger, entregou o texto ao general Golbery do Couto e Silva. Ainda segundo Gaspari, o trabalho sobre a descompressão não agradou a Golbery, que chamou-o de "pedestre". Quanto ao pensamento de Huntington sobre a questão da estabilidade, a principal obra é *A ordem política nas sociedades em mudança* (1975).

Pérsico se tornaria o cenário mais provável para o confronto americano-soviético (Crabb, 1982, p.336).

O relatório de Huntington ajudou Brzezinski a obter a assinatura de Carter num documento oficial, o *Presidential Review Memorandum 10*, que identificou "o Golfo Pérsico como uma região vulnerável e vital, à qual deve ser dedicada uma maior atenção militar" (Palmer, 1992, p.101). A esse memorando se seguiu a *Presidential Directive 18 (PD-18)*, assinada por Carter em 24 de agosto de 1977, ordenando o estabelecimento do que viria se tornar a RDF: "uma força versátil de divisões leves com mobilidade estratégica para contingências globais, particularmente na região do Golfo Pérsico e na Coreia" (ibidem, p.101).

Em resposta à *PD-18*, o Estado-Maior Conjunto das Forças Armadas fez um exame minucioso da situação militar dos Estados Unidos no Oriente Médio. O resultado foi um documento intitulado *Revisão da Estratégia Norte-Americana para o Oriente Médio e o Golfo Pérsico*, encaminhado no dia 7 de setembro de 1978 para o secretário de Defesa, Harold Brown. O texto enfatizava três interesses importantes dos Estados Unidos na região: 1) garantir o acesso contínuo às reservas de petróleo; 2) impedir que uma potência ou combinação de potências inimigas viesse a estabelecer hegemonia; e 3) assegurar a sobrevivência de Israel como um país independente num relacionamento estável com seus vizinhos árabes (ibidem, p.103).

A tomada do poder por comunistas afegãos em abril de 1978 levou Brzezinski a alertar, numa metáfora geopolítica bem a seu gosto, que "um arco de crise" se estendia do Chifre da África[3] ao Afeganistão, demandando, segundo ele, uma pronta resposta dos Estados Unidos. Ainda assim, as providências práticas para a formação da RDF caminhavam com lentidão. Kupchan aponta dois focos de resistência ao novo dispositivo militar, além da inércia burocrática. Um deles era o Departamento de Estado, refratário a qualquer iniciativa que azedasse as relações entre as superpotências, criando um ambiente desfavorável à assinatura do acordo Salt II de limitação de armas nucleares de longo alcance. Também a cúpula do Pentágono relutava em levar adiante a criação da RDF, por motivos diferentes. Em primeiro lugar, os chefes militares temiam que o projeto diluísse a prioridade estratégica do chamado "teatro europeu". Em segundo, ainda estavam bem vivas as lembranças do desastre no Vietnã, o que os levava a uma atitude reticente quanto ao envio de tropas para novos conflitos periféricos. Palmer (1992, p.87-91) comenta que os defensores mais entusi-

---

[3] Uma referência ao conflito entre a Etiópia e a Somália no deserto de Ogaden. O regime etíope, de linha pró-soviética, recorreu a tropas cubanas e a assessores militares da União Soviética para repelir as tropas da Somália, um país aliado dos Estados Unidos que havia invadido a Etiópia.

asmados de uma força militar voltada para o Golfo Pérsico eram dois funcionários civis: o próprio Brzezinski, no Conselho de Segurança Nacional, e Robert Komer, um graduado assessor do Pentágono.[4]

A guinada militarista ocorrida em meados do mandato de Carter envolveu componente da política externa dos Estados Unidos que já havia se manifestado no debate sobre a eventual ocupação militar dos campos de petróleo árabes – uma polêmica que, na visão do historiador Gabriel Kolko, tem estado sempre presente entre os governantes norte-americanos: o direito autoatribuído à intervenção militar. Nas palavras de Kolko, "a suposição fundamental de que os Estados Unidos retêm o direito e a obrigação de intervir no Terceiro Mundo do modo que julgarem necessário permanece um artigo de fé entre as pessoas que dirigem ambos os partidos políticos" (1988, p.296).

Com a crise dos reféns, em novembro de 1979, e a invasão do Afeganistão pelos soviéticos, sete semanas depois, Carter abandonou o comportamento oscilante da primeira metade do seu mandato e optou de modo inequívoco por uma conduta agressiva na Ásia Central, tal como propunham os direitistas dentro e fora de sua administração. Conforme revelou mais tarde o *New York Times*, o presidente chegou a cogitar seriamente uma ação de tropas especiais norte-americanas para capturar instalações petrolíferas no Irã caso os revolucionários iranianos concretizassem a ameaça de levar os reféns em Teerã a julgamento como espiões (Crabb, 1982, p.364). A obsessão com os soviéticos impedia uma avaliação serena dos fatos. Por desinformação ou ação calculada, Carter e Brzezinski desconsideravam o ódio visceral de Khomeini ao comunismo e manifestavam alarme com o suposto risco de que os aiatolás iranianos permitissem uma "penetração soviética no Irã", o que ameaçaria as fontes ocidentais de petróleo. Enquanto isso, no mundo real, os seguidores de Khomeini desmantelavam o Partido Comunista Iraniano, seus aliados na luta contra o xá, prendendo e torturando seus dirigentes, sem que Moscou esboçasse o menor protesto. As autoridades soviéticas aplaudiram a reviravolta no Irã como uma derrota estratégica dos Estados Unidos, mas reconheceram, desde o início, a impossibilidade de influenciar os acontecimentos. Uma intervenção militar no seu convulsionado vizinho – como se chegou a especular em Washington – é a última coisa que passaria pela cabeça dos burocratas do Kremlin.

O impasse na embaixada em Teerã ressaltou os limites da capacidade militar dos Estados Unidos no Oriente Médio e deu farta munição aos

---

[4] Komer tinha sido assessor de segurança nacional da Casa Branca no governo Kennedy. É autor de um memorando, de 1961, em que propunha um maior envolvimento militar dos Estados Unidos no Sudeste Asiático como um meio de intensificar a pressão contra a China (Porter, 2005, p.255).

adversários políticos de Carter. A oposição republicana e comentaristas conservadores, na imprensa e na televisão, vociferavam contra a situação humilhante em que a maior potência do planeta se mostrava incapaz de impor sua vontade a um país do Terceiro Mundo. A novela dos reféns, dia e noite na televisão, reforçava a imagem negativa de Carter como um governante fraco, indeciso e incompetente. A crise no Irã também pôs em evidência a incapacidade dos governantes dos Estados Unidos em compreender o significado do emergente fundamentalismo muçulmano. O novo fenômeno introduzia fatores culturais e religiosos antes desprezados, desafiando o maniqueísmo da Guerra Fria, que reduzia tudo a uma luta entre capitalismo e comunismo. Em Washington, nem a facção centrista de Vance nem a corrente direitista de Brzezinski perceberam o alcance dos protestos que levaram multidões a desafiar as forças do xá em Teerã:

> Para Vance, a revolução de 1978 no Irã era simplesmente uma revolução terceiro-mundista convencional que os EUA, se tivessem paciência, poderiam eventualmente cooptar e reintegrar, apoiando discretamente os elementos moderados dentro do processo revolucionário. Para Brzezinski, tratava-se de uma revolução radical que, juntamente com o golpe no Afeganistão, ameaçava a segurança estratégica do Golfo e das suas reservas de petróleo. Por isso, demandava uma resposta firme e severa. (McCormick, 1995, p.209)

Carter enfrentava sérias dificuldades domésticas naquele período. O cenário de inflação alta e recessão econômica se agravou com o "segundo choque do petróleo", iniciado com a redução drástica dos suprimentos do Irã. Devido às greves e à agitação política, as exportações iranianas despencaram ao longo de 1978 de cinco milhões de barris/dia para um milhão de barris/dia. Para agravar a situação, a Arábia Saudita, que desde 1985 vinha exercendo papel moderador dentro da Opep, rejeitou o pedido da AIE de aumentar sua produção para compensar a perda do petróleo iraniano. Ao contrário, os sauditas preferiram lucrar com a alta dos preços, cortando sua produção em quinhentos mil barris/dia no primeiro trimestre de 1979 e mais um milhão de barris/dia no segundo trimestre. Kupchan (1987, p.82) vê uma relação direta entre o fracasso dos Estados Unidos em garantir uma oferta estável de petróleo e a decisão de reforçar a presença militar na região:

> Em 1979, Carter percebeu que sua preocupação com os preços do petróleo o tinha levado a negligenciar a busca de suprimentos adequados: o Ocidente ficou numa posição muito vulnerável. Isso não significa sugerir que o governo Carter tenha considerado ativamente uma resposta militar à crise do petróleo de 1978--79. Ainda assim, em combinação com a queda do xá e com a invasão soviética do Afeganistão, o fracasso em manter estáveis os preços e a oferta do petróleo aumentou a disposição do governo, do Congresso e do público norte-americano a apoiar a ampliação do poderio militar dos EUA no Golfo Pérsico. (ibidem)

A "ARMADILHA AFEGÃ" E O FIASCO NO DESERTO

Num olhar retrospectivo, a atitude dos Estados Unidos na fase inicial do conflito afegão mostra um estranho contraste: no exato momento em que os norte-americanos eram humilhados no Irã por uma das vertentes do radicalismo islâmico que ganharam projeção internacional no final dos anos 1970 (o fundamentalismo xiita), eles flertavam abertamente, no vizinho Afeganistão, com uma tendência correlata, os militantes sunitas em luta contra os comunistas locais e seus aliados soviéticos.

O envolvimento dos Estados Unidos com os guerrilheiros islâmicos afegãos começou antes da invasão soviética e tinha entre seus objetivos justamente o de atrair os soviéticos para um desgastante conflito na Ásia Central. A revelação foi feita por Robert Gates, o diretor da CIA na época, no livro de memórias *From the Shadows*, e depois confirmada por Brzezinski à revista francesa *Le Nouvel Observateur*, em janeiro de 1998. Ambos contaram que, em abril de 1979, o Comitê Especial de Coordenação, um grupo interagências chefiado por Brzezinski, deu ordens à CIA para desenvolver um plano abrangente de guerra secreta no Afeganistão que iria "da assistência financeira indireta aos insurgentes" ao "fornecimento de armas". Três meses depois, no dia 3 de julho, Carter assinou um memorando autorizando a CIA a ajudar os *mujahedin* (rebeldes afegãos) com dinheiro e equipamentos não militares. Na entrevista, Brzezinski revela que escreveu, na ocasião, um bilhete ao presidente no qual explicava que a ajuda iria "induzir uma intervenção militar soviética". Esse foi o início de uma das maiores operações do serviço secreto norte-americano, que só terminou quando os soviéticos, incapazes de derrotar os guerrilheiros *mujahedin*, retiraram-se do Afeganistão, no governo de Gorbachev.

Os Estados Unidos alegam que só começaram a ajudar os rebeldes em 1980, depois da invasão soviética. Brzezinski justificou a mentira afirmando que a operação secreta "teve o efeito de atrair os soviéticos para a armadilha afegã". Quando a entrevista foi concedida, o Talibã estava no poder em Cabul e Osama bin Laden – um dos beneficiários da ajuda dos Estados Unidos no período em que combateu ao lado dos *mujahedin* afegãos – já era procurado por terrorismo. Mesmo assim, Brzezinski afirmou que não se arrependia de nada. "O que é mais importante para a história do mundo?", indagou. "O Talibã ou o colapso do império soviético? Alguns muçulmanos exaltados ou a libertação da Europa Central e o fim da Guerra Fria?"

Vale a pena observar, em primeiro lugar, que não está demonstrada a existência de uma relação significativa entre a guerra no Afeganistão e o fim da União Soviética e do seu sistema de regimes-satélites. Mais importante do que isso: até onde já se sabe, a ação militar de Moscou não tinha um objetivo expansionista nem fazia parte de um suposto plano para tomar as reservas de petróleo do Golfo Pérsico, como o governo norte-americano denunciou. Para o historiador Raymond Garthoff, da Brookings Institution, a decisão soviética foi tomada relutantemente e com objetivos restritos e defensivos, como "está comprovado agora nos arquivos soviéticos" (2001, p.338). Outro historiador norte-americano que teve acesso aos documentos do Kremlin, Douglas Little, endossa essa conclusão: "Embora evidências em contrário ainda possam estar guardadas dentro dos arquivos russos, os materiais liberados até agora sugerem que a intervenção militar em Cabul era provavelmente uma manobra defensiva e não o primeiro passo num plano russo para arrancar os EUA do Golfo Pérsico" (2002, p.150). Em 1980, o eminente kremlinólogo George Kennan[5] atribuiu a iniciativa de Moscou ao medo de que o surgimento de mais um regime islâmico nas suas fronteiras, além do já existente no Irã, encorajasse os muçulmanos das repúblicas soviéticas da Ásia Central a uma rebelião contra a União Soviética (Crabb, 1982, p.351). O secretário de Estado Cyrus Vance compartilhava essa opinião. Ele foi, na época, uma das raras autoridades norte-americanas a aconselhar cautela. "Meu ponto de vista era o de que Moscou agiu daquela forma para proteger interesses políticos que eles consideravam em perigo no Afeganistão", afirmou Vance, em suas memórias. "Eles temiam que o regime afegão viesse a ser substituído por um governo fundamentalista islâmico, o que, por sua vez, espalharia uma 'febre Khomeini' a outras nações ao sul da fronteira russa" (Vance, 1983 apud Little, 2004, p.151).

A Casa Branca acompanhava os fatos numa perspectiva oposta. Poucas horas depois que as tropas soviéticas haviam cruzado a fronteira afegã, Brzezinski já dava o sinal de alarme. "Se os soviéticos tiverem êxito no Afeganistão", disse ele a Carter, "seu antigo sonho de se estender até o Oceano Índico será realizado" – um claro exagero, pois o Afeganistão continuava sem uma saída para o mar e nada indica que a União Soviética estivesse disposta a ir à guerra contra o Paquistão para conquistá-la. Brzezinski insistiu na necessidade de uma ação decisiva para "criar uma nova estrutura de segurança", destinada a "reafirmar o poder e a influência dos EUA na região" e "a demonstrar uma atitude de genuína dureza" (Little, 2004, p.151). Carter, às voltas com o impasse em Teerã e com pesquisas de opinião pública que o apontavam como um líder fraco, abraçou enfaticamente a posição do seu conselheiro de segurança nacional. Entre outras medidas, ordenou o embargo das exportações de cereais para a União Soviética, o boicote às Olimpíadas de Moscou e urgência na criação da RDF, culminando com o famoso discurso sobre o uso da força militar no Golfo Pérsico, em que qualificou a invasão do Afeganistão como "a mais grave

---

[5] Kennan, quando era embaixador dos Estados Unidos em Moscou, em 1947, elaborou uma análise sobre o comportamento "expansionista" da União Soviética – o famoso "Longo Telegrama" – que serviu de base para a doutrina da "contenção", pedra fundamental da política norte-americana na Guerra Fria.

ameaça à paz no mundo desde a Segunda Guerra Mundial". Para Kupchan, "os EUA parecem ter exagerado de propósito a ameaça soviética no Afeganistão" (1987, p.97). Ele comenta o assunto da seguinte forma:

> A ação soviética também permitiu à administração focalizar a atenção do público na necessidade de deter a agressão soviética e divulgar a RDF como uma força montada especificamente para cumprir essa missão. Isso tornou a Doutrina Carter mais fácil de vender ao público americano e mais palatável aos regimes do Golfo. (ibidem)

O conflito em Washington entre a "linha dura" de Brzezinski e o centrismo liberal de Vance se resolveu, de modo inapelável, em favor do primeiro. A última batalha de Vance foi travada em torno da tentativa da Casa Branca de libertar os reféns em Teerã por uma operação militar, denominada "Garra da Águia". De acordo com um plano secreto autorizado duas semanas antes pelo presidente Carter, seis aviões de transporte partiram do Egito rumo ao Irã na madrugada de 24 de abril de 1980 levando a bordo noventa "comandos", ou seja, militares treinados para missões especiais. Em determinado ponto do deserto, 300 quilômetros a sudeste de Teerã, esse contingente tinha um encontro marcado com oito helicópteros que decolaram do porta-aviões *Nimitz*, ancorado no mar da Arábia. De lá, os helicópteros deveriam transportar os "comandos" até Teerã. Eles invadiriam a embaixada, resgatariam os reféns e os levariam até outro ponto no deserto, onde aviões norte-americanos estariam à sua espera para retirá-los do Irã.

O plano, minuciosamente traçado, teve de ser abortado devido a problemas mecânicos em três dos helicópteros que aterrissaram no deserto iraniano, em meio a uma tempestade de areia. O pior ainda estava por vir. Na hora da partida, um dos helicópteros se chocou com um avião de transporte, matando oito soldados norte-americanos. Carter, ao perceber que não era mais possível manter a operação em sigilo, apareceu na TV para comunicar o fracasso na tentativa de resgate.

O fiasco na Operação Garra da Águia foi, ao mesmo tempo, um desastre para a imagem do presidente, com consequências irreparáveis para sua campanha à reeleição, e um símbolo dramático das limitações militares dos Estados Unidos no Golfo Pérsico. Vance, que se opôs a essa aventura desde o início, aproveitou a oportunidade para se demitir. O episódio teve também um aspecto que passou despercebido à imprensa da época. Foi a primeira ação militar efetiva dos Estados Unidos no Golfo Pérsico. Antes, os norte-americanos já haviam interferido nos assuntos da região pela atuação encoberta (a deposição de Mossadegh), da intimidação (as ameaças de Kissinger aos países árabes da Opep) ou da "terceirização" dos seus interesses a regimes aliados, com a falida política dos Dois Pilares. A crise dos reféns iranianos inaugurou uma nova era – o do emprego direto da força militar norte-americana, exatamente como propõe a Doutrina Carter.

A DOUTRINA CARTER PERANTE AS "AMEAÇAS REGIONAIS"

A eclosão da guerra entre o Irã e o Iraque, em setembro de 1980, expôs novo dilema aos Estados Unidos. A Doutrina Carter tinha sido apresentada, em janeiro, com o objetivo declarado de combater uma "força externa" (isto é, a União Soviética), que ameaçasse o acesso ocidental às reservas de petróleo do Golfo Pérsico. E se esse perigo surgisse dentro da própria região? Estariam os Estados Unidos dispostos a usar seu aparato militar igualmente contra uma ameaça "interna" em que o inimigo fosse algum país ou organização política do próprio Golfo?

A verdadeira preocupação norte-americana veio à tona apenas cinco dias depois do discurso de Carter, quando o secretário de Defesa, Harold Brown, indicou, ao anunciar o orçamento militar, que a maior ameaça não era o "expansionismo" soviético e sim a turbulência no "Terceiro Mundo":

> Num mundo de disputas e violência, nós não temos condições de ir desarmados para o exterior. A maneira particular pela qual a nossa economia se expandiu significa que hoje o nosso bem-estar material depende, num grau não pequeno, de importações, exportações e rendas de investimentos em países estrangeiros. (1983, p.52)

Brown identificou, especificamente, a "proteção do fluxo de petróleo do Oriente Médio" como algo que é "claramente uma parte do nosso interesse vital", em cuja defesa "nós vamos levar a cabo qualquer ação que for necessária, inclusive o uso da força militar" (Brown, 1983, p.157 apud Shalom, 1993, p.70-1). Passando da teoria à prática, os Estados Unidos tomaram diversas medidas para estabelecer a RDF:

> negociações para a construção de bases militares em países do Oriente Médio e do nordeste da África;
> renovação do direito de instalação da base naval dos Estados Unidos já existente no Bahrein;
> a conversão, em ritmo veloz, do modesto posto norte-americano de comunicações na ilha de Diego Garcia, uma possessão britânica no Oceano Índico, em uma gigantesca base aérea, com pista de pouso e instalações apropriadas para bombardeiros de longo alcance;[6]
> negociação do direito de tráfego aéreo militar e de acordos para utilização de aeroportos no Marrocos, Egito e outros países (Bacevich, 2005, p.192).

---

[6] Toda a população nativa foi expulsa e, até hoje, os Estados Unidos ainda se negam a lhes conceder o direito de retorno, contrariando decisões dos tribunais ingleses (Chomsky, 2004, p.166).

A RDF foi criada no dia 1º de março de 1980, com seu quartel-general instalado na base aérea de MacDill, em Tampa, na Flórida. O novo dispositivo militar tinha à sua disposição um contingente de *marines*, três divisões do Exército e cerca de quinhentos aviões de combate, num total de cinquenta mil soldados. O analista militar Thomas McNoughter observa que os recursos eram muito limitados, no início (1985, p.14). A RDF não tinha autonomia de ação, pois não podia enviar tropas a longa distância, nem tinha caráter permanente, já que os cinquenta mil soldados a ela designados estavam, na realidade, a serviço dos comandos militares na Europa e na Ásia.

O Pentágono tomou uma série de medidas para reforçar a capacidade de ação da RDF. Uma das iniciativas foi um exercício militar denominado "Cavaleiro Galante", realizado em 1980, com base na simulação de uma guerra para reverter uma invasão do Irã pela União Soviética. A conclusão do Exército foi que o combate aos soviéticos nessa situação exigiria, no mínimo, 325 mil soldados norte-americanos (Cordesman, 1998). Há informações de que o Exército escolheu esse cenário de propósito para fortalecer suas demandas por soldados e recursos para a RDF. Na avaliação dos resultados do "Cavaleiro Galante", o Pentágono observou que, embora um contingente tão grande de tropas pudesse parecer exagerado para lidar com distúrbios no "Terceiro Mundo", era importante observar que na década de 1980 os exércitos dos países periféricos já não eram "bárbaros armados com facas" e que os Estados Unidos não poderiam achar que seria possível "estabilizar uma área apenas mostrando a bandeira" (Shapley, 1982, p.47 apud Shalom, 1993, p.71).

Os sauditas hesitaram em cooperar com a recém-criada RDF. Eles questionavam se, no fundo, o objetivo dos Estados Unidos não seria o de desestabilizar os regimes do Golfo Pérsico e usar a RDF para tomar os campos de petróleo (Kupchan, 1987, p.132). Além disso, as relações entre os Estados Unidos e a Arábia Saudita tinham sofrido um abalo em 1979 com a assinatura dos Acordos de Camp David – um evento que levou os sauditas a se aproximarem dos governos árabes mais "radicais", enquanto o Egito, expulso da Liga Árabe, tornou-se por algum tempo uma espécie de pária na região. A eclosão da violência islâmica na Arábia Saudita, com o sangrento episódio da tomada da Grande Mesquita de Meca por fundamentalistas, intensificou o receio da monarquia local em relação a manter laços muito ostensivos com os Estados Unidos. Assim, a Casa de Saud reagiu à Doutrina Carter com a sua tradicional duplicidade: reprovação em público, aprovação em particular. Os sauditas rejeitaram o pedido norte-americano para o uso da base aérea de Dhahran pelo RDF. Aliás, de todos os países da Pensínsula Arábica sondados para a instalação de novas bases dos Estados Unidos, Oman foi o único que aceitou. As demais bases foram instaladas na África: Egito, Somália e Quênia.

Kupchan (1987, p.92) aponta a contradição entre a afirmação, explícita na versão original da Doutrina Carter, de que os Estados Unidos iriam usar a força somente contra ameaças externas à estabilidade do Golfo Pérsico e as declarações de autoridades norte-americanas, em círculos mais restritos, de que não descartavam o emprego de meios militares contra outros inimigos além da União Soviética. Indagado por congressistas se os Estados Unidos iriam defender a Arábia Saudita contra o Irã, por exemplo, o subsecretário de Defesa, Robert Komer, saiu pela tangente: "Nossa decisão vai depender de muitas variáveis".

Na realidade, avalia Kupchan (ibidem, p.96), o "emergente radicalismo no Irã" gerou um efeito desestabilizador na política da região, o que tornava uma agressão iraniana ou iraquiana "a mais provável ameaça à segurança dos países da Península Arábica e ao fluxo do petróleo" – muito mais provável, assinala ele, do que uma investida soviética. O autor está convencido de que "a preocupação com contingências intrarregionais já estava refletida nos planos iniciais da RDF" e que "as mudanças na postura militar associadas com a Doutrina Carter realçaram a capacidade dos EUA de intervir em conflitos envolvendo atores locais". Vale notar que Kupchan publicou essa avaliação em 1987, três anos antes da invasão do Kuait pelo Iraque, que desencadeou a primeira guerra travada pelos Estados Unidos no Golfo Pérsico.

Historiador de orientação claramente conservadora, Cecil Crabb Jr. (1982, p.314), apresenta conclusões semelhantes sobre a Doutrina Carter:

a) (*Ela*) "reafirma a continuidade básica da política externa dos EUA no pós-guerra em manter um interesse crescente na estabilidade do Oriente Médio".

b) "Chama a atenção para o fato de que os Estados Unidos emergiram como uma potência no Oriente Médio e de que adquiriram interesses diplomáticos e de segurança permanentes na região. Embora essa ideia já estivesse implícita na Doutrina Eisenhower, ela se tornou explícita na Doutrina Carter. Antes de 1980 (com a possível exceção dos laços duradouros dos EUA com o Estado de Israel), o envolvimento dos Estados Unidos nos assuntos do Oriente Médio tinha sido em grande medida episódico e fragmentário."

c) "Talvez a maior novidade da Doutrina Carter seja o fato de reconhecer publicamente a existência de interesses estratégicos, econômicos e militares dos Estados Unidos na região do Golfo Pérsico. Na verdade, a Doutrina Carter admite que desde a Guerra dos Seis Dias, em 1967, os EUA têm se tornado cada vez mais dependentes da remessa ininterrupta de petróleo da região do Golfo Pérsico."

8
A ESCALADA INTERVENCIONISTA DE REAGAN

Movido em grande parte pelo interesse no petróleo, o governo Reagan interveio no Oriente Médio com mais intensidade e frequência do que qualquer dos seus antecessores. Na sua gestão, os Estados Unidos despacharam tropas para a guerra civil do Líbano (onde sofreram severas perdas) e se envolveram diretamente na Guerra Irã–Iraque. Nos primeiros combates diretos entre forças norte-americanas e de um país do Oriente Médio, a Marinha norte-americana, enviada ao Golfo Pérsico para proteger os navios-petroleiros que transportavam as exportações kuaitianas, atacou alvos iranianos no mar e em terra, ajudando a definir o conflito de um modo mais favorável ao Iraque.

A GUINADA À DIREITA NA POLÍTICA NORTE-AMERICANA

Carter teve pouco tempo para pôr em prática a doutrina de política que leva o seu nome. Foi derrotado por Ronald Reagan nas eleições presidenciais de novembro de 1980. A volta dos republicanos à Casa Branca teve consequências significativas para a vida pública nos Estados Unidos, tanto no plano interno quanto na política externa. Reagan foi eleito, em grande medida, porque oferecia soluções simples para problemas complicados. Sua receita para curar a estagflação – causada, em parte, pela alta dos preços do petróleo – era o corte de impostos e a desregulamentação da economia. Sua política exterior propunha reverter o pessimismo ligado à derrota no Vietnã e à crise de energia com uma retórica patriótica repleta de apelos ao militarismo e à retomada do confronto com a União Soviética.

Os adeptos de Reagan expressavam as correntes mais direitistas do Partido Republicano, que nunca aceitaram a *détente* de Kissinger e defendiam o retorno à Guerra Fria como um meio de reafirmar o poderio militar dos Estados Unidos em escala global. Ironicamente, como afirma Seyom Brown, a opção de Carter, na segunda metade do seu mandato, por uma posição agressiva em relação à União Soviética e aos conflitos periféricos legitimou a cruzada belicosa dos *reaganites* (1994, p.384). O candidato republicano se apresentou ao eleitorado como aquele que nunca se deixou iludir pela profissão de fé dos soviéticos na coexistência pacífica, um estadista que sempre entendeu a relevância crucial do poderio militar para a manutenção do "modo de vida americano".

Andrew Bacevich é muito feliz ao apontar, em *The New American Militarism*, o componente cultural da Doutrina Carter. Segundo ele, o que estava em jogo quando Carter declarou o petróleo do Golfo Pérsico como um recurso vital a ser defendido pela força militar não era apenas uma matéria-prima, mas um estilo de vida sustentado sobre a ideia do crescimento ilimitado do bem-estar material:

> O que os americanos queriam para si mesmos e demandavam dos seus governantes era liberdade, definida como mais opções de escolha, mais oportunidades e, acima de tudo, maior abundância, definida em termos materiais. Isso significava que os EUA ... precisavam assegurar o acesso ao petróleo barato, em grandes quantidades. Ao promulgar a Doutrina Carter, o presidente estava efetivamente renunciando à sua visão de uma democracia menos materialista e mais autossuficiente. A reviravolta não alcançou o objetivo de capacitá-lo a preservar seu posto na Casa Branca – Reagan já tinha rotulado Carter como um pessimista cujo temperamento estava em descompasso com o do resto do país – mas colocou em marcha uma grande mudança na política militar dos EUA, cujas implicações se manifestaram ao longo das duas décadas posteriores. (2005, p.182)

O COMANDO CENTRAL, INSTRUMENTO DE "PROJEÇÃO DE FORÇA"

Reagan se mostrou capaz de agir no cenário externo de um modo mais assertivo do que Carter. Ele tinha uma equipe ideologicamente coesa – todos compartilhavam as premissas da direita – e estava menos limitado por preocupações domésticas. O novo presidente atribuiu postos importantes na sua equipe de política externa a militares, com destaque para Alexander Haig no Departamento de Estado e para Robert McFarlane na área de Segurança Nacional da Casa Branca. A chefia do Pentágono foi entregue a um civil, Caspar Weinberger, estreitamente ligado às questões militares. Weinberger era um ardoroso defensor das intervenções no exterior e, ao ser convidado para o governo, presidia uma empresa fornecedora de material bélico para as Forças Armadas.

Nos assuntos do Golfo Pérsico, Reagan deu prosseguimento à política externa do período final do governo anterior, acatando as propostas de aperfeiçoar os meios de "projeção de força" no Golfo Pérsico. A RDF (Força de Intervenção Rápida)[1] foi transformada, em 1983, num dispositivo militar específico – o Comando Central dos Estados Unidos (CentCom), que manteve o seu quartel-general em Tampa, na Flórida. O significado político da mudança era claro. O CentCom foi o primeiro novo comando regional norte-americano a ser criado em 35 anos. As considerações de segurança na área do Golfo Pérsico não mais seriam tratadas como um assunto de importância secundária. É o que dá a entender o *Posture Statement* da Casa Branca para o ano fiscal de 1985, ao apresentar a Europa, o Leste da Ásia e o Sudoeste da Ásia como "os três teatros de interesse mais crítico" para os Estados Unidos. Na avaliação de Kupchan, "o governo Reagan mostrou que a Doutrina Carter não era uma resposta temporária a uma percepção particular do comportamento soviético, mas uma peça permanente da política de segurança global dos EUA" (1987, p.142).

O petróleo do Oriente Médio estava na primeira linha das preocupações do governo republicano. Weinberger, em uma de suas primeiras entrevistas como secretário da Defesa, em 28 de janeiro de 1981, defendeu uma Marinha "capaz de atuar nos três oceanos", o que implicava a expansão contínua das forças navais no Índico. Enfatizou a necessidade de "garantir o fluxo contínuo do petróleo" do Golfo e de "fazer um investimento mais pesado em aperfeiçoar nossas capacidades de projetar força na região". Seu colega Alexander Haig, em entrevista à revista *Time*, afirmou, em resposta a pergunta sobre a Doutrina Carter:

> As sociedades industriais ocidentais estão altamente dependentes dos recursos petrolíferos da região do Oriente Médio e uma ameaça ao acesso àquele petróleo constituiria uma grande ameaça ao nosso interesse nacional vital. Isso terá de ser enfrentado de uma maneira que não exclui o uso da força. (Palmer, 1992, p.113)

O primeiro comandante do CentCom, general Robert Kingston, relacionou em seu discurso de posse as prioridades da nova força: garantir o acesso ocidental ao petróleo, preservar a estabilidade regional, deter uma agressão soviética e, finalmente, conter e reverter a difusão da influência soviética. As ameaças identificadas por ele incluíam a instabilidade local, conflitos intrarregionais e agressão soviética direta (ibidem, p.116) Na ocasião, a Guerra Irã–Iraque estava em seu terceiro ano, tropas israelenses ocupavam Beirute e os Estados Unidos estavam intensificando sua colaboração com os guerrilheiros antissoviéticos no Afeganistão.

---

[1] Rapid Deployment Force.

COMÉRCIO DE ARMAS E INSTABILIDADE REGIONAL

Herdeiro da política traçada por Carter para o Oriente Médio, o governo de Reagan procurou explorar o que considerava possibilidades inexploradas para a consolidação da hegemonia na região. O objetivo era formar um sólido bloco político pró-Estados Unidos, incluindo Israel, Egito e os regimes conservadores da Península Arábica. Mesmo com a vigência da Doutrina Carter e a criação de um dispositivo militar específico (RDF/CentCom), os formuladores de política externa em Washington não desprezavam a importância de contar com aliados locais confiáveis e bem equipados do ponto de vista militar. Esses parceiros ajudariam a prevenir o surgimento de regimes hostis aos interesses do Ocidente, constituiriam uma barreira contra os soviéticos e poderiam intervir em guerras de baixa intensidade, como o conflito no Iêmen entre forças "radicais" (apoiadas pela União Soviética) e "conservadoras" (apoiadas pelos Estados Unidos e pela Arábia Saudita).

As tentativas anteriores de aprofundar as alianças na região remontam aos tempos de Eisenhower, na década de 1950, com mais fracassos do que sucessos. O que levava os norte-americanos à crença de que dessa vez teriam maiores chances era a ideia de que a ascensão de Khomeini, a invasão soviética no Afeganistão e a Guerra Irã–Iraque gerariam nas monarquias petroleiras tal insegurança que as levaria a recorrer aos Estados Unidos em busca de proteção. Na avaliação de Seyom Brown,

> os guerreiros frios de Reagan aparentemente acreditavam que era ao mesmo tempo vital e politicamente viável que os países não comunistas do Oriente Médio subordinassem os conflitos existentes entre eles – muçulmanos x judeus, xiitas x sunitas, árabes x persas, socialistas x monarquistas – ao imperativo de conter a expansão soviética. (1994, p.424)

Essa era a premissa da primeira iniciativa diplomática do novo governo na região – a busca de um "consenso estratégico" em torno da "contenção" da União Soviética. Com essa missão, Haig percorreu em março de 1981 as principais capitais do Oriente Médio. Em todas elas, foi recebido com frieza. Seus interlocutores manifestaram preocupação com o descaso do governo Reagan em relação ao drama dos palestinos nas mãos de Israel, que consideravam um problema mais relevante que o suposto perigo soviético. A rejeição unânime ao "consenso estratégico" levou o Departamento de Estado a descartá-lo rapidamente (Kupchan, 1987, p.139).

Um fato inesperado realçou a percepção dos governantes árabes de que formar uma coligação antissoviética com os Estados Unidos e Israel estaria em absoluta contradição com seus próprios interesses. No dia 7 de junho de 1981, a Força Aérea Israelense, usando aviões norte-americanos

F-15 e F-16, destruiu o reator nuclear de Osirak, que os iraquianos estavam construindo nos arredores de Bagdá. A notícia chocou as autoridades de Washington, que não foram consultadas sobre a ação e nem sequer avisadas com antecedência. Congressistas se mostraram indignados, especialmente, com o fato de Israel ter violado uma lei que proíbe o uso ofensivo de armas norte-americanas transferidas para outros países sem o expresso consentimento do governo dos Estados Unidos.

Nos bastidores, integrantes do governo Reagan manifestaram satisfação com o ato audacioso que o primeiro-ministro israelense, Menachem Begin, justificou com base na suposição de que o reator iraquiano estaria em condições de fabricar bombas nucleares no prazo de cinco anos, quando já seria impossível bombardeá-lo sem o risco de espalhar radiação atômica. Reagan reprovou publicamente o uso unilateral da força, mas amenizou a observação dizendo que "Israel tinha motivos de preocupação à luz da história recente do Iraque" (Brown, 1994, p.426). A embaixadora norte-americana na ONU, Jeanne Kirkpatrick, esmerou-se em manobras diplomáticas até conseguir que o Conselho de Segurança aprovasse uma resolução que condenava Israel sem, no entanto, incluir a adoção de sanções.

A agressão ao Iraque realçou a inquietação da Arábia Saudita com sua insegurança, não em relação ao Irã ou à União Soviética, mas perante a ameaça de Israel. A repercussão negativa do ataque israelense complicou a venda de equipamentos militares dos Estados Unidos para a Arábia Saudita, em rápida expansão desde o início da Guerra Irã-Iraque, em 1980, e misturou mais uma vez duas frentes de atuação no Oriente Médio que os estrategistas de Washington sempre preferiram manter separadas: o conflito árabe-israelense e as disputas de poder no Golfo Pérsico.

Naquele período, os sauditas estavam construindo sua Força Aérea, e os Estados Unidos eram seu fornecedor mais importante. Em abril de 1981, o governo Reagan recomendou ao Congresso que aprovasse a venda à Arábia Saudita de cinco unidades de uma das peças mais modernas do arsenal norte-americano: o avião-radar Awacs.[2] As negociações sobre essas armas, supostamente necessárias para prevenir um ataque aéreo do Irã contra a Arábia Saudita, tinham sido iniciadas no governo Carter. Uma recusa dos Estados Unidos seria interpretada pelos árabes como uma prova de que a política externa de Reagan era ainda mais pró-israelense do que a dos seus predecessores. Mas Israel se opôs a que os sauditas possuíssem o Awacs, pois o equipamento diminuiria a vantagem inicial israelense de controlar o espaço aéreo no caso de uma nova guerra contra países árabes.

Para impedir a transação, o governo israelense recorreu à influente comunidade judaica norte-americana. Seu principal *lobby* político, a Aipac (sigla em inglês para o Comitê Israelense-Americano de Assuntos Públi-

---

[2] Airborne Warning and Control System.

cos), passou a exercer pressão sobre os congressistas com o argumento de que os equipamentos militares avançados que os Estados Unidos pretendiam vender aos sauditas poderiam ser empregados contra Israel. O resultado foi a maior controvérsia já ocorrida no país em relação à venda de armamentos a algum país estrangeiro.

O governo aproveitou o debate para assegurar aos congressistas e às empresas com interesses no Golfo Pérsico que a revolução iraniana não se repetiria no reino saudita. Numa entrevista coletiva, Reagan afirmou: "Não existe a menor possibilidade ... de que nós fiquemos parados vendo a Arábia Saudita cair nas mãos de alguém que venha cortar o petróleo de lá" (Palmer, 1992, p.188). Outras declarações oficiais deixaram claro o compromisso da administração Reagan com a segurança da Arábia Saudita, uma garantia que ultrapassava as promessas anteriores e que ficou conhecida como o "corolário Reagan" da Doutrina Carter.

Depois de meses de debate, o Congresso votou a questão. A Aipac foi vitoriosa na Casa dos Representantes, onde conseguiu formar uma maioria de deputados contrária à entrega dos Awacs aos sauditas. Mas o governo Reagan reverteu a decisão com uma vitória apertada no Senado, de maioria republicana, por 52 votos a 48. E, pela lei norte-americana, a transferência de armas para um "país amigo" pode ser efetuada com o voto favorável de apenas uma das casas do Congresso, desde que o governo também a aprove.

Em novos confrontos no Congresso, nos anos seguintes, a Aipac alcançou melhores resultados, conseguindo impedir que os sauditas recebessem uma remessa adicional de caças-bombardeiros F-15 e que tivessem acesso aos mísseis de curto alcance Lance, também de fabricação norte-americana. À revelia dos Estados Unidos, a monarquia saudita recorreu à República Popular da China em busca das armas que desejava. As negociações secretas, em 1986 e 1987, resultaram na venda de cerca de sessenta mísseis chineses, de diferentes alcances, à Arábia Saudita – uma transação que provocou mal-estar em Washington. Chegou-se a levantar a possibilidade de que esses mísseis pudessem ser carregados com bombas nucleares. Pouco depois, porém, os sauditas assinaram o Tratado de Não Proliferação Nuclear (TNP), desfazendo a tensão entre os dois governos.

O analista de assuntos militares Josh Pollack avalia que, ao negociar com os chineses, "os sauditas alcançaram êxito em demonstrar sua independência em relação à política norte-americana de exportação de armas, do mesmo modo que já tinham feito no que se refere ao petróleo" (2002, p.8). Em um artigo, Pollack cita trecho de um discurso do rei Fahd aos chefes militares sauditas, em 1988, em que ele afirma que seu reino "não está amarrado a ninguém nem participa de qualquer pacto que o obrigue a assumir algum tipo de obrigação"(2002, p.9). Um efeito colateral da venda dos Awacs foi a transferência para a Arábia Saudita de centenas de técnicos e instrutores norte-americanos, encarregados de ensinar os sauditas a operar os novos equipamentos. De um lado, a presença estreitou os vínculos entre a monarquia saudita e o poderio militar e tecnológico dos Estados Unidos. Por outro, tornou-se, como já havia ocorrido no Irã, o catalisador de um sentimento antiamericano em que se sobrepunham motivos nacionalistas e religiosos.

A INTERVENÇÃO NO LÍBANO E O MASSACRE DOS *MARINES*

A invasão do Líbano por tropas israelenses, em 1982, complicou a posição norte-americana no Golfo Pérsico por dois motivos. Em primeiro lugar, pela sua indisfarçável tolerância – e, para muitos, cumplicidade – com a invasão e ocupação parcial de um país árabe por Israel. Em segundo, porque o envolvimento na guerra civil libanesa acabou levando os militares dos Estados Unidos, embora involuntariamente, ao confronto direto com forças árabes muçulmanas.

> A guerra no Líbano não somente desviou a atenção (*dos governantes da Península Arábica*) da segurança do Golfo para o conflito árabe-israelense, como também criou um clima no mundo árabe que ampliou o abismo entre a estratégia militar dos EUA e a aceitabilidade política dessa estratégia na própria região. (Kupchan, 1987, p.140)

Durante os meses que antecederam a invasão israelense, em 6 de junho de 1982, autoridades de Israel comunicaram repetidas vezes ao secretário de Estado Alexander Haig que pretendiam realizar a operação militar. Em todas as ocasiões, receberam uma resposta ambígua, o que foi interpretado como uma permissão para levar o plano adiante. O objetivo declarado da invasão do Líbano era impedir os frequentes bombardeios de povoados no norte de Israel por unidades militares da Organização para a Libertação da Palestina (OLP) instaladas em território libanês. Desde o início, no entanto, tornou-se evidente que a "Operação Paz na Galileia" tinha metas mais ambiciosas: destruir o quartel-general da OLP em Beirute, expulsar as milícias palestinas, neutralizar a influência da Síria e decidir a guerra civil libanesa em favor do governo da minoria cristã, pró-israelense.

Em apenas uma semana de avanço, os israelenses cercaram Beirute e passaram a bombardear as instalações palestinas na cidade, ao mesmo tempo que travavam combates com os sírios no Vale do Bekaa, na região central do país. No dia 4 de agosto, entraram em Beirute, ocupando o setor oriental da cidade. Emissários norte-americanos começaram a negociar uma retirada mútua dos sírios e dos israelenses, assim como uma transferência da OLP para outros países árabes. A proposta correspondia exatamente ao desenlace almejado por Israel, mas enfrentou a resistência dos muçulmanos libaneses, que passaram a enfrentar os israelenses e seus aliados cristãos com atentados terroristas e ações guerrilheiras.

No intuito de viabilizar a proposta da retirada mútua, os Estados Unidos formaram, com a França e a Itália, a Força Multinacional (FMN), que desembarcou em Beirute no dia 25 de agosto. Esse contingente, do qual faziam parte oitocentos *marines*, supervisionou a saída da OLP, inclusive do seu líder, Yasser Arafat, rumo ao exílio na Tunísia. Três semanas depois, a FMN se retirou do Líbano, que mergulhou no caos. O presidente Bashir Gemayel, um cristão, foi assassinado e as tropas israelenses retornaram a Beirute. Em seguida, milicianos cristãos invadiram os campos de refugiados palestinos de Sabra e Shatila e massacraram mais de oitocentas pessoas. A chacina ocorreu no setor de Beirute sob o controle das forças israelenses, que nada fizeram para impedi-la. A guerra civil recomeçou, com fúria redobrada, e se tornou um fato permanente na realidade libanesa até o início da década de 1990.

Em Washington, surgiram divergências sobre o que fazer. Os principais assessores de Segurança Nacional, William Clark e Robert McFarlane, convenceram Reagan a despachar os *marines* de volta, contra a posição de Weinberger e do chefe do Estado-Maior, general John Vessey. Àquela altura, Haig já tinha se demitido – ele defendia um apoio ostensivo à invasão israelense, contra a opinião dos demais – e fora substituído por George Shultz no Departamento de Estado. Weinberger criticava a falta de uma estratégia definida para a FMN e via o risco de um novo Vietnã. Mas Reagan foi persuadido de que uma presença visível dos Estados Unidos poderia ser um fator crucial para a estabilização do Líbano.

Assim, no fim de setembro de 1982, após duas semanas de ausência, os *marines* voltaram a Beirute, dessa vez com seu número ampliado para 1.200, ao lado de militares franceses e italianos (um ano depois, o contingente norte-americano chegou a 1.800). Essas forças de intervenção, supostamente neutras, eram vistas pelas facções muçulmanas como aliadas do governo cristão e, portanto, alvos legítimos para todos os tipos de ataque. Um carro-bomba lançado contra a embaixada dos Estados Unidos em Beirute, em abril de 1984, matou 57 pessoas, entre as quais 17 norte-americanos. As tropas norte-americanas passaram a fazer patrulhas conjuntas com o Exército libanês e a reagir aos frequentes ataques dos muçulmanos. Na prática, tornaram-se participantes da guerra civil.

Dentro dos Estados Unidos, a opinião pública se manifestava em proporções crescentes contra o envolvimento no Líbano. Para forçar a retirada, os congressistas invocaram um dispositivo legal aprovado no fim da Guerra do Vietnã – a *War Powers Resolution*, de 1973, que estabelece um limite de noventa dias para a manutenção de tropas em situação de combate no exterior sem o consentimento explícito do Congresso. A Casa

Branca argumentou que os *marines* não eram uma força de combate e sim parte de uma força internacional de manutenção da paz. Por fim, um acordo entre os líderes dos dois partidos e o governo autorizou a presença dos *marines* no Líbano, mas fixou um prazo de 18 meses para a operação. Reagan aceitou o acordo, mas reafirmou sua rejeição à *War Powers Resolution*, considerada por ele uma lei inconstitucional que violava a independência dos poderes e restringia a autoridade do presidente de mobilizar tropas.

Menos de duas semanas depois, na manhã de 23 de outubro de 1984, um terrorista suicida explodiu um caminhão-bomba no acampamento dos *marines* no aeroporto de Beirute, matando 241 soldados. Foi o número mais alto de baixas norte-americanas num só dia desde a Segunda Guerra Mundial. O atentado foi atribuído à Jihad Islâmica, uma milícia xiita apoiada pelo Irã. Reagan prometeu represálias, mas acabou retirando os *marines*, que voltaram para os seus navios em fevereiro de 1985, seguidos pelos franceses e pelos italianos, enquanto os israelenses retrocederam para o sul do Líbano. A intervenção norte-americana, com seu desfecho desastroso, marcou a primeira vez em que os Estados Unidos se envolveram diretamente num conflito interno num país do Oriente Médio. Seus adversários, milicianos movidos por convicções religiosas ou nacionalistas, nada tinham a ver com o confronto ideológico da Guerra Fria. A ação norte-americana só pode ser entendida num contexto mais amplo, apontado por Bacevich ao comentar o significado das diversas iniciativas militares do governo Reagan no Oriente Médio, que incluem os bombardeios na Líbia e o envolvimento na Guerra Irã–Iraque:

> Nenhum desses episódios pode ser entendido completamente exceto em sua relação com as reservas globais de combustíveis fósseis e a crescente dependência norte-americana do petróleo importado. Ainda que as considerações de energia não impulsionem as ações dos EUA em cada ocasião, estão sempre presentes como pano de fundo, algumas vezes aparecendo com destaque. Mesmo no caso do Líbano, que não produz petróleo, a suposição de que os EUA intervieram em 1982 para manter a paz merece ser examinada com mais atenção. ... A preocupação altruística com o bem-estar de países menores, mesmo o mais inocente deles, não explica o comportamento das grandes potências, ainda que democráticas. Os EUA se importavam com as aflições do Líbano porque a instabilidade nesse país minava a precária estabilidade da região como um todo e isso, por sua vez, poderia ameaçar os suprimentos ocidentais de petróleo. (2005, p.190)

O APOIO AO IRAQUE NA GUERRA DE 1980-1988

No dia 22 de setembro de 1980, as tropas do Iraque invadiram o Irã, por terra e por ar, sem aviso prévio, iniciando a mais longa guerra convencional do século XX. O ataque ocorreu no fim do mandato de Carter, num período de grande tensão entre os Estados Unidos e o Irã devido à crise dos reféns em Teerã. As evidências permitem concluir que o governo norte-americano agiu sigilosamente para encorajar o Iraque – país com o qual os Estados Unidos estavam com as relações diplomáticas rompidas desde 1967 – a invadir o Irã depois da derrubada do xá, em 1979.

Ao eclodir a Guerra Irã–Iraque,[3] os Estados Unidos se declararam neutros e votaram a favor da Resolução 479 do Conselho de Segurança da ONU, que ordenou a suspensão das hostilidades. Apesar disso, tanto o governo de Carter quanto o de Reagan apoiaram o Iraque ao longo de todo o conflito, que durou oito anos. Numa parte desse período, o governo Reagan chegou a ajudar simultaneamente os dois lados, com as transações secretas de armas que vieram à tona no escândalo "Irã–Contras". A participação direta na guerra se deu a partir de 1986, quando os Estados Unidos, mesmo sem adotarem uma posição formal ao lado do Iraque, interferiram no conflito a favor dos iraquianos de várias maneiras, entre as quais a destruição de embarcações e instalações militares do Irã no Golfo Pérsico, com a justificativa de que era necessário proteger o tráfego de navios-petroleiros em águas internacionais.

Os anos que antecederam a guerra foram marcados por uma relativa distensão entre os Estados Unidos e o Iraque, depois de um longo período de hostilidade mútua iniciado com a revolução nacionalista iraquiana de 1958. O regime de Bagdá, já sob a influência decisiva de Saddam Hussein,[4] vinha desde meados da década de 1970 se distanciando da União Soviética para buscar investimentos e apoio tecnológico do Ocidente. Os iraquianos, ao mesmo tempo que mantinham os laços com a União Soviética, seu principal fornecedor de armas, procuravam se situar à margem da Guerra Fria e fortalecer sua posição na disputa pela liderança no mundo árabe (Tripp, 2002, p.215). O conflito com os Estados Unidos era um obstáculo às ambições de Saddam na medida em que dificultava elos mais estreitos com as monarquias petroleiras do Golfo.

Os Estados Unidos estavam igualmente interessados em melhorar as relações com o regime de Bagdá. Com a derrubada do "pilar" iraniano, os estrategistas de Washington começaram a cogitar uma aproximação com o Iraque a fim de arrancar definitivamente esse país da órbita soviética e usá-lo como um instrumento na nova frente de combate contra os aiatolás iranianos. No dia 14 de abril de 1980, cinco meses antes do início da guer-

---

[3] Esse conflito foi chamado, na época, de "Guerra do Golfo", mas aqui adotamos a denominação "Guerra Irã–Iraque", usada pela maioria dos autores para evitar confusão com a guerra travada em 1990-91 entre o Iraque e uma aliança liderada pelos Estados Unidos.

[4] Saddam Hussein, o dirigente "número dois" do regime implantado em 1968 pelo partido Baath, ampliou gradativamente seu poder até se tornar, na segundo metade da década de 1970, o líder efetivo do país. Em julho de 1979, ele desferiu o golpe palaciano que depôs o presidente Ahmad Hassan Bakr, assumindo o seu lugar.

ra, Brzezinski afirmou que não via "nenhuma incompatibilidade fundamental de interesses entre os Estados Unidos e o Iraque" (Everest, 2004, p.96). Em junho do mesmo ano, estudantes iranianos tornaram público um memorando secreto encontrado na embaixada dos Estados Unidos no qual Brzezinski recomendava ao secretário de Estado, Cyrus Vance, a "desestabilização" da República Islâmica do Irã por países vizinhos.

O primeiro presidente iraniano após a queda do xá, Abol Hassan Bani-Sadr, contou em seu livro de memórias que seu governo recebeu um relatório sobre conversações secretas que teriam ocorrido em Paris, no verão de 1980, entre especialistas militares norte-americanos e israelenses, exilados iranianos e representantes do governo do Iraque a fim de preparar um ataque ao Irã. Há também informações de que os Estados Unidos passaram aos governos da Arábia Saudita e do Kuait dados sigilosos sobre a capacidade militar iraniana, na expectativa de que chegassem até Bagdá. Gary Sick, responsável pelos assuntos do Golfo Pérsico no CSN durante os governos de Ford e de Carter, nega que o país tivesse estimulado explicitamente um ataque iraquiano, mas admite que Washington adotou a posição de "deixar Saddam supor que havia um sinal verde, já que não havia um sinal vermelho explícito" (Sick, 1991, p.254, apud Everest, 2004, p.97).

No mínimo, Saddam tinha certeza de que podia contar com o apoio tácito de Washington. Ele calculava que o Irã seria derrotado com facilidade. A luta entre as diversas facções revolucionárias tinha levado o país vizinho à beira da anarquia e suas Forças Armadas estavam, aparentemente, desorganizadas, após o expurgo de um grande número de oficiais favoráveis ao xá. Alguns autores acreditam que os serviços de inteligência norte-americanos tenham fornecido ao Iraque dados propositalmente incorretos naquela época, minimizando a capacidade de defesa iraniana, a fim de encorajar uma ação militar (Kolko, 2004, p.2; Hiro, 2002, p.29).

Saddam contava com uma guerra de curta duração, com o objetivo declarado de conquistar a margem leste do estuário de Shatt-al-Arab. Sua meta não declarada era provocar a queda de Khomeini, que vinha exortando os xiitas iraquianos a se rebelarem contra o regime "infiel" de Bagdá. Numa perspectiva mais ampla, o que estava em jogo aos olhos do líder iraquiano era a hegemonia regional, conforme assinala Charles Tripp em *A History of Iraq*: "Saddam Hussein via uma guerra limitada contra o Irã como um meio de forçar o regime iraniano a reconhecer que o balanço do poder tinha se deslocado em favor do Iraque" (2002, p.232).

Os fatos contrariaram as expectativas de Saddam. Em vez de se desagregarem, as forças iranianas enfrentaram a ofensiva iraquiana, demonstrando uma capacidade militar muito acima do que seus inimigos previam. Na prática, o ataque prestou um serviço inesperado a Khomeini, pois levou a maior parte da população a se unir ao redor do regime islâmico para repelir o inimigo estrangeiro, facilitando a repressão aos opositores internos. Os iraquianos obtiveram ganhos territoriais muito reduzidos e, após algumas semanas de combate, as posições dos dois exércitos se estabilizaram. Ao terminar, em 1988, a Guerra Irã–Iraque tinha provocado a morte de 185 mil iranianos, de acordo com cifras oficiais, e um número estimado entre 160 mil e 240 mil iraquianos mortos.[5] No total, 2,6 milhões de soldados participaram do conflito (Hiro, 2002, p.32).

No início, o governo dos Estados Unidos adotou uma atitude de ostensiva indiferença, sobretudo depois que os reféns foram libertados – no mesmo dia da posse de Reagan, 31 de janeiro de 1981. A Casa Branca só começou a se preocupar quando o Irã reverteu a situação no campo de batalha, retomando todo o território ocupado pelos invasores. Em junho de 1982, as tropas iranianas cruzaram a fronteira e prosseguiram sua ofensiva pelo território iraquiano, chegando, em 1983, a ameaçar a cidade de Basra, a segunda mais importante do país. O governo norte-americano começou, então, a dar sinais crescentes de inquietação perante o risco de uma vitória militar iraniana, o que alteraria completamente a correlação de forças no Golfo Pérsico. Em fevereiro de 1982, o Departamento de Estado retirou o Iraque da lista dos países supostamente envolvidos com o terrorismo, na qual tinha sido incluído devido ao apoio a algumas organizações palestinas. Esse fato habilitou o Iraque a receber créditos comerciais patrocinados pelo governo dos Estados Unidos e a importar tecnologia norte-americana de "duplo uso", ou seja, utilizável tanto para fins civis quanto militares. Entre os materiais que passaram a ser fornecidos por empresas norte-americanas ao Iraque havia precursores químicos e tubos de aço empregados na fabricação de armas químicas. Os serviços secretos dos Estados Unidos começaram também a fornecer ao governo de Saddam Hussein fotos de deslocamentos de tropas iranianas, feitas por satélites-espiões.

Em outubro de 1983, a imprensa internacional revelou que o Iraque fazia uso sistemático de armas químicas, como o gás mostarda e o gás dos nervos, para deter os avanços iranianos em seu território. No dia 1º de novembro de 1983, segundo relato do *Washington Post*, um alto funcionário do Departamento de Estado, Jonathan Howe, informou o secretário de Estado, George Shultz, sobre a existência de relatórios da CIA mostrando que as tropas iraquianas estavam fazendo "uso quase diário de armas químicas" contra os iranianos. Em 1984, o governo Reagan condenou publicamente o uso de armas químicas no conflito, no exato momento em que intensificava sua ajuda ao esforço de guerra do Iraque – inclusive dando assessoria direta aos comandantes iraquianos em batalhas nas quais utilizaram armas químicas (Dobbs, 2002, p.A01).

---

[5] O governo do Iraque nunca divulgou um balanço de suas perdas na guerra com o Irã.

Reportagem publicada em 18 de agosto de 2002 pelo *New York Times* (NYT) revelou que as Forças Armadas dos Estados Unidos mobilizaram mais de sessenta oficiais do Defense Intelligence Agency (DIA) que, numa operação encoberta, forneciam ao Iraque informações detalhadas sobre os deslocamentos de tropas iranianas e ajudavam a elaborar planos táticos para o combate em terra e ataques aéreos. Um desses oficiais norte-americanos, o coronel Walter Lang (já aposentado quando falou à imprensa, em 2002), disse ao *NYT* que "o uso de gás pelos iraquianos no campo de batalha não era um assunto de profunda preocupação estratégica". A preocupação dos auxiliares de Reagan, segundo Lang, era que as forças do Irã não rompessem as linhas iraquianas na Península de Fao (no extremo sul do Iraque) e estendessem a revolução islâmica para o Iraque, a Arábia Saudita e os emirados do Golfo Pérsico. O coronel Lang garantiu que a DIA "nunca aceitaria o uso de armas químicas contra civis, mas o uso contra objetivos militares era visto como inevitável na luta do Iraque pela sua sobrevivência". A mesma reportagem do NYT afirma que, no início de 1988, quando o Iraque retomou a Península de Fao, os Estados Unidos enviaram à região um alto oficial de inteligência, o tenente-coronel Rick Francona, que inspecionou o campo de batalha ao lado de oficiais iraquianos e comprovou o uso de armas químicas em larga escala[6] (Tyler, 2002, p.A1).

Embora perfeitamente informado de que o Iraque fazia "uso quase diário de armas químicas" no campo de batalha, o governo Reagan encarregou um civil da sua confiança de viajar a Bagdá duas vezes, em dezembro de 1983 e em março de 1984, na condição de enviado especial do presidente, para promover a reaproximação entre os dois países e dizer que os Estados Unidos não estavam dispostos a tolerar uma vitória iraniana. Esse emissário era Donald Rumsfeld, que já tinha sido secretário de Defesa na gestão de Ford e voltaria a exercer o cargo mais tarde, na de George W. Bush, quando se destacou como um dos mais fervorosos defensores da invasão do Iraque. Com base no relato de Rumsfeld, feito num período em que o Irã estava em plena ofensiva, a Casa Branca decidiu que a "escalada do conflito" representava uma ameaça "aos interesses vitais dos EUA e de seus aliados", conforme consta num dos trechos já liberados para conhecimento público da *National Security Decision Directive 139*, assinada por Reagan em 5 de abril de 1984. Esse é um dos raros documentos com decisões de

---

[6] O caso mais grave de uso de armas químicas contra civis ocorreu no dia 16 de março de 1988, quando a Força Aérea do Iraque lançou bombas com um gás venenoso sobre a aldeia de Halabja, numa região habitada por curdos, próxima à fronteira com o Irã. A aldeia tinha sido conquistada três dias antes pelas forças iranianas e por curdos iraquianos aliados ao Irã. O ataque matou entre 3.200 e 6.800 pessoas, na maioria civis, e as fotos dos cadáveres de homens, mulheres e crianças, divulgadas pela mídia iraniana, chocaram o mundo. O Departamento de Defesa dos Estados Unidos declarou, na ocasião, que o Irã (*sic*) era parcialmente responsável pelo que ocorreu (Hiro, 2003, p.176).

política externa da administração Reagan que se mantém parcialmente secreto. Segundo um ex-funcionário do governo citado pelo *Washington Post*, a diretiva presidencial afirma também que os Estados Unidos devem fazer "o que for necessário e legal" para impedir o Iraque de perder a guerra com o Irã (Dobbs, 2002, p.A01).

A visita de Rumsfeld a Bagdá abriu as portas para o reatamento das relações diplomáticas, em novembro de 1984, o que, por sua vez, propiciou um aumento significativo da ajuda americana. Entre 1985 e 1990, o Iraque recebeu cerca de US$ 4 bilhões em créditos garantidos pelo governo dos Estados Unidos para a compra de produtos agrícolas. Esses créditos liberaram recursos para o esforço de guerra iraquiano e foram desviados, em algumas ocasiões, para a compra de armas (Everest, 2004, p.105). Depois da Guerra do Golfo de 1991, inspetores de armas da ONU que realizaram investigações no Iraque elaboraram uma longa lista com produtos químicos, computadores e componentes de mísseis provenientes de fornecedores norte-americanos (entre os quais empresas famosas como a Union Carbide e a Honeywell), que estavam sendo usados para fins militares. Mais grave ainda, uma investigação feita em 1994 pelo Senado norte-americano descobriu que grande variedade de agentes biológicos perigosos foi enviada dos Estados Unidos ao Iraque em meados da década de 1980, com permissão do Departamento do Comércio. As remessas incluíam várias cepas de anthrax, uma bactéria mais tarde identificada pelo Pentágono como um componente-chave do programa iraquiano de armas biológicas (Dobbs, 2002, p.A01).

O ESCÂNDALO "IRÃ–CONTRAS"

O engajamento norte-americano ao lado do Iraque não impediu que o governo Reagan se envolvesse secretamente em transações ilegais para o fornecimento de armas ao Irã. No dia 3 de novembro de 1986, o jornal *Al Shira*, de Beirute, revelou, com base em informações fornecidas por uma facção do regime de Teerã, que os Estados Unidos montaram uma operação clandestina para enviar armamentos ao Irã por meio de intermediários israelenses. Nessa operação, que estava em funcionamento desde julho do ano anterior, o regime iraniano recebeu uma grande quantidade de mísseis antiaéreos e antitanques, além de munições e de peças de reposição para aviões F-15. Os lucros foram desviados pelo governo norte-americano para financiar os guerrilheiros direitistas (os contras) na Nicarágua, violando a proibição que tinha sido imposta pelo Congresso (a Emenda Bolland). A transação previa também a libertação de reféns norte-americanos em poder de militantes do Hizbollah, organização xiita libanesa estreitamente vinculada ao regime iraniano.

A operação ilegal, que violava a neutralidade dos Estados Unidos e o compromisso de Washington de não negociar com terroristas, foi planejada e executada por altos funcionários do governo Reagan, entre os quais o conselheiro de segurança nacional Robert McFarlane e o diretor da CIA, William Casey, com a aprovação do presidente Reagan e o conhecimento do vice-presidente George Bush, que sempre negou qualquer participação no esquema. Até hoje não estão completamente esclarecidas as razões que levaram o governo norte-americano a essa ação ilegal.

No plano estratégico, a operação "Irã–Contras" – também conhecida como "Irãgate" – reflete, provavelmente, a intenção do governo de Washington de manter aberto um canal de cooperação com o regime de Khomeini pelo interesse comum em combater a influência soviética e ação dos comunistas iranianos. Fazia parte da política norte-americana para a Guerra Irã-Iraque impedir que dela resultasse um vencedor claro. Ou seja, não interessava a Washington nem a vitória de Bagdá nem a de Teerã. Qualquer um dos dois lados que emergisse triunfante do conflito se tornaria, quase automaticamente, uma potência regional destinada a desafiar os Estados Unidos na disputa pela hegemonia no Golfo Pérsico. Isso ajuda a entender a atitude de fornecer aos dois lados não só armas, como também informações militares, frequentemente falsas, a fim de influir nos combates de modo que impedisse uma vitória decisiva de qualquer um dos beligerantes. Em nome de um cálculo elaborado com base na mais fria *realpolitik*, o governo dos Estados Unidos incentivou a guerra enquanto falava em paz, violou as leis do seu próprio país e contribuiu, indiretamente, para uma das maiores carnificinas do século.

OS ESTADOS UNIDOS EM GUERRA, COMO "GUARDIÃES DO GOLFO"

As notícias sobre o caso "Irã–Contras" – revelado justamente numa fase em que o Irã, em parte graças à ajuda norte-americana, havia rompido as defesas inimigas e ameaçava conquistar todo o sul do Iraque – aumentaram a sensação de insegurança dos regimes conservadores do Golfo Pérsico, que apoiavam os iraquianos como uma barreira contra o fundamentalismo xiita. E a manobra de ajudar os dois lados, enganando a ambos, deixou os norte-americanos com uma imagem de parceiros indignos de confiança.

No início de 1987, a administração Reagan decidiu que, finalmente, era hora de tomar partido a favor dos iraquianos, de um modo inequívoco, se os Estados Unidos quisessem ter alguma chance de influir na resolução do conflito e ocupar um lugar no tabuleiro estratégico do pós-guerra. A "inclinação pelo Iraque", como essa opção ficou conhecida, propiciou a estreia do Comando Central dos Estados Unidos, o CentCom, em um conflito de verdade. A operação militar teve como cenário as águas do Golfo Pérsico, onde as forças iranianas vinham intensificando os ataques contra embarcações envolvidas no comércio com o Iraque. Na verdade, as hostilidades contra navios, principalmente petroleiros, eram prática rotineira dos dois países beligerantes. Esses ataques não chegaram a ameaçar o tráfego no Golfo, pois o número de embarcações atingidas pelas minas e pelos disparos de artilharia era proporcionalmente pequeno e os danos, quase sempre leves.

Mas havia uma assimetria essencial entre o Irã e o Iraque nesse confronto. Enquanto o Irã dependia do tráfego pelo Golfo para suas importações e exportações, o Iraque não tinha acesso direto a essa via marítima, já que o Shatt-al-Arab permanecia em poder dos iranianos. A parcela do comércio iraquiano feita pelo Golfo (a maior parte do petróleo fluía por terra, através de um oleoduto que atravessa a Turquia) era mantida graças à ajuda do Kuait, que apoiou o regime de Bagdá na guerra contra o Irã.

O ponto de partida para a intervenção do governo Reagan no Golfo Pérsico foi um pedido do Kuait, no dia 13 de janeiro de 1987, para que oito dos seus navios obtivessem registro nos Estados Unidos e o direito de navegar com a bandeira norte-americana. O pedido foi aceito logo que as autoridades de Washington souberam que o Kuait havia feito o mesmo pedido à União Soviética. Os navios kuaitianos foram "reembandeirados" e passaram a receber a proteção da Marinha dos Estados Unidos. Para isso, o país aumentou drasticamente sua presença naval na região. Nos marcos da operação Disposição Honesta, os Estados Unidos mantinham na região do Golfo Pérsico, em agosto de 1987, um porta-aviões, seis cruzadores, três encouraçados, sete fragatas, além de outras embarcações menores, numa demonstração de força que o Comitê de Relações Exteriores do Senado classificou como "a maior movimentação naval (*dos EUA*) desde a Guerra do Vietnã" (Shalom, 1993, p.113). No auge das tensões com o Irã, os Estados Unidos chegaram a mobilizar trinta navios de guerra, auxiliados por outros trinta, aproximadamente, de países aliados como a Grã-Bretanha, a França e a Austrália.

Os Estados Unidos justificaram a escalada de sua presença naval pelo interesse de manter desimpedido o fluxo de petróleo para o Ocidente. Antes mesmo do "reembandeiramento" dos navios kuaitianos, o presidente Reagan já havia manifestado sua disposição de intervir na guerra Irã–Iraque caso isso fosse necessário para impedir a repetição da crise de energia da crise de 1973:

> Isso não acontecerá de novo, não enquanto este presidente estiver cumprindo o seu mandato. Estou decidido a não permitir que a nossa economia nacional se torne prisioneira novamente e a impedir um retorno aos dias de filas para comprar gasolina, escassez, deslocamento econômico e humilhação internacional. Assina-

lem bem esse ponto: o uso das vias marítimas do Golfo Pérsico não será determinado pelos iranianos. (Palmer, 1992, p.125)

Em resposta à presença naval dos Estados Unidos na região, o Irã intensificou a instalação de minas marítimas nas rotas dos petroleiros ao longo do Golfo e passou a utilizar suas plataformas de petróleo como base para bombardear navios mercantes. Em abril de 1987, uma fragata norte-americana quase foi a pique ao se chocar com uma dessas minas. O Pentágono reagiu com a mais agressiva das suas ações militares na Guerra Irã-Iraque, a Operação Louva-Deus. Em poucas horas de combate, na manhã de 18 de abril, aviões, helicópteros e navios norte-americanos liquidaram a metade da frota naval iraniana no Golfo – uma fragata foi afundada e outra, seriamente danificada; seis lanchas torpedeiras também foram afundadas e duas plataformas de petróleo, destruídas. Os norte-americanos perderam apenas um helicóptero de reconhecimento, com a morte dos seus dois tripulantes (Palmer, 1992, p.140-4).

A intensidade dos combates despertou preocupação em Washington, principalmente depois que a fragata norte-americana *Stark* foi atingida, no dia 7 de maio de 1987, por míssil disparado supostamente por engano por um avião iraquiano, matando 37 marinheiros. O congressista democrata Sam Nunn, presidente do Comitê do Senado para as Forças Armadas, alertou para a frequência com que o governo Reagan vinha envolvendo o país em "situações muito perigosas" no exterior, expondo os militares norte-americanos a "graves perigos" (Little, 2004, p.250). O almirante William Crowe, que pouco tempo antes tinha sucedido o general John Vessey como chefe do Estado-Maior Conjunto, respondeu em depoimento ao comitê do Senado:

> Nós temos a capacidade de manter aberta a linha de petróleo para o Kuait, de assegurar os nossos amigos árabes quanto ao nosso compromisso e de manter os riscos num nível baixo. ... (Mas) não há garantia absoluta de que uma operação como essa esteja livre de sofrer baixas ou de que o Irã não vá intensificar a guerra marítima, o que nos colocará diante de novas escolhas difíceis. (ibidem, p.250)

Essa escalada não ocorreu. O Irã, duramente golpeado na Operação Louva-Deus, reduziu gradualmente seus ataques a navios, enquanto na frente de batalha a correlação de forças se invertia novamente. Favorecido pelo auxílio dos Estados Unidos e pelo uso sistemático de armas químicas, o Iraque impôs em 1987 e 1988 sucessivas derrotas aos iranianos, que foram expulsos de todas as posições conquistadas. Em 3 de julho de 1988, outro acidente acelerou o fim da guerra: o cruzador norte-americano *Vincennes* disparou por engano dois mísseis contra um avião de passageiros iraniano, que explodiu, matando todas as 290 pessoas a bordo. Pouco depois, o Irã aceitou um cessar-fogo patrocinado pela ONU. O conflito terminou praticamente "empatado", com as fronteiras inalteradas e imensos custos econômicos e humanos para as duas partes. O historiador Charles Tripp (2003, p.239) atribui à intervenção dos Estados Unidos papel decisivo para o resultado da guerra:

> Aparentemente, o engajamento sem prazo definido das forças navais norte-americanas no Golfo, efetivamente do lado do Iraque, foi um fator decisivo para induzir o governo iraniano a aceitar, no verão de 1988, os termos do cessar-fogo da ONU, estabelecidos na Resolução 598 do Conselho de Segurança, de 1987. Aos olhos de Teerã, o Irã agora estava envolvido numa guerra não simplesmente com o Iraque, mas também com as potências ocidentais com as quais o Iraque vinha desenvolvendo um relacionamento cada vez mais estreito durante a guerra.

Na política externa dos Estados Unidos, um ciclo se aproximava do fim. A Guerra Fria estava em sua fase terminal, com a retirada das tropas soviéticas do Afeganistão, o afrouxamento do controle da União Soviética sobre o Leste Europeu e as reformas liberalizantes de Mikhail Gorbachev. Enquanto Moscou renunciava ao antagonismo com Washington, as autoridades dos Estados Unidos comemoravam a intensificação das intervenções militares do país como um importante avanço para superar a "Síndrome do Vietnã", ou seja, a aversão da opinião pública, dos políticos e dos próprios militares norte-americanos a se envolver em conflitos no exterior capazes de provocar um número significativo de baixas. Três meses depois do fim da Guerra Irã–Iraque, o subsecretário da Marinha norte-americana, Seth Cropsy, expressava sua esperança de que o resultado das operações no Golfo Pérsico viesse a dissipar "a relutância nacional a enviar tropas dos EUA a conflitos no Terceiro Mundo quando questões importantes estiverem em jogo" (Shalom, 1993, p.87). Resta identificar quais eram essas realmente essas questões importantes. Para Palmer, a grande proeza do governo Reagan no Golfo Pérsico foi aprofundar o domínio dos Estados Unidos sobre uma região estratégica, transformando em realidade o compromisso anunciado na Doutrina Carter. Em The Guardians of the Gulf, Palmer qualifica a decisão de dar proteção militar aos navios-petroleiros kuaitianos como "um ponto de virada na história do envolvimento norte-americano no Golfo Pérsico", que ele avalia com os seguintes termos:

> A intervenção de facto na Guerra Irã-Iraque demonstrou que os EUA levavam a sério seus interesses – comerciais, estratégicos e geoeconômicos – no Golfo e que, como a administração Carter havia prometido, iriam lutar para defendê-los. ... Desde a II Guerra Mundial havia um claro consenso entre os formuladores de política norte-americanos de que o Oriente Médio, e em especial o Golfo Pérsico, era tão vital para o Ocidente que a sua defesa era uma necessidade estratégica fundamental. Na realidade, os norte-americanos passaram décadas à procura de outros (países) dispostos a defender a região, mas agora a administração Reagan decidiu que os EUA tinham de tomar a dianteira no plano militar e pôr em prática as políticas e as promessas da administração Carter. ... Daí por diante os EUA se tornariam os guardiães do Golfo. (1992, p.149)

9
A Guerra do Golfo de 1990-91

A Guerra do Golfo, consequência da invasão do Kuait pelo Iraque em 1990, elevou a um grau incomparavelmente mais elevado o envolvimento militar, a influência política e os riscos dos Estados Unidos no Oriente Médio. Em 1991, pela primeira vez, tropas norte-americanas travaram uma guerra total contra um país árabe, tornando realidade um cenário que já se esboçava por ocasião do anúncio da Doutrina Carter, onze anos antes, quando os Estados Unidos se comprometeram a usar "todos os meios necessários, até mesmo a força militar" em defesa do seu "interesse vital" no Golfo Pérsico. Essa orientação geral de política externa, mantida e aplicada por Reagan, foi confirmada na gestão de George Bush (pai), iniciada em 1989.

A Guerra do Golfo foi o primeiro conflito militar internacional em que o controle de reservas de petróleo desempenhou papel central. Como em todas as guerras, todo um conjunto de fatores se fez presente – nesse caso, com destaque, a afirmação dos Estados Unidos como potência hegemônica global no contexto do fim da Guerra Fria e da crise terminal da União Soviética. Mas as considerações ligadas à ocupação de um país que possui 10% das reservas conhecidas de petróleo, no coração de uma área que guarda em seu subsolo cerca de dois terços dos estoques mundiais desse recurso estratégico tiveram papel decisivo. E o próprio petróleo é um fator de hegemonia.

A vitória militar norte-americana, fácil e completa, não impediu que o conflito trouxesse consequências inesperadas – em especial, a necessidade de uma presença militar permanente no Golfo Pérsico para enfrentar a ameaça à estabilidade representada pela sobrevivência do regime de Saddam Hussein no Iraque. Essa presença, por sua vez, estimularia o surgimento de uma nova ameaça, uma organização terrorista islâmica ousada e agressiva, a Al Qaeda, que opera em escala internacional e tem como alvo prioritário os Estados Unidos e seus aliados.

Igor Fuser

A MANUTENÇÃO DA DOUTRINA CARTER APÓS A GUERRA FRIA

O presidente George H. W. Bush considerava o Golfo Pérsico "o centro nervoso" das economias ocidentais desenvolvidas e encarava o controle dos seus recursos petrolíferos como uma prioridade estratégica (Brown, 1994, p.345). A *National Security Directive 26*, ou NSD-26 (Diretriz de Segurança Nacional n° 26), emitida pelo presidente Bush em 2 de outubro de 1989 e que tem como tema "A Política dos Estados Unidos para o Golfo Pérsico", contém, logo no preâmbulo, uma reafirmação da Doutrina Carter:

> O acesso ao petróleo do Golfo Pérsico e a segurança de Estados amigos (*que ocupam posições*) chaves nessa área são vitais para a segurança nacional dos EUA. Os Estados Unidos permanecem comprometidos em defender seus interesses vitais na região, se for necessário e apropriado por meio do uso da força, contra a União Soviética ou qualquer outra potência regional com interesses hostis aos nossos.

Os termos iniciais da *NSD-26*, de Bush, são praticamente os mesmos do discurso em que Jimmy Carter anunciou, em 20 de janeiro de 1980, as diretrizes conhecidas como Doutrina Carter. O que chama a atenção no trecho citado acima é o alerta contra o problema de segurança representado por alguma "potência regional com interesses hostis". Esse risco não especificado, ausente no discurso de Carter, aparece nesse texto em pé de igualdade com a tradicional "ameaça" soviética, ponto de destaque na versão original da doutrina. Em 2 de outubro de 1989, quando a *NSD-26* foi emitida, o perigo do "expansionismo" soviético no Golfo, se algum dia existiu de fato, já tinha desaparecido totalmente. Embora a Guerra Fria ainda não tivesse sido oficialmente extinta, na prática deixara de ser um fator de preocupação. A União Soviética já tinha se retirado do Afeganistão e faltavam apenas cinco semanas para a queda do Muro de Berlim. Portanto, a menção ritualística à União Soviética pode ser atribuída mais à inércia do que a um receio real. O envolvimento dos Estados Unidos na Guerra Irã–Iraque já havia deixado claro que a justificativa para a manutenção de um dispositivo militar para o Oriente Médio estaria relacionada muito mais com ameaças locais do que com eventuais inimigos externos.

O verdadeiro desafio aos "interesses vitais" dos Estados Unidos no Golfo Pérsico não veio de uma superpotência com bombas nucleares e sim do Iraque de Saddam Hussein – um país subdesenvolvido em busca da hegemonia regional, que invadiu o Kuait em 2 de agosto de 1990. A resposta norte-americana à agressão iraquiana teve por base a Doutrina Carter, atualizada novamente em outro documento oficial da Casa Branca, a *National*

Security Directive 45 ou *NSD-45* (Diretriz de Segurança Nacional n° 45), de 20 de agosto de 1990. O preâmbulo desse documento praticamente repete o do *NSD-26*, com um detalhe significativo: a menção à União Soviética é suprimida e, em seu lugar, fala-se apenas em usar a força contra "interesses hostis aos nossos". A Doutrina Carter – formulada com a justificativa da "contenção" dos soviéticos e até então utilizada efetivamente apenas contra um inimigo regional, o Irã – mudava de alvo, após gradual transição. O inimigo declarado na *NSD-45* já não era mais um rival externo e, sim, algum ator político do próprio Golfo Pérsico que desafiasse os "interesses vitais" dos Estados Unidos.

A intervenção maciça de tropas norte-americanas para pôr fim à ocupação do Kuait mostrou inédita disposição de Washington de fazer pleno uso da sua força militar na região. Na guerra contra o Iraque, os Estados Unidos mobilizaram setecentos mil soldados (cerca de 70% dos efetivos da coligação internacional formada contra o Iraque), seis porta-aviões, 160 navios de guerra, 2.900 aviões de combate e quatro mil tanques (Hiro, 2003, p.159). A ação militar teve respaldo de sucessivas resoluções do Conselho de Segurança da ONU, com destaque para a de n° 660, que condenou a agressão iraquiana ao Kuait e ordenou a imediata retirada dos invasores, e a de n° 678, que apresentou um ultimato para a saída das tropas iraquianas do Kuait. Mas o conselho da ONU não teve nenhum papel na deflagração no conflito. Todas as decisões importantes – inclusive a polêmica ofensiva terrestre, desencadeada depois que Saddam havia aceitado a exigência da ONU de uma retirada incondicional – foram tomadas de modo unilateral pelos Estados Unidos. A condução das operações militares no Golfo esteve a cargo do general Norman Schwarzkopf, chefe do Comando Central dos Estados Unidos, instalado em Riad, e que tinha como superiores imediatos o general Colin Powell, chefe do Estado-Maior das Forças Armadas dos Estados Unidos, e o secretário de Defesa, Dick Cheney. A responsabilidade pelas decisões militares não era compartilhada com nenhuma força aliada.

Os Estados Unidos travaram a guerra contra o Iraque com dois objetivos, relacionados entre si: 1) a garantia do acesso ao petróleo do Golfo Pérsico; e 2) a afirmação da hegemonia norte-americana no pós-Guerra Fria. Esses dois pontos são apresentados com clareza no discurso de Bush em 30 de novembro de 1990, um dia depois da aprovação do ultimato da ONU a Saddam (Brown, 1994, p.548):

> Nós estamos no Golfo porque o mundo não deve e não pode recompensar a agressão. E nós estamos lá porque os nossos interesses vitais estão em jogo. E nós estamos no Golfo por causa da brutalidade de Saddam Hussein. Estamos lidando com um ditador perigoso totalmente disposto a usar a força, que tem armas de destruição em massa e ... deseja controlar um dos recursos-chave do mundo.

O PETRÓLEO COMO FATOR DE CONFLITO EM 1990-91

A Guerra do Golfo foi o primeiro grande conflito internacional após o fim da Guerra Fria. Em ao menos dois aspectos, o fim da competição entre os Estados Unidos e a União Soviética influenciou a sequência de eventos iniciada com a invasão do Kuait.

Em primeiro lugar, a diluição da influência soviética no Oriente Médio permitiu que regimes previamente aliados à União Soviética pudessem definir suas políticas sem consulta a Moscou e sem necessidade de levar em conta a disputa entre as superpotências. O Iraque, em outras circunstâncias, provavelmente teria sido dissuadido pelos soviéticos antes da aventura no Kuait. Aliás, uma das explicações para a conduta de Saddam é o receio de que a aproximação Estados Unidos-União Soviética deixasse o Iraque à mercê da influência norte-americana no Oriente Médio.

Em segundo lugar, os Estados Unidos puderam empregar todo o seu poderio militar contra um inimigo regional sem o temor de um confronto com os soviéticos. A União Soviética, apesar de se diferenciar dos Estados Unidos ao longo da crise no Kuait pelo esforço intenso – e, ao final, fracassado – em favor de uma solução diplomática, aprovou todas as resoluções contra o Iraque no Conselho de Segurança da ONU.

À parte esses dois pontos, a Guerra do Golfo pouco se relacionou com o contexto internacional do fim da Guerra Fria. Em contraste com o otimismo que reinava na Europa diante da expectativa de uma era de democracia, paz e prosperidade, o Oriente Médio enfrentava dificuldades ligadas ao rápido crescimento demográfico, à estagnação econômica e ao contraste entre as monarquias do Golfo Pérsico – países com população diminuta e altos rendimentos petroleiros – e os demais Estados, às voltas com graves problemas de pobreza e exclusão social. A região permaneceu à margem da maré democrática que varreu o Leste Europeu.

Na realidade, a Guerra do Golfo está ligada a processos políticos e econômicos anteriores ao contexto do pós-Guerra Fria. O analista israelense Barry Rubin (1999, p.21) lembra que o Golfo Pérsico teve pouca relevância na disputa de quatro décadas entre os Estados Unidos e a União Soviética: "O Golfo era uma esfera de influência muito mais norte-americana do que soviética". A União Soviética, segundo Rubin, "nunca penetrou realmente na região, apesar de sua estreita aliança com o Iraque". Além disso,

> a Guerra Fria na região do Golfo terminou mais cedo do que em outras partes do mundo. Nem a Revolução Iraniana nem a Guerra Irã-Iraque, muito menos a invasão do Kuait ou o subsequente ataque liderado pelos EUA contra o Iraque fizeram parte da Guerra Fria. Ao contrário, foi a ausência da competição e do impasse entre as potências na Guerra Fria que tornou possíveis esses eventos. (p.21)

O historiador Michael Palmer situa a guerra de 1991 na longa trajetória do envolvimento norte-americano com o Golfo Pérsico. Trata-se de um processo que, segundo ele, começou na década de 1940, quando os Estados Unidos substituíram a Grã-Bretanha como a potência econômica predominante no Oriente Médio, e atingiu o primeiro plano das preocupações de Washington na década de 1970, a partir do "choque" do petróleo e da percepção da vulnerabilidade ocidental perante os recursos energéticos da região. O fim da Guerra Fria deixou inalterado o papel dos Estados Unidos na garantia dos suprimentos de petróleo do Golfo Pérsico para a Europa Ocidental e o Japão, conforme explica Palmer (1992, p.247):

> A importância geral dos elementos geoeconômicos na política externa norte-americana aumentou. Em primeiro lugar, ... não é interesse dos EUA ver desmoronarem as economias dos seus principais parceiros na Europa e na Ásia. Em segundo lugar, o crescimento das economias dos novos países democráticos no Leste Europeu depende, em parte, da disponibilidade de petróleo barato do Oriente Médio. Em terceiro, é provável que a "dependência" norte-americana do petróleo importado do Golfo Pérsico venha a crescer.

O petróleo certamente não foi o único fator que levou os Estados Unidos à guerra em 1991, mas esteve no centro das deliberações do governo de George Bush desde o início da crise. Logo na manhã de 2 de agosto, o dia da invasão, o presidente reuniu o Conselho de Segurança Nacional (CSN) para decidir o que fazer. A preocupação com o petróleo dominou as primeiras discussões. O Iraque e o Kuait possuíam, somados, 20% das reservas de petróleo do mundo. Se Saddam conseguisse consolidar a anexação do Kuait, avaliaram os integrantes do CSN, em pouco tempo estaria em condições de exercer forte influência sobre os preços e as condições de fornecimento do petróleo do Golfo Pérsico. Nessas circunstâncias, a correlação de forças no Oriente Médio se alteraria radicalmente, em prejuízo dos Estados Unidos e de seus aliados na região, principalmente Israel. Michael Klare (2004a) analisa nessa ótica a reação das autoridades em Washington:

> Nos meses que levaram à invasão, os líderes norte-americanos lutaram para desenvolver uma política coerente para o Iraque. Alguns deles eram a favor de esforços para aplacar Saddam, na esperança de evitar um colapso nas relações entre os dois países, e outros pediam uma abordagem mais dura. Mas, quando os tanques iraquianos rolaram sobre a Cidade do Kuait, a Casa Branca instantaneamente concluiu que o Iraque representava uma ameaça indiscutível aos interesses norte-americanos no Golfo Pérsico. (p.182)

No plano imediato, havia o risco de que as tropas iraquianas utilizassem o Kuait como plataforma para invadir a Arábia Saudita. Os principais poços de petróleo sauditas, concentrados numa região a apenas 40 quilômetros da fronteira com o Kuait, estavam numa posição vulnerável. A primeira reação de Bush, portanto, foi emitir uma ordem para que o Pentágono elaborasse planos de uma ação militar para defender a Arábia Saudita. Quatro dias depois, em 6 de agosto, o presidente, fortalecido por uma resolução da ONU em repúdio à invasão, autorizou o envio de tropas para o Golfo Pérsico. No dia 8, os suprimentos de energia dos Estados Unidos foram o tema do pronunciamento de Bush em que anunciou, pela televisão, sua decisão de recorrer à força militar. "Nosso país importa quase a metade do petróleo que consome e pode enfrentar uma grande ameaça para sua independência econômica", disse o presidente. Portanto, "a soberania da Arábia Saudita é de interesse vital para os Estados Unidos" (Rosenthal, 1990, p.A14).

A preocupação dos dirigentes norte-americanos com a Arábia Saudita persistiu mesmo depois que os iraquianos deixaram claro, pela movimentação de suas tropas no Kuait, que não pretendiam atacar aquele país. A Arábia Saudita, com um exército de apenas 38 mil soldados, em comparação com os 525 mil iraquianos que ocupavam o Kuait, corria o risco de ficar à mercê da superioridade militar do Iraque, o que poderia influenciar o comportamento dos sauditas no mercado mundial de petróleo. O secretário Dick Cheney enfatizou esse ponto em seu encontro, no dia 11 de setembro, com o Comitê do Senado para as Forças Armadas.

> Uma vez que ele (*Saddam*) adquiriu o Kuait e deslocou para lá um exército tão grande, estará em posição de poder ditar o futuro da política de energia em escala mundial, e isso dará a ele uma posição de controle sobre a nossa economia. (Klare, 2004a, p.50)

Os registros deixam claro que a visão inicial das autoridades norte-americanas sobre a invasão do Kuait se deu pelas lentes da Doutrina Carter – a tentativa de uma potência hostil de obter o controle do petróleo do Golfo Pérsico. Só depois é que vieram outras justificativas, como a necessidade de libertar o Kuait e a afirmação do princípio jurídico internacional da não agressão.

OS MOTIVOS DA AGRESSÃO IRAQUIANA AO KUAIT

A invasão do Kuait pelo Iraque está estreitamente associada ao petróleo. Em 1980, quando iniciou a guerra contra o Irã, o Iraque era um dos mais ricos dos chamados "países em desenvolvimento", com U$ 36 bilhões em reservas. Ao final do conflito, o Iraque tinha uma dívida de US$ 80 bilhões, das quais US$ 37 bilhões com as monarquias petroleiras da região, principalmente o Kuait, a Arábia Saudita e os Estados Unidos. Suas perdas durante a guerra eram estimadas em US$ 100 bilhões. O único meio de o Iraque pagar essas dívidas, reconstruir sua infraestrutura e reabsorver centenas de milhares de recrutas na economia civil era a retomada das exportações de petróleo – a única riqueza do país.

A conjuntura no mercado petroleiro internacional não poderia ser mais desfavorável às necessidades iraquianas. Depois dos dois "choques" petroleiros, as medidas adotadas pelos países capitalistas mais industrializados para aliviar a dependência em relação à Opep começaram a dar resultados. Políticas de conservação de energia e a adoção de combustíveis alternativos (sobretudo a energia nuclear e o gás natural) reduziram o consumo de petróleo. Ao mesmo tempo, a extração do petróleo em grandes reservas até então inexploradas, no mar do Norte, no Alasca e na África Ocidental, diminuiu a parcela do mercado mundial abastecida pela Opep.[1] Todos esses fatores, e mais a recessão mundial, que reduziu ainda mais a demanda, provocaram uma queda drástica nos preços do petróleo. No início de 1985, a cotação atingiu seu patamar mais baixo, em torno de US$ 10 por barril, depois de ter sido cotado a US$ 37.

A queda nos preços dos combustíveis ajudou o governo Reagan a alcançar objetivos políticos tanto no plano doméstico quanto no cenário global. Internamente, o petróleo barato facilitou o controle da inflação, num período de expansão acelerada das despesas militares norte-americanas por conta da retomada da Guerra Fria a partir do início da década. Ao mesmo tempo, o encolhimento das cotações privou a União Soviética – um exportador emergente de petróleo e gás – de uma fonte de receita indispensável para suportar a corrida armamentista (imposta pelos Estados Unidos) sem prejuízo do padrão de vida da população soviética. A Guerra Irã–Iraque também foi afetada pelos preços baixos das exportações petrolíferas, que reduziram os recursos financeiros dos dois países beligerantes.

O Irã, ao contrário do Iraque, não tinha com quem obter empréstimos, o que contribuiu para sua posição de desvantagem na fase final do conflito.

No início de 1990, o Iraque se aproximava de recuperar os níveis de produção de petróleo anteriores à guerra com o Irã, mas a receita das exportações era insuficiente para enfrentar a crise econômica e os desafios da reconstrução.

O petróleo estava cotado a U$17 barril, muito aquém dos US$ 25 que o Iraque considerava o valor minimamente satisfatório. Para piorar a situação, o Kuait e os Estados Unidos estavam comprovadamente ultrapassando as cotas de produção fixadas pela Opep, em 40% e 30% respectivamente,

---

[1] Em 1985 a participação dos países exportadores chamados de "não Opep" tinha atingido 69% da produção mundial, em comparação com 50% em 1978 (Randall, 2005, p.298).

o que resultava num rebaixamento ainda maior das cotações (Hiro, 2002, p.34). Em maio de 1990, numa reunião extraordinária da Liga Árabe em Bagdá, Saddam Hussein afirmou que cada dólar a menos no preço do barril de petróleo significava, para o seu país, uma perda anual de US$ 1 bilhão por ano (ibidem, p.33).

O Iraque tentou obter o perdão das suas dívidas com os vizinhos árabes. O argumento iraquiano era o de que esses empréstimos haviam sido contraídos em nome de um interesse comum – a defesa do mundo árabe contra a ameaça de uma potência regional persa, o Irã, que difundia apelos subversivos às populações xiitas da região. A recusa das monarquias árabes em perdoar as dívidas deixou o Iraque numa posição difícil no momento em que precisava de apoio para renegociar os prazos de pagamento com os credores europeus. Enquanto isso, a superprodução de petróleo continuava, derrubando a cotação para US$ 11, em junho.

Os apelos do Iraque aos Estados Unidos foram ignorados. O governo de Bush mantinha uma relação ambígua com Saddam. De um lado, desconfiava dos seus planos de tornar o Iraque a principal potência na região e, em especial, das suas tentativas de obter a tecnologia para a produção da bomba atômica. A virulenta retórica antiisraelense do dirigente iraquiano era outro obstáculo a uma aproximação. Por outro lado, a aliança de conveniência na guerra Irã–Iraque aliviou o antigo contencioso entre os dois países. O Iraque era um grande importador de produtos agrícolas norte-americanos, o que favorecia, sobretudo, alguns Estados com predomínio de eleitores republicanos.

Depois da Guerra do Golfo, os serviços secretos dos Estados Unidos concluíram que o Iraque buscava "dominar" o Golfo Pérsico, mas provavelmente não tentaria novas ações militares devido à tensão remanescente com o Irã. (Woodward, 1991, p.207). Em outubro de 1989, Bush assinou a *NSD-26* (1989), em que afirmava: "Relações normais entre os Estados Unidos e o Iraque poderão servir aos nossos interesses de longo prazo e promover a estabilidade tanto no Golfo quanto no Oriente Médio". No mesmo documento, a Casa Branca orientava as agências do governo a "propor incentivos políticos e econômicos ao Iraque a fim de moderar seu comportamento e ampliar nossa influência no Iraque".

Foi nesse contexto que Saddam começou, em meados de 1990, a elevar o tom de suas reivindicações em relação ao Kuait. Além da dívida e da acusação de trapaça nas cotas da Opep, o governo iraquiano acusava o país vizinho de roubar petróleo no riquíssimo campo fronteiriço de Rumaila (que se estende, parcialmente, pelo subsolo kuaitiano) e de ocupar duas ilhas que o Iraque considerava parte do seu território. As conversações fracassaram. O príncipe herdeiro do Kuait, Shaikh Saad al Sabah, insistiu na cobrança das dívidas e avisou ao enviado de Bagdá: "Não nos ameacem. O Kuait tem amigos muito poderosos" (Hiro, 2002, p.34).

O que aconteceu em seguida foi um duplo erro de cálculo – do Iraque e dos Estados Unidos –, com consequências colossais. Até a data da invasão, Bush e seus assessores se recusaram a levar a sério as ameaças de Saddam. Mesmo quando as imagens obtidas por satélite constataram uma grande concentração de tropas iraquianas próximas à fronteira com o Kuait, as autoridades norte-americanas consideraram que se tratava de um blefe. De sua parte, Saddam dificilmente imaginaria que a invasão do país vizinho viesse suscitar uma resposta militar dos Estados Unidos – e, muito menos, uma guerra em grande escala. Essa foi, provavelmente, sua conclusão após o encontro no dia 25 de julho (uma semana antes da invasão) com a embaixadora norte-americana em Bagdá, April Glaspie. Nessa conversa, gravada pelos iraquianos, Glaspie ouviu o ponto de vista de Saddam e reagiu de um modo que sugeria que os Estados Unidos não interviriam em defesa do Kuait. "Nós não temos uma opinião sobre os conflitos entre os árabes, tais como o seu desacordo de fronteiras com o Kuait", disse ela a Saddam (Hiro, 2002, p.34). Para Klare (2003b, p.16),

> o comportamento dos EUA durante a Guerra Irã-Iraque e imediatamente depois levou Saddam Hussein a acreditar que os EUA aceitariam a ocupação do Kuait pelo Iraque. Isso não significa que os dirigentes norte-americanos **pretendessem** dar a Saddam essa impressão. Se eles tivessem percebido que esse seria, em última instância, o efeito de suas ações, certamente teriam se comportado de modo diferente. (grifo do autor)

UMA GUERRA EM BUSCA DE LEGITIMIDADE

Num primeiro momento, a reação de Washington foi defensiva. Os dirigentes norte-americanos, apanhados de surpresa, defrontaram-se com a tarefa imediata de garantir que a ocupação do Kuait não fosse seguida por uma agressão, bem mais grave, à Arábia Saudita. Com a decisão de conter o avanço iraquiano, a lógica dos acontecimentos levou os Estados Unidos a elevar o valor da aposta no Golfo Pérsico. O historiador Stephen Pelletière, ex-professor no National War College e analista-chefe da CIA para o Iraque de 1980 a 1988 (hoje crítico da política dos Estados Unidos para a região), avalia que, pela própria inércia dos fatos, Bush se inclinava cada vez mais em favor de uma escalada militar que tornaria a guerra inevitável:

> Como não queria admitir perante Saddam que *não iria* lutar porque *não podia* (por não ter tropas suficientes no teatro do conflito), Bush ampliou incessantemente a quantidade de soldados (*no Golfo*) e, na medida em que esse contingente se tornava cada vez maior, ele se viu empurrado contra a parede. Depois de mobilizar tamanho aparato militar, Bush não podia simplesmente retroceder. (2004, p.109)

Os formuladores da política externa norte-americana não demoraram a perceber que estava ao seu alcance dar um passo mais ousado. Poucos dias depois da invasão do Kuait, a opção de um ataque às forças iraquianas já era insinuada nas declarações oficiais de Bush. Nos bastidores, o Pentágono começava a se preparar para ações ofensivas. O objetivo da Casa Branca já não era conter Saddam, neutralizando sua ameaça à Arábia Saudita, mas impor uma derrota inequívoca ao Iraque e remover Saddam Hussein do poder. O jornalista Bob Woodward relata que, no dia seguinte à invasão, Bush deu ordens à CIA para elaborar planos com vistas à derrubada do regime de Saddam por meio de "um esforço em todas as frentes para estrangular a economia iraquiana, apoiar os grupos de resistência anti-Saddam dentro e fora do Iraque e buscar líderes alternativos nos meios militares ou em algum outro setor da sociedade iraquiana" (1991, p.226).

Essa posição explica a intransigência de Washington perante a tentativa iraquiana de abrir negociações. No livro em coautoria, Bush e seu conselheiro Brent Scowcroft reconhecem que os objetivos dos Estados Unidos ultrapassavam a meta declarada de reverter a ocupação do Kuait:

> De um modo geral, os nossos objetivos estratégicos e políticos estavam estabelecidos nas resoluções da ONU: principalmente, expulsar o Iraque do Kuait e restaurar o governo kuaitiano. Mas, além disso, havia objetivos militares estratégicos para as forças da coalizão e as nossas próprias metas de guerra – ou seja, o resultado que os EUA gostariam de alcançar. O mais importante entre eles era obter a máxima redução possível do poderio militar do Iraque, começando com uma campanha aérea. ... Destruir ao máximo a máquina militar iraquiana traria ainda outros benefícios. Um deles era reduzir a ameaça que Saddam representava para os seus vizinhos. A questão chave era danificar sua capacidade ofensiva sem enfraquecer o Iraque ao ponto de criar um vácuo e destruir o equilíbrio entre o Iraque e o Irã, o que desestabilizaria a região durante anos. (Bush & Scowcroft, 1998, p.383, apud Everest, 2004, p.133-4)

Os interesses dos governos dos Estados Unidos e do Iraque, portanto, eram absolutamente antagônicos. No dia 8 de agosto, Saddam incorporou oficialmente o Kuait como uma província do Iraque, na primeira anexação de um país soberano desde Segunda Guerra Mundial. Embora não se saiba com certeza quais eram suas intenções, tudo indica que o objetivo final não era a anexação do país vizinho, e sim a obtenção de concessões territoriais significativas, além da anulação da dívida. O governo de Bagdá se mostrava interessado, especificamente, em estender sua soberania sobre as ilhas de Warba e Bubiyan, o que daria ao Iraque acesso às águas profundas do Golfo Pérsico. Os sucessivos comunicados emitidos pelas autoridades iraquianas em agosto e setembro indicam claramente a ideia de utilizar o Kuait como instrumento numa barganha financeira e territorial que incluiria, ainda, direitos plenos sobre o campo petrolífero de Rumaila (Pelletiére, 2004, p.105).

Quanto a Washington, o que estava em jogo, mais do que tudo, era a sua "credibilidade" e o seu compromisso em proteger os aliados: permitir que Saddam fosse recompensado pela agressão a um dos seus Estados-clientes seria uma humilhação inaceitável para os Estados Unidos, ainda mais no momento em que o país emergia vitorioso da Guerra Fria. Segundo Larry Everest (2004, p.135):

> Os objetivos de Washington demandavam guerra, e não paz. A última coisa que Bush queria era que o Iraque negociasse uma saída do Kuait com seu aparato militar intacto, seu peso político aumentado e seus fracos vizinhos, intimidados. A guerra também enviaria uma mensagem muito mais clara sobre o poder e a disposição dos EUA do que simplesmente pressionar o Iraque a uma retirada.

A primeira fase da intervenção militar dos Estados Unidos foi a Operação Escudo no Deserto, que tinha como elemento principal o envio de duzentos mil soldados à Arábia Saudita. Enquanto isso, a diplomacia norte-americana articulava ampla coligação contra o Iraque. Até o fim de outubro, as forças militares dos Estados Unidos no Golfo Pérsico já eram reforçadas por aviões, tanques e soldados de mais de vinte países, entre eles a Grã-Bretanha, a França, a Itália, a Arábia Saudita, a Síria e o Egito. A Alemanha e o Japão não enviaram contingentes, mas aceitaram arcar com boa parte dos gastos da mobilização militar. Nessa etapa, Bush e sua equipe trabalharam em busca da legitimidade para a ação armada. A tarefa de convencer os governos árabes a integrar a coligação foi relativamente fácil, uma vez que Saddam, com o tempo, criou inimizade com a maior parte dos seus vizinhos.

O Conselho de Segurança da ONU aprovou doze resoluções sobre a crise no Kuait, quase todas relacionadas com a aplicação de sanções econômicas ao Iraque. Bush & Scowcroft explicam as razões do empenho norte-americano em obter respaldo diplomático para a guerra contra Saddam:

> Construir uma resposta internacional (*à agressão iraquiana*) nos levou imediatamente às Nações Unidas, que poderiam proporcionar um manto de aceitabilidade aos nossos esforços e mobilizar a opinião mundial em torno dos princípios que nós almejávamos projetar. (1998, p.491 apud Everest, 2004, p.140)

No fim de outubro, as tropas norte-americanas nas areias da Arábia Saudita já eram mais do que suficientes para dissipar o grande temor dos estrategistas de Washington nas primeiras semanas da mobilização militar – a de que as forças iraquianas, em superioridade numérica, lançassem um ataque preventivo contra os militares dos Estados Unidos antes que eles tivessem condições efetivas de combate (Brown, 1994, p.545). No dia 8 de novembro, Bush anunciou o envio de mais duzentos mil soldados, duplicando o contingente norte-americano na região. Segundo o presidente, o objetivo era dar aos Estados Unidos "uma opção militar ofensiva", ao mesmo tempo que continuariam a buscar uma solução pacífica (Everest, 2004, p.137).

Naquela altura, os preparativos para a guerra já estavam em pleno andamento. Bush enfrentava forte oposição no Congresso, em que uma parcela significativa do Partido Democrata, liderada pelos senadores Sam Nunn e Ted Kennedy, protestava contra a escalada militar e pedia mais tempo para que as sanções econômicas produzissem o efeito desejado de forçar os iraquianos a desocuparem o território invadido. Do lado oposto, Kissinger aconselhava Bush a evitar a "tentação" de um acordo de última hora que premiasse Saddam por sua aventura no Kuait. O conselho era desnecessário. "Basicamente, o presidente já tinha tomado sua decisão", disse Scowcroft ao embaixador saudita. Os esforços diplomáticos, segundo ele, eram "apenas exercícios" (Woodward, 1991, p.345).

No dia 29 de novembro de 1990, o Conselho de Segurança da ONU aprovou, por proposta dos Estados Unidos, a Resolução 678, que estabeleceu um prazo limite de 15 de janeiro de 1991 para a retirada do Kuait e autorizou o emprego "de todos os meios necessários" para pôr em prática a decisão. A resolução foi aprovada por doze votos contra dois (Cuba e Iêmen) e uma abstenção (China). Seyom Brown observa que, de acordo com os juristas do Departamento de Estado, o governo norte-americano não precisaria buscar o endosso da ONU a uma ação militar no Kuait. Segundo o autor, Bush recorreu ao organismo internacional em busca de legitimidade para sua "opção ofensiva". A nova resolução da ONU teria cumprido, assim, dupla função: enfraquecer os adversários domésticos da guerra e evitar que ocorressem defecções na coligação multinacional no momento decisivo do ataque às forças iraquianas (Brown, 1994, p.547).

Mas a arrogância de Saddam (e, sem dúvida, sua total incompreensão da correlação de forças) facilitava a execução da estratégia de Washington. Saddam manteve, durante meses, cidadãos norte-americanos e britânicos como reféns, com a intenção declarada de transformá-los em "escudos humanos". Só desistiu ao perceber, tardiamente, que essa ameaça fornecia uma excelente peça de propaganda para os seus inimigos. Outra atitude desastrosa foi a recusa a manter um encontro, cara a cara, com o secretário de Estado James Baker. A oferta, formulada por Bush um dia depois da aprovação da Resolução 678 da ONU, tinha a intenção de diluir as suspeitas de que o governo norte-americano estivesse conduzindo a crise propositalmente em direção à guerra. Quando, finalmente, Baker se encontrou com o chanceler iraquiano Tarik Aziz, em Genebra, no dia 12 de janeiro, o impasse havia atingido um ponto irreversível. Três dias depois, ao expirar o ultimato, os Estados Unidos transformaram a Operação Escudo no Deserto em Operação Tempestade no Deserto. Foi o início dos bombardeios maciços da coligação liderada pelos Estados Unidos contra alvos no Iraque e no Kuait.

AS CRÍTICAS À CONDUTA NORTE-AMERICANA

Os críticos da conduta dos Estados Unidos durante os 42 dias de guerra assinalam três pontos em que sua atuação prática não teria correspondido aos princípios morais declarados como justificativa para a ação militar:

a) Ataque a alvos civis e a instalações de infraestrutura no Iraque:

Os bombardeios de precisão "cirúrgica", capazes de destruir alvos militares minimizando a quantidade de vítimas inocentes, eram muito mais um mito, intensamente difundido pelos meios de comunicação, do que uma realidade. Na verdade, apenas de 6% a 8% das bombas utilizadas pela coligação antiiraquiana eram "inteligentes", ou seja, guiadas a distância. As demais eram lançadas de altitudes superiores a 5 quilômetros e caíam pela força da gravidade, com pouca precisão (Gellman, 1991, p.A1). No mínimo, um terço dos bombardeios norte-americanos teve como alvo cidades densamente povoadas. De acordo com relatório da ONU, pelo menos nove mil casas foram destruídas e 72 mil iraquianos ficaram desabrigados. Pontes, centrais elétricas e de abastecimento de água e outros alvos não militares também foram destruídos. Os aviões da coligação despejaram 141 mil toneladas de explosivos, o que equivalente a sete vezes a bomba atômica lançada em Hiroshima em 1945 (Hiro, 2003, p.160). Nenhum dos dois governos (o dos Estados Unidos e o do Iraque) divulgou informações oficiais sobre os civis iraquianos mortos durante os bombardeios. A demógrafa norte-americana Beth Osborne Daponte, do Census Bureau (organismo oficial de estatísticas), calcula que 13 mil civis iraquianos morreram em consequência direta e imediata dos ataques aéreos e dos mísseis dos Estados Unidos (Everest, 2004, p.155).

b) Rejeição das tentativas de paz depois do início dos combates:

Depois do início da Operação Tempestade no Deserto, os Estados Unidos rejeitaram todas as tentativas de negociar um cessar-fogo. Woodward, em livro sobre a história recente, afirmou que o receio de Bush e de seus principais auxiliares era de que o Iraque se retirasse do Kuait antes que os Estados Unidos desmantelassem seus tanques e equipamentos pesados por meio de arrasadora ofensiva terrestre (Woodward, 1999, p.185 apud Everest, 2004, p.149). Bush & Scowcroft confirmam essa determinação no livro em coautoria:

> Acreditávamos que uma campanha terrestre seria necessária não importa o quanto o poder aéreo tenha alcançado, pois para nós era essencial destruir a capacidade ofensiva do Iraque. Esse também era um objetivo importante, embora não tenha sido viável dizer isso abertamente enquanto uma solução pacífica para a crise ainda fosse possível. (1998, p.463 apud Everest, 2004, p.149)

O episódio mais revelador em relação às intenções norte-americanas ocorreu quando a diplomacia soviética anunciou, no dia 21 de fevereiro, que o Iraque tinha aceitado se retirar do Kuait no prazo de três semanas em troca de um cessar-fogo e do levantamento das sanções econômicas. No dia 22, os Estados Unidos rejeitaram a oferta de Saddam e, sem suspender os ataques aéreos, emitiram um novo ultimato: os iraquianos teriam até o meio-dia do dia seguinte para iniciar a retirada. Na manhã do dia 23, antes que o prazo curtíssimo expirasse, o dirigente soviético Mikhail Gorbachev disse a Bush que Saddam tinha aceitado a exigência de uma retirada incondicional, pedindo apenas tempo para acertar os detalhes. Bush respondeu que era "tarde demais para isso" (Bush & Scowcroft, 1998, p.478 apud Everest, 2004, p.151). Como justificativa para a rejeição do pedido, o presidente norte-americano mencionou os incêndios de poços de petróleo kuaitianos pelas forças do Iraque. O ataque terrestre começou no dia seguinte, 24 de fevereiro de 1991.

c) Violação das convenções de guerra na ofensiva final:

Um dia depois do início da ofensiva norte-americana, que incluiu profunda incursão em território iraquiano para cortar a fuga do Kuait, o governo do Iraque repetiu que aceitava a Resolução n° 660, anunciou que estava retirando suas tropas do Kuait e pediu um cessar-fogo sob o patrocínio da ONU. Bush insistiu em prosseguir a operação militar. Há sérias denúncias de atrocidades cometidas pelas forças norte-americanas durante o período de apenas cem horas entre o início da ofensiva terrestre e a suspensão dos combates, no dia 27 de fevereiro. O caso mais grave ocorreu na rodovia de seis pistas que liga a Cidade do Kuait à cidade iraquiana de Basra. Na véspera dessa data, um enorme comboio com centenas de tanques, carros blindados, caminhões, ônibus, vans e carros particulares deixou a capital kuaitiana em direção à fronteira com o Iraque. A aviação norte-americana primeiro bloqueou a retirada, bombardeando as duas extremidades do comboio, e a seguir dizimou os iraquianos, submetidos durante as 48 horas seguintes a um ataque incessante que causou milhares de mortes. Nas palavras do jornalista Colin Smith, enviado especial do *Observer*, de Londres, o bombardeio foi "um dos mais terríveis ataques contra um exército em retirada em toda a história das guerras" (Hiro, 2002, p.38). Tropas terrestres norte-americanas completaram o massacre, que transformou a "rodovia da morte", como a estrada se tornou conhecida, num "inferno medieval", segundo a definição do repórter Tony Clifton, da revista *Newsweek* (ibidem, p.38).[2] O historiador Dilip Hiro calcula que entre

---

[2] O massacre dos soldados iraquianos em retirada constitui uma violação da Quarta Convenção de Genebra, de 1949, que proíbe os ataques a soldados que abandonaram o combate, assim como da Convenção de Haia, de 1907, que declara ilegal impedir a fuga de forças inimigas.

25 mil e 30 mil soldados iraquianos foram mortos durante a retirada do Kuait. Sua estimativa para o total de mortes entre os militares do Iraque na Guerra do Golfo fica entre 57.600 e 62.600 (ibidem, p.39).

OS PROBLEMAS INESPERADOS DO PÓS-GUERRA

No desfecho da Guerra do Golfo, os Estados Unidos pareciam ter alcançado o que se poderia chamar de uma vitória perfeita. A maior superpotência do planeta – de fato, a única, com a União Soviética em sua crise terminal – usou sua incomparável capacidade militar para reverter, à frente de uma mobilização internacional feita em nome da ONU, a ocupação de um país pequeno por um vizinho mais forte. Apenas 266 militares norte-americanos morreram ao longo da campanha, quase a metade deles em acidentes, e o desempenho das Forças Armadas dos Estados Unidos demonstrou a superioridade absoluta dos seus equipamentos bélicos de alta tecnologia (Hiro, 2003, p.161). A lei e a força se fundiram num triunfo militar que, à primeira vista, não dava margem a nenhuma ambiguidade. A julgar pelo discurso em que o presidente Bush anunciou a suspensão dos combates, no dia 28 de fevereiro de 1991, os Estados Unidos obtiveram resultado plenamente satisfatório. Bush afirmou: "O Kuait está libertado. O exército do Iraque está derrotado. Nossos objetivos militares foram alcançados". A popularidade do presidente naquele período era de mais de 90%, o que tornava provável a sua reeleição.

Essa visão ufanista não se materializou. Bush acabou derrotado por Bill Clinton, num resultado eleitoral muito mais relacionado com a recessão econômica doméstica do que com a política externa. Mesmo em meio à euforia da vitória militar no Golfo Pérsico, alguns fatos perturbadores já indicavam que nem todas as expectativas da Casa Branca seriam cumpridas. O mais importante desses fatos foi a permanência de Saddam no poder. A decisão mais polêmica de Bush foi suspender o ataque às forças iraquianas no dia 27 de fevereiro, após 42 dias de combates e cem horas de ofensiva terrestre. Desde então, um tema frequentemente discutido é por que motivo o presidente norte-americano não prosseguiu a guerra até a conquista de Bagdá e a derrubada de Saddam. As razões apontadas podem ser resumidas em dois conjuntos de questões:

 a) O mandato concedido pela ONU se limitava à libertação do Kuait e não incluía a invasão ou a ocupação do Iraque. Uma violação desses termos pelos Estados Unidos dividiria as forças da coligação. Dificilmente algum dos treze países de maioria muçulmana que lutaram em defesa do Kuait aceitaria se juntar aos Estados Unidos numa invasão do Iraque. Nem mesmo entre os aliados ocidentais, como a França, haveria apoio para essa nova etapa da guerra. E a simpatia internacional que a intervenção norte-americana suscitou imediatamente desapareceria.

b) Apesar da retórica de Bush sobre a superação da "síndrome do Vietnã", seu governo não queria comprometer os Estados Unidos com as incertezas de uma ocupação prolongada do Iraque, que inevitavelmente custaria muitas baixas, provocando a erosão do apoio doméstico à presença militar no Golfo Pérsico.

A aposta de Washington se concentrava na expectativa da deposição de Saddam por seus próprios generais. Era esse o objetivo dos apelos lançados desde o início da guerra aos iraquianos para que se rebelassem contra seus governantes. Na fria afirmação de Richard Haas, responsável pelos assuntos do Oriente Médio no Conselho de Segurança Nacional durante o governo de Bush pai (e alto funcionário do Departamento de Estado na gestão de Bush filho): "Nossa política é eliminar Saddam, não o seu regime" (Everest, 2004, p.161). Para surpresa na Casa Branca, em vez de um golpe palaciano, o que ocorreu no Iraque foi uma insurreição nas regiões xiitas do sul do país, logo seguida por um levante dos curdos, no Norte. O foco das preocupações de Washington mudou – a meta prioritária, agora, era a "estabilidade" do Iraque. Bush e Scowcroft se referem da seguinte forma àquele momento crucial na política dos Estados Unidos no Golfo:

> Ao mesmo tempo que tínhamos a esperança de que uma revolta popular ou um golpe viesse a depor Saddam, nem os EUA nem os países da região gostariam de ver a ruptura do Estado iraquiano. Estávamos preocupados com o equilíbrio de poder no Golfo. A quebra do Estado iraquiano causaria um sério problema de desestabilização. (1998, p.489)

O governo norte-americano se omitiu enquanto Saddam despachava sua Guarda Republicana, a força militar de elite que havia escapado praticamente ilesa no fim da guerra, para esmagar os rebeldes xiitas e curdos. O porta-voz da Casa Branca, Marlin Fitzwater, anunciou que o presidente Bush não tinha a intenção de envolver as tropas norte-americanas num conflito interno iraquiano, destacando que o governo de Washington "não fez promessas aos xiitas ou aos curdos" e que "o povo americano não tem estômago para uma operação militar a fim de impor o desenlace de uma luta política no Iraque" (Hiro, 2002, p.44-5). O general Schwarzkopf, chefe supremo das forças dos Estados Unidos no teatro de operações, chegou a autorizar a Guarda Republicana a utilizar helicópteros na repressão aos xiitas, desde que esses aparelhos não se aproximassem das tropas norte-americanas (Bush & Scowcroft, 1998, p.490 apud Everest, 2004, p.160).

A curta guerra civil iraquiana, em março de 1991, complicou os planos dos Estados Unidos no pós-guerra. As questões em jogo eram diferentes em cada uma das rebeliões. No caso dos xiitas, a grande preocupação de Washington dizia respeito à ingerência do Irã, que apoiou ativamente os rebeldes. Em relação aos curdos, o risco era de que o surgimento de um país independente – o Curdistão – nas províncias do norte do Iraque estimulasse o separatismo curdo na Turquia, um aliado estratégico dos Estados Unidos e país membro da Otan. O presidente turco, Turgut Ozal, esteve em Camp David, no dia 24 de março, para expor pessoalmente sua posição ao presidente Bush.

O desenlace das duas rebeliões que eclodiram na esteira da Guerra do Golfo também foi distinto. Os xiitas foram massacrados pelas forças de Saddam, depois de terem dominado cidades importantes, como Karbala e Najaf. O número de mortos na repressão é estimado em trinta mil (Hiro, 2002, p.43). Já a ofensiva de Saddam contra os curdos provocou um problema humanitário de proporções colossais, com um êxodo de 1,5 milhão de pessoas, cerca da metade da população das regiões envolvidas. Os curdos do norte do Iraque abandonaram suas casas e terras por medo de sofrer represálias do governo de Bagdá, como já ocorrera em rebeliões anteriores, sempre com grande brutalidade. Mas não puderam ingressar na Turquia, pois as fronteiras foram fechadas pelas autoridades desse país.

A indignação internacional perante a trágica situação no Iraque levou o Conselho de Segurança da ONU a aprovar, no dia 5 de abril, a Resolução nº 688, que ordenava ao governo iraquiano o fim da repressão aos curdos e aos xiitas e a permissão do acesso de ajuda humanitária às populações necessitadas. Pouco depois, no dia 11, o Senado norte-americano adotou a posição de que os Estados Unidos tinham a "obrigação moral" de ajudar a ONU a impedir os massacres de civis iraquianos. O governo de Washington enviou cinco mil soldados para estabelecer, em conjunto com tropas britânicas, francesas e holandesas, os chamados "abrigos seguros" (*safe havens*), acampamentos especiais no norte do Iraque onde os curdos estariam protegidos contra as forças de Saddam e receberiam alimentos e assistência médica de agências internacionais. A coligação militar liderada pelos Estados Unidos também anunciou a criação de "zonas de voo proibido" (*no fly zones*) no extremo norte (acima do paralelo 36) e no sul do Iraque (abaixo do paralelo 32), com a justificativa de impedir que Saddam utilizasse helicópteros e outras aeronaves contra a população civil. Essas medidas representaram um passo em direção a um envolvimento militar dos Estados Unidos com o Iraque muito mais intenso e prolongado do que o governo norte-americano imaginara inicialmente.

A "DUPLA CONTENÇÃO" DO IRAQUE E DO IRÃ

Durante uma década após a Guerra do Golfo, o objetivo central da política dos Estados Unidos em relação ao Iraque era provocar a queda de Saddam Hussein por meios indiretos, sem a necessidade de uma invasão.

Para isso, o governo norte-americano recorreu a uma combinação de três tipos de iniciativas: sanções econômicas, voltadas para gerar descontentamento popular em relação ao regime iraquiano; desarmamento do país, por meio de inspeções da ONU; e apoio a conspirações para depor ou eliminar Saddam (Everest, 2004, p.197).

A derrota do Iraque não resolveu o desafio estratégico de garantir a "segurança" regional do ponto de vista de Washington. O Irã, que se manteve à margem do conflito, permaneceu um adversário dos Estados Unidos, e a Arábia Saudita não possuía nem a capacidade militar nem a disposição para exercer a hegemonia regional em apoio aos interesses norte-americanos. O impasse levou o governo de Bill Clinton a adotar a política da "dupla contenção" *(dual containment)*, adotada no período em que os Estados Unidos, em busca de redefinir seus desafios externos após o fim da rivalidade com a União Soviética, voltaram seu foco para o confronto com os chamados "Estados fora da lei" *(rogue states)*, também chamados de "Estados párias" ou "retrógrados". Clinton incluiu os "Estados fora da lei" entre as principais ameaças à ordem mundial no pós-Guerra Fria, com o argumento de que eles representariam um perigo à estabilidade regional em diversas partes do globo.

Seu assessor de Segurança Nacional, Anthony Lake, escreveu na revista *Foreign Affairs* que os Estados Unidos, "como a única superpotência, têm a responsabilidade especial de desenvolver uma estratégia para neutralizar, conter e, através de uma seleção de pressões, eventualmente transformar os Estados retrógrados (*backlash states*) em membros construtivos da comunidade internacional" (1994, p.71). No artigo, Lake defendeu a doutrina da "dupla contenção" em relação ao Iraque e ao Irã, países que ele incluiu numa lista da qual também faziam parte Cuba, a Líbia e a Coreia do Norte. Esses regimes teriam como características comuns o exercício do poder por tiranos repressivos, a política externa agressiva e desafiadora, a crônica incapacidade de se relacionar de modo construtivo com o mundo externo e a tentativa de obter as chamadas "armas de destruição em massa" (químicas, biológicas e nucleares). A secretária de Estado Madeleine Albright expressou sua preocupação com o assunto em discurso ao membros do Council of Foreign Relations em setembro de 1997: "Lidar com os Estados fora da lei é um dos grandes desafios da nossa época ... porque eles existem com o único objetivo de destruir o sistema". Albright reservou para esses regimes uma das quatro categorias de países que, segundo ela, constituem o sistema internacional do pós-Guerra Fria – os outros três seriam os "países industriais avançados", as "democracias emergentes" e os "Estados falidos".

O principal formulador da política da "dupla contenção" foi o funcionário mais polêmico da equipe de política externa de Clinton: Martin Indyk, diretor do Departamento de Estado para os Assuntos do Oriente Médio e Sul da Ásia. Antes de ocupar essa posição, Indyk exerceu posições importantes na cúpula da Aipac, o poderoso *lobby* pró-Israel nos Estados Unidos, e sua nomeação para um posto-chave na diplomacia norte-americana é considerada por muitos analistas sinal de um engajamento ostensivo do governo Clinton em favor das posições israelenses nas disputas políticas do Oriente Médio (Pelletière, 2004, p.118). Outras personalidades destacadas na política externa norte-americana desse período, como Dennis Ross (o principal negociador, pelo lado norte-americano, dos Acordos de Oslo entre Israel e a Organização para a Libertação da Palestina) e a própria Albright, também se tornaram alvo de suspeitas semelhantes devido à participação, anterior ao ingresso na administração Clinton, no quadro de conselheiros de um centro de estudos (*think tank*) de clara inclinação pró-israelense, o Washington Institute for Near East Policy (Winep), do qual Indyk tinha sido um dos principais diretores.

Foi em discurso aos integrantes do Winep que Indyk anunciou a política da "dupla contenção", em 19 de maio de 1993:

> A política da administração Clinton da "dupla contenção" do Irã e do Iraque deriva em primeiro lugar de uma avaliação de que os atuais regimes iraquiano e iraniano são igualmente hostis aos interesses norte-americanos na região. Por isso, nós não aceitamos o argumento de que devemos manter o velho jogo do equilíbrio de poder, apoiando um (*dos dois países citados*) para contrabalançar o outro. Nós rejeitamos essa abordagem não somente porque a sua falência ficou comprovada na invasão do Kuait pelo Iraque. Nós a rejeitamos devido a uma avaliação lúcida do antagonismo que ambos os regimes alimentam em relação aos Estados Unidos e a seus aliados na região. E nós a rejeitamos porque não precisamos recorrer a algum desses países para nos contrapor ao outro. (1993, p.4)

A própria escolha da palavra "contenção" revela a intenção do governo norte-americano de definir sua política para o Golfo Pérsico como uma continuação da Guerra Fria, apenas substituindo a falecida União Soviética pelos "Estados fora da lei". Dessa maneira, os Estados Unidos garantiam uma justificativa para a presença militar nessa região vital para os seus interesses, conforme prescreve a Doutrina Carter. O governo norte-americano deixou claro, desde o início, que havia uma diferença na sua atitude em relação aos dois países-alvo da "dupla contenção". Em contraste com o Iraque, cujo regime os Estados Unidos classificavam como "criminoso", no caso do Irã o ponto em questão era a política externa do regime dos aiatolás – apoio a grupos palestinos que usam meios violentos em seu combate ao "processo de paz" árabe-israelense, envolvimento no terrorismo internacional contra os Estados Unidos e os supostos esforços para construir a bomba atômica. Como explicou Indyk, "a administração Clinton não se opõe ao governo islâmico no Irã, ... e sim, firmemente, ... a aspectos específicos do comportamento do regime iraniano" (ibidem, p.6).

O principal instrumento de pressão sobre o regime de Saddam eram as sanções impostas pelo Conselho de Segurança da ONU – por iniciativa dos

Estados Unidos e da Grã-Bretanha – ao fim da Guerra do Golfo. Como condição para o cessar-fogo em fevereiro de 1991, o Iraque se comprometeu a pagar reparações de guerra ao Kuait e a permitir o trabalho de inspetores da ONU encarregados de averiguar as suspeitas sobre o desenvolvimento de armas químicas, biológicas e nucleares pelo regime iraquiano. As sanções impostas ao Iraque eram extremamente rigorosas. Teoricamente, o país tinha permissão apenas para importar comida e remédios, mas até mesmo medicamentos essenciais eram vetados sob o argumento de que poderiam ser utilizados para a produção de armas biológicas. A importação de fertilizantes, de máquinas agrícolas, de pesticidas e de outros produtos químicos que poderiam ter uso duplo (civil e militar) foi proibida, assim como a compra dos equipamentos indispensáveis para a reconstrução dos sistemas de eletricidade, telecomunicações, saneamento básico e fornecimento de água potável – destruídos pelos bombardeios norte-americanos durante a guerra (Tripp, 2002, p.261).

A população iraquiana foi submetida a um sofrimento terrível – e inútil, já que, em mais de dez anos de sanções, nunca se registrou nem o menor sinal de que a população estivesse a ponto de se rebelar contra o regime de Saddam, como esperavam as autoridades norte-americanas. A vida intelectual sofreu um retrocesso; a importação de livros técnicos e científicos era proibida e o país permaneceu impedido de instalar a internet. O analfabetismo teve aumento abrupto na década de 1990 – saltou de 10% para 34%, num período em que as taxas mundiais declinaram – e um terço das crianças passou a sofrer de desnutrição crônica (Hiro, 2002, p.6). Os formuladores da política externa dos Estados Unidos não se abalaram diante dos efeitos perversos da "dupla contenção". Em entrevista ao programa de televisão *60 Minutes*, da rede norte-americana CBS, em 12 de maio de 1996, a apresentadora Lesley Stahl formulou a seguinte pergunta à secretária de Estado Madeleine Albright:

"Mais de quinhentas mil crianças iraquianas já morreram como resultado direto das sanções da ONU. Você acha que vale a pena pagar esse preço?"

Albright respondeu:

"Essa é uma pergunta difícil. Mas, sim, nós achamos que esse é um preço que vale a pena" (ibidem, p.18).

Em 1996, um acordo entre o governo de Bagdá e o Conselho de Segurança da ONU permitiu a retomada das exportações de petróleo iraquianas, que ficaram suspensas durante cinco anos. O Iraque foi autorizado a vender, a cada seis meses, US$ 2 bilhões em petróleo a fim de importar suprimentos para sua população. A receita obtida nesse programa, conhecido como "petróleo em troca de comida", era gerenciada pela ONU, que decidia sobre os produtos a serem importados e se encarregava de descontar uma parcela de 30%, destinada ao Kuait como reparação de guerra.

10
A SECURITIZAÇÃO DO PETRÓLEO E A ESTRATÉGIA DA "MÁXIMA EXTRAÇÃO"

O controle das reservas de petróleo no mundo inteiro ocupa lugar de destaque na estratégia do governo de George W. Bush para a consolidação da hegemonia mundial dos Estados Unidos. A meta prioritária da política de energia de Washington, formulada por um grupo de trabalho sob a coordenação do vice-presidente Dick Cheney, é aumentar a oferta mundial de combustíveis por meio de medidas destinadas a fazer com que os países produtores intensifiquem a exploração das reservas de petróleo e de gás natural, passando a exportar esses recursos de acordo com a máxima capacidade possível. Os Estados Unidos estão dispostos a fazer uso da sua influência para obter a abertura dos recursos energéticos desses países aos investimentos externos. Para o governo Bush, mais do que para qualquer um dos seus antecessores, energia e segurança são dois conceitos estreitamente associados.

A DOUTRINA BUSH E OS NEOCONSERVADORES

A ascensão de George W. Bush à presidência dos Estados Unidos trouxe mudança significativa em relação à política externa do seu antecessor, Bill Clinton. Cercado por auxiliares ultraconservadores, Bush filho rompeu com a estratégia de Clinton, cuja diplomacia procurava integrar os principais países desenvolvidos ao redor de uma ordem capitalista liberal e, assim, minimizar o risco de que o fim da Guerra Fria estimulasse o ressurgimento da rivalidade entre eles (Lieven, 2002). O governo republicano iniciado em 2001 substituiu a ênfase nas instituições como instrumento para a afirmação da hegemonia norte-americana por um conjunto de proposições que têm como espinha dorsal o uso da força militar para impedir qualquer desafio ao exercício absoluto da supremacia dos Estados Unidos. Na nova política externa de Washington, a coerção passa a ser encarada, de forma cada vez mais explícita, como o caminho para resolver as mais diversas questões. Nas palavras do vice-presidente Dick Cheney, apontado por muitos observadores como o mentor do presidente em assuntos exteriores, "a força faz a sua diplomacia avançar de um modo mais eficaz" (*USA Today* e *Los Angeles Times*, 2004).

As linhas essenciais da política externa de George W. Bush foram lançadas uma década antes, quando Cheney, secretário da Defesa no governo de Bush pai, formou um grupo de trabalho, sob a coordenação do então subsecretário Paul Wolfowitz, para repensar a posição dos Estados Unidos no cenário mundial após a dissolução da União Soviética e a vitória na Guerra do Golfo. A versão original do documento, um esboço de *Defense Planning Guidance* (Roteiro para o Planejamento da Defesa), ainda circulava reservadamente entre funcionários graduados do Pentágono quando uma cópia foi parar nas mãos do jornalista Patrick Tyler, do *New York Times*, que a publicou, provocando grande polêmica. Em sua passagem mais importante, o texto definia a prioridade da estratégia norte-americana:

> Nosso primeiro objetivo é prevenir o ressurgimento de um novo rival. Essa é uma consideração dominante que permeia a nova estratégia de defesa regional e requer um esforço para impedir que alguma potência hostil venha dominar alguma região cujos recursos sejam suficientes para, uma vez consolidado esse controle, gerar um poderio global. (Tyler, 1992, p.5).

O documento afirma, enfaticamente, que os Estados Unidos devem evitar que os demais países industrializados venham a desafiar a liderança norte-americana. Para isso, defende a criação de mecanismos destinados a dissuadir "os potenciais competidores de sequer aspirar a um papel mais importante em escala regional ou global". A ameaça de "rivais europeus" é mencionada explicitamente, assim como a da Rússia e da China. Em outro ponto controvertido, o esboço elaborado por Wolfowitz declara que os Estados Unidos devem estar preparados para agir unilateralmente em defesa dos seus interesses, quando necessário, recorrendo até mesmo a ataques preventivos contra seus adversários. O mais importante, de acordo com o texto, é "a noção de que a ordem mundial é em última instância sustentada pelos EUA" e que, portanto, "os Estados Unidos devem se colocar em posição de agir de modo independente quando não for possível articular uma ação coletiva" diante de uma crise que exija uma resposta rápida. A existência das Nações Unidas nem sequer é mencionada.

O documento, divulgado sem permissão, provocou protestos dentro e fora dos Estados Unidos. Os críticos, na maioria europeus, mostraram indignação com o papel autoatribuído pelos Estados Unidos como "polícia do mundo" e com a subordinação dos aliados a uma posição de segunda classe numa ordem mundial dominada pelos norte-americanos. A celeuma levou o Pentágono a abrandar a versão final do texto, eliminando o apelo ostensivo pela dominação global. O assunto desapareceu com a vitória eleitoral de Clinton, que conduziu sua política externa por um caminho bem diferente. Sem abrir mão do uso da força, Clinton dava preferência a uma diplomacia voltada para ações multilaterais a fim de criar um sistema mundial de segurança coletiva, sob a liderança norte-americana. Esse seria, na sua opinião, o ambiente mais propício à difusão universal dos princípios do liberalismo – ou "neoliberalismo" – e ao avanço da globalização econômica.

As ideias de Wolfowitz voltaram à tona no fim do governo Clinton. Durante a campanha eleitoral para a escolha do seu sucessor, um centro de estudos pouco conhecido lançou, em setembro de 2000, o documento *Rebuilding America's Defenses* (Reconstruindo as Defesas da América), que retoma as propostas do esboço do Pentágono de 1992. Seus autores defendem uma agenda imperial para a política externa norte-americana e insistem na necessidade de manter a supremacia mundial dos Estados Unidos acima da possibilidade de qualquer desafio:

> Os Estados Unidos são a única superpotência no mundo. ... Na atualidade, os EUA não enfrentam nenhum rival global. ... A grande estratégia da América deve ter como meta preservar e ampliar essa posição vantajosa pelo maior tempo possível no futuro. (PNAC, 2000, p.3)

O texto foi preparado por um influente grupo de estrategistas republicanos que adotou a denominação *Project for a New American Century* (Projeto por um Novo Século Americano), ou PNAC, na sigla em inglês. Entre os integrantes do PNAC estavam futuros integrantes do governo de George W. Bush, como Dick Cheney (vice-presidente), Paul Wolfowitz (subsecretário da Defesa e, no segundo mandato, presidente do Banco Mundial), Donald Rumsfeld (secretário da Defesa), Lewis Libby (chefe de gabinete de Cheney até outubro de 2005) e Karl Rove (um dos mais poderosos assessores da Casa Branca no governo de Bush filho). O presidente do PNAC era William Kristol, editor da revista *Weekly Standard*, principal reduto das posições políticas neoconservadoras.

O credo militarista e abertamente hegemonista formulado pelo PNAC representa uma ruptura em relação ao multilateralismo liberal de Clinton, mas as posições expressas no *Reconstruindo as Defesas da América* não são estranhas ao ideário tradicional da política externa norte-americana. Os neoconservadores reivindicam a doutrina do excepcionalismo, ou seja, o ponto de vista de que os Estados Unidos, como supostos detentores de uma superioridade moral em relação às demais nações do planeta, estariam destinados a exercer papel especial em benefício da humanidade como um todo. A preponderância absoluta dos Estados Unidos no pós-Guerra Fria propiciou o ressurgimento dessas ideias, cuja origem remonta ao início do século XVII (Zinn, 2005). A tendência se reforçou ainda mais com a vitória militar norte-americana na Guerra do Golfo – uma proeza que habilitou os Estados Unidos a se apresentarem como um *hegemon* global, destinado a projetar força em zonas estratégicas cruciais.

A política externa assertiva e exclusivista de George W. Bush contém, ao lado dos elementos de ruptura, traços de continuidade em relação à trajetória que os Estados Unidos vinham trilhando desde o período final da Guerra Fria. No próprio governo Clinton, o enfoque multilateral se combinou em muitas ocasiões com atitudes unilaterais, como a intervenção militar no conflito de Kosovo, justificada pela secretária de Estado Madeleine Albright com uma frase que daria origem à expressão "multilateralismo *à la carte*", utilizada em tom de ironia na imprensa e nos meios diplomáticos. "Se possível, nós vamos agir multilateralmente no mundo, mas, se necessário, agiremos unilateralmente", afirmou Albright, em 1997. Em fevereiro do ano seguinte, ao defender em entrevista à TV o lançamento de mísseis de cruzeiro contra o Iraque, a mesma Albright apresentou uma justificativa do mais puro excepcionalismo: "Se nós temos de usar a força, é porque nós somos a América. Nós somos a nação indispensável. Nós temos estatura. Nós enxergamos mais longe em direção ao futuro" (*USIS Washington File*, 1998).

A guinada direitista do governo republicano inaugurado em 2001 está muito longe, portanto, de representar uma aberração na história da política externa norte-americana. Ela introduziu uma mudança significativa, mas não radical, na concepção do papel dos Estados Unidos no mundo e na formulação das estratégias em defesa dos seus interesses nacionais. Na análise de Perry Anderson, a balança entre o uso da coerção e a busca do consenso, os dois princípios que marcam a relação entre os Estados Unidos e seus aliados e clientes, inclinou-se mais no lado do primeiro termo, ou seja, o da coerção (2002). As propostas dos neoconservadores se tornaram diretrizes políticas oficiais após os atentados de 11 de setembro, quando George W. Bush, após um período inicial de relativa indefinição, adotou nos assuntos exteriores uma linha de conduta agressiva e declaradamente unilateral. A nova estratégia de segurança dos Estados Unidos foi anunciada, pela primeira vez, no discurso de Bush aos cadetes da Academia Militar de West Point, no dia 1º de julho de 2002. O presidente – já envolvido nos preparativos da guerra contra o Iraque – defendeu nessa solenidade o princípio do ataque preventivo contra qualquer país que venha a ser encarado como uma ameaça à segurança dos Estados Unidos, mesmo na inexistência de uma agressão prévia ou, sequer, de um risco iminente nesse sentido. "Temos que combater o inimigo, destroçar seus planos e enfrentar as piores ameaças antes que elas se concretizem", proclamou Bush. O mundo, segundo ele, está entrando em uma nova era, em que o fator determinante é a esmagadora superioridade das Forças Armadas dos Estados Unidos (George W. Bush, 2002):

Os Estados Unidos possuem, e pretendem manter, uma força militar acima de qualquer possibilidade de desafio. Portanto, deixam de fazer sentido as desestabilizadoras corridas armamentistas de outras épocas, e as rivalidades entre os países ficam limitadas ao comércio e outros empreendimentos pacíficos.

Essa inflexão na política externa norte-americana ganhou caráter oficial na *National Security Strategy of the United States of America* (Estratégia de Segurança Nacional dos Estados Unidos da América), texto enviado por Bush ao Senado em 20 de setembro de 2002. A Doutrina Bush, como essa política se tornou conhecida, relega a um segundo plano todo o sistema internacional de tratados (como o Protocolo de Kyoto sobre o meio ambiente, que Bush renegou logo no início do seu primeiro mandato) e de organizações multilaterais que constituem a espinha dorsal da ordem mundial estabelecida após a Segunda Guerra Mundial sob a liderança dos próprios Estados Unidos. Agora, a soberania dos Estados Unidos se torna mais absoluta do que nunca, ao passo que a dos demais países, sobretudo daqueles que desafiem os padrões de conduta traçados em Washington, é condicionada aos critérios dos Estados Unidos, que podem revogar esse direito por conta própria (Ikenberry, 2003). O governo norte-americano reivindica também o direito de lançar ataques preemptivos[1] contra qualquer país hostil que possua "armas de destruição em massa". No plano econômico, a nova *Estratégia de Segurança Nacional* também advoga uma maior liberdade para os negócios norte-americanos, nos marcos de uma globalização capitalista acelerada: os Estados Unidos vão "usar este momento de oportunidade" para estender os "mercados livres e o livre comércio para cada canto do mundo" e para promover a "alocação eficiente de recursos e a integração regional" (NSS 2002).

No discurso *O Estado da União*, de 20 de janeiro de 2003, Bush realçou ainda mais os aspectos agressivos da nova doutrina, ao apresentar a política externa dos Estados Unidos como uma guerra permanente e a definir como inimigos prioritários – e, portanto, candidatos a se tornar alvo de ataques preventivos ou preemptivos – o Iraque, o Irã e a Coreia do Norte, agrupados sob o rótulo de "o eixo do mal". No conjunto, esses documentos e declarações oficiais assinalam clara opção de Washington pelo caminho da "diplomacia coercitiva", marcado pela defesa exclusivista das preferências norte-americanas e por uma inclinação maior do que a habitual a resolver os impasses pela força militar ou pela ameaça de utilizá-la.

---

[1] O ataque preemptivo é uma resposta a uma ameaça iminente e que pode ser claramente demonstrada, como a concentração de tropas numa fronteira ou o posicionamento de mísseis voltados para determinada direção. Já a prevenção é uma resposta a uma ameaça que não se manifesta claramente e que pode, na melhor das hipóteses, ser apenas presumida. A invasão do Iraque pelos Estados Unidos e outros países, em 2003, foi tipicamente um ataque preventivo, e não preemptivo (Hiro, 2004, p.389).

Igor Fuser

O PETRÓLEO DO GOLFO NOS DOCUMENTOS DE ESTRATÉGIA DOS ESTADOS UNIDOS

A redefinição da estratégia norte-americana pelo governo de George W. Bush trouxe fortes implicações para o componente energético da política de segurança nacional, uma vez que as duas necessidades – segurança e energia – estão ligadas. A securitização do acesso dos Estados Unidos às fontes de energia explica a ênfase ao Golfo Pérsico nos documentos de política externa a partir da promulgação da Doutrina Carter, em 1980. Como afirmou Harold Brown, secretário de Defesa na gestão Carter, em debate com congressistas em torno do National Energy Act de 1977, "não há ameaça mais grave à segurança de longo prazo dos EUA e dos seus aliados do que a que deriva de uma deficiência crescente de recursos de energia seguros e garantidos" (Valette & Kretzmann, 2004, p.8).

Sucessivos documentos oficiais das gestões de George Bush (pai) e de Bill Clinton reafirmam os termos da Doutrina Carter sobre a defesa – "pela força militar, se necessário" – do interesse vital dos Estados Unidos em relação ao acesso às fontes de petróleo do Golfo Pérsico. Em agosto de 1991, o relatório encaminhado pelo presidente Bush (pai) ao Congresso intitulado *A National Security Strategy for the United States* (Uma Estratégia de Segurança Nacional para os Estados Unidos) comenta o sucesso dos Estados Unidos em reverter a agressão iraquiana ao Kuait e salienta a "poderosa continuidade" da política norte-americana para a região, que inclui entre as suas preocupações estratégicas "a manutenção de um livre fluxo de petróleo". Mais adiante, no item relativo à segurança energética, o documento da Casa Branca (NSSR, 1991) enfatiza:

> Suprimentos de energia seguros, amplos, diversificados e limpos são essenciais para a nossa prosperidade nacional econômica e para a nossa segurança. ... A garantia dos suprimentos de petróleo tem como base uma política externa adequada e capacidades militares apropriadas. ... Manteremos nossa capacidade de responder às exigências de proteger as instalações petroleiras vitais, em terra e no mar, ao mesmo tempo em que trabalharemos para solucionar as tensões políticas, sociais e econômicas que podem ameaçar o livre fluxo de petróleo. A estabilidade da região do Golfo, que contém dois terços das reservais mundiais conhecidas de petróleo, é do nosso interesse fundamental. A turbulência política e militar na região tem um impacto direto sobre a nossa economia, principalmente por meio da elevação dos preços do petróleo e de transtornos nos suprimentos.

A política externa do governo Clinton reafirmou a prioridade estratégica ao controle das fontes externas de petróleo. Na sua *Quadrennial Defense Review* (Revisão Quadrianual de Defesa), de 1997, o secretário de Defesa William Cohen incluiu entre os interesses vitais dos Estados Unidos – que, segundo ele, deveriam ser defendidos por todos os meios, "inclusive, quando necessário, o uso unilateral do poderio militar" – a garantia do "acesso desimpedido a mercados chaves, suprimentos de energia e recursos estratégicos" (QDR, 1997).

Dois anos depois, um documento elaborado pelo Instituto Nacional de Estudos Estratégicos, organismo do Departamento de Defesa, defende explicitamente a guerra como uma opção legítima para garantir os suprimentos de petróleo dos Estados Unidos. A *Strategic Assessment 1999* (Avaliação Estratégica 1999), preparada por encomenda do secretário de Defesa e dos chefes de Estado-Maior das Forças Armadas, afirma que "questões relacionadas com energia e recursos continuarão a moldar o quadro da segurança internacional" e prevê que conflitos em torno de instalações petrolíferas e de rotas de transporte poderão ocorrer, especialmente nas regiões do Golfo Pérsico e do mar Cáspio. A *Avaliação Estratégica 1999* sustenta que, se ocorrer algum "problema" com o petróleo, "forças norte-americanas poderão ser usadas para garantir suprimentos adequados" (StratAssess 1999). Sem mencionar novamente a possibilidade de conflito militar, o programa oficial de energia da administração Clinton, *Strengthen America's Energy Security* (Fortalecer a Segurança Energética Norte-Americana), de 2000, manifesta preocupação com a dependência crescente das importações de petróleo e reafirma o componente estratégico desses suprimentos:

> No longo prazo, a dependência norte-americana do acesso a essas fontes estrangeiras de petróleo se tornará cada vez mais importante, na medida em que os nossos recursos se esgotarem. ... Independentemente da conservação, os EUA têm um interesse vital em garantir o acesso a esse recurso crítico. (SAES, 2000)

Nesse terreno, praticamente não há diferença entre as concepções dos governantes democratas e republicanos, inclusive os republicanos neoconservadores. Os partidos e correntes ideológicas que passaram pela Casa Branca nas últimas décadas atribuíram importância central ao Golfo Pérsico e aos seus recursos petrolíferos. A diferença perceptível reside na ênfase que os neoconservadores depositam no petróleo como ingrediente da hegemonia mundial. Significativamente, o *Roteiro do Planejamento de Defesa* elaborado por Wolfowitz em 1992, ao fazer uma lista dos interesses norte-americanos que podem ser ameaçados por conflitos regionais, menciona em primeiro lugar "o acesso às matérias-primas vitais, principalmente o petróleo do Golfo Pérsico" (Tyler, 1992, p.5).

Essa preocupação ganhou grande saliência no governo de George W. Bush, antes mesmo dos ataques terroristas de 11 de setembro. Na nova *Revisão Quadrianual de Defesa* (com data de 30 de setembro de 2001, mas elaborada antes dos atentados), o secretário Rumsfeld menciona o "acesso aos mercados chaves e aos recursos estratégicos", como na versão anterior, entre os "interesses nacionais duradouros" (QDR, 2001). A novidade do documento de 2001 está em vincular esse acesso com a intenção de reforçar a capacidade norte-americana de "projeção de força" em regiões distantes. "Os Estados Unidos devem manter a capacidade de enviar forças bem armadas e com apoio logístico para pontos críticos ao redor do globo, mesmo em face de oposição inimiga", diz o texto do Pentágono. A *Revisão Quadrianual de Defesa* identifica explicitamente as áreas produtoras de petróleo no exterior como "pontos críticos" que as forças militares norte-americanas poderiam ter de invadir. A divulgação desse relatório do Pentágono foi acompanhada de importante expansão nas atribuições e na quantidade de soldados designados para o Comando Central (CentCom). "A região central é de vital interesse para o nosso país e seus aliados", disse em 2002 o comandante do CentCom, general Tommy Franks, que citou as reservas petrolíferas e as rotas dos navios petroleiros pelo Golfo Pérsico como o motivo desse interesse (Klare, 2004a, p.72). Essa constatação coincide com as recomendações da maior parte dos *think tanks* de que se assessoram os formuladores de política norte-americanos. Um exemplo é o conselho feito pelo prestigiado Center for Strategic and International Studies (CSIS), num estudo de 2000: "Como a única superpotência do mundo, (*os EUA*) devem aceitar suas responsabilidades especiais em preservar o acesso aos suprimentos de energia em escala mundial" (Nunn, Schlesinger & Ebel, 2000, p.3)

No que se refere ao Golfo Pérsico, a política externa de Bush filho se diferencia das anteriores por atribuir ao controle dos suprimentos de petróleo importância qualitativamente superior. A própria experiência empresarial de vários dos principais integrantes da administração republicana reforça essa preocupação. George W. Bush, a exemplo de seu pai, antes de ingressar na política se dedicava a negócios com o petróleo em seu Estado, o Texas. Cheney, quando deixou o governo federal, em 1992, tornou-se presidente da Halliburton, uma das maiores fábricas de equipamentos para instalações petroleiras, e Condoleeza Rice, conselheira de Bush para a Segurança Nacional no primeiro mandato e secretária de Estado no segundo, já fez parte do quadro de diretores da Chevron.

O documento oficial da Doutrina Bush inclui entre as tarefas da política externa norte-americana a de "realçar a segurança energética", resumindo o compromisso político que é desenvolvido no texto específico sobre energia, conhecido como Relatório Cheney, que será examinado mais adiante. O parágrafo dedicado à energia na *Estratégia de Segurança Nacional* (NSS, 2002) do governo republicano afirma:

> Vamos fortalecer nossa própria segurança energética e a prosperidade compartilhada da economia global trabalhando com nossos aliados, parceiros comerciais e produtores de energia para expandir as fontes e os tipos de energia disponíveis em escala global, especialmente no Hemisfério Ocidental, na África, na Ásia Central e na região do Mar Cáspio. Também trabalharemos com nossos parceiros para desenvolver tecnologia para uma energia mais limpa e eficiente.

Mais do que nos documentos oficiais, a ênfase na securitização da energia se manifesta nos pronunciamentos de integrantes da administração Bush e, sobretudo, nas suas decisões estratégicas. O secretário de Energia no primeiro mandato de Bush, Spencer Abrahams, foi direto ao ponto: "Segurança enérgica é igual a segurança nacional", afirmou em 2002 (Klare, 2004a, p.73). Entre os integrantes do governo, Cheney se destaca pelo interesse nos assuntos ligados ao petróleo – tema de destaque em suas manifestações públicas desde os tempos em que comandava o Pentágono, na gestão de Bush pai. Em declaração famosa, feita em 1998, no período em que estava fora do governo, ele justificou a importância de fortalecer os vínculos com os países da Ásia Central produtores de petróleo, mesmo que estivessem submetidos a regimes ditatoriais. "O problema é que o bom Deus não colocou recursos de petróleo e de gás apenas nos lugares onde existem governos democráticos e amigos dos Estados Unidos", ironizou Cheney, em palestra no Cato Institute (Cheney, 1998).

No ano seguinte, ainda como presidente da Halliburton, Cheney apresentou aos executivos de empresas multinacionais petroleiras reunidos no London Institute of Petroleum International o que se seria uma antecipação da tese central do relatório do governo de George W. Bush sobre energia:

> Em 2010, nós precisaremos de algo como 50 milhões de barris adicionais por dia. De onde virá esse petróleo? Governos e companhias nacionais de petróleo mantêm, obviamente, o controle de 90% desses recursos. O petróleo é fundamentalmente um assunto de governo. (Cheney, 1999)

A equipe de Bush filho fez mais do que reforçar o vínculo entre segurança nacional e suprimentos de energia. Uma grande mudança de atitude da nova administração republicana foi descartar a busca da segurança energética por meio de políticas como a conservação da energia, o racionamento e a busca de combustíveis alternativos – metas intensamente perseguidas nos governos de Richard Nixon e de Jimmy Carter e incorporadas à retórica oficial dos seus sucessores, mas efetivamente mantidas numa posição secundária entre as prioridades. Em outra de suas frases inesquecíveis, Cheney sintetizou o desprezo dos novos governantes perante os defensores da "independência energética" pela economia de combustível. Em discurso sobre energia proferido em Toronto, no Canadá, em 30 de abril de 2001, ele afirmou: "A conservação pode ser um sinal de virtude pessoal, mas não é uma base suficiente para uma política energética ampla e coerente" (Kettle, Brown & Milner, 2001).

Essa base só pode ser construída por iniciativas estratégicas. Esse é o ponto central da política norte-americana de energia. Na avaliação de Klare, as decisões do governo Bush (filho) relacionadas com instalações militares e com operações bélicas no exterior revelam prioridade ostensiva para as regiões periféricas que abrigam reservas significativas de petróleo, como o Golfo Pérsico e a Ásia Central. Para o autor, "Na prática, está se tornando cada vez mais difícil distinguir entre as operações militares dos Estados Unidos concebidas para combater o terrorismo daquelas voltadas para proteger os recursos de energia" (2004a, p.73).

Para Andrew Bacevich, um crítico das intervenções militares norte-americanas no exterior, "o uso do poder das armas para garantir o predomínio norte-americano no Oriente Médio, especialmente no Golfo Pérsico, rico em petróleo, permanece como a essência da política dos EUA para a região" (2005, p.201). Avaliação semelhante foi publicada na revista *Foreign Affairs* por Kenneth Pollack, estrategista de posições opostas às de Bacevich. Pollack se destacou nos meses que precederam a invasão do Iraque como um dos mais entusiasmados defensores da ação militar. Logo depois da ocupação daquele país, ele escreveu (2003):

> O interesse principal dos EUA no Golfo Pérsico reside em garantir um fluxo livre e estável do petróleo da região para o mundo como um todo. Esse fato não tem nada a ver com as teorias conspiratórias atribuídas à administração Bush durante os preparativos da guerra recente. Os interesses norte-americanos não têm como centro se a gasolina vai custar US$ 2 ou US$ 3 no posto ou se o contrato vai para a Exxon em vez da Lukhoil ou da Total. Nem esses interesses dependem do montante de petróleo que os EUA importam do Golfo Pérsico ou de qualquer outro lugar. O motivo pelo qual os EUA têm um interesse legítimo e crítico em ver que o petróleo do Golfo Pérsico continue a fluir copiosamente e por um preço relativamente barato é simplesmente que a economia global construída nos últimos cinquenta anos repousa sobre a fundação de um petróleo barato e abundante. Se essa fundação for removida, a economia global desmoronará.

Como é possível encaixar essa situação vulnerável na imagem que as autoridades dos Estados Unidos tentam construir do seu país como um poderoso *hegemon* – uma "hiperpotência", no feliz neologismo do ex-chanceler francês Hubert Védrine (2003) – capaz de usar a força militar para impor suas preferências em qualquer lugar do planeta? Para Klare, a dependência do combustível importado é o "calcanhar de Aquiles" do império norte-americano (2003c). É significativo, nesse sentido, que o cientista político Michael Ignatieff, no ensaio em que aponta o surgimento de um "imperialismo" norte-americano como algo ao mesmo tempo inevitável e positivo no cenário mundial pós-Guerra Fria, defina o Golfo Pérsico, devido às suas imensas reservas de petróleo, como "o centro de gravidade do império" (2003). Em resumo, o petróleo do Golfo Pérsico é um instrumento fundamental na conquista e no exercício da hegemonia – justamente o ponto central da chamada Doutrina Bush.

A DIMENSÃO INTERNACIONAL DA SEGURANÇA ENERGÉTICA

A derrota de Al Gore para George W. Bush no fim de 2000 (num resultado eleitoral controvertido) trouxe à agenda da política externa norte-americana uma expressiva mudança de ênfase. Clinton tinha se voltado intensamente para a propagação do "livre comércio", para as políticas de segurança multilaterais e para a liberalização das finanças globais, deixando em segundo plano as questões estratégicas – entre elas, a dos recursos de energia. O novo governo reinstalou no centro de suas preocupações as velhas ideias da geopolítica. Entre suas metas prioritárias estão, desde o início, a modernização radical das Forças Armadas (a chamada "Revolução nos Assuntos Militares", que ganhou novo impulso com o ingresso de Rumsfeld no Pentágono) e a garantia dos suprimentos de energia no exterior – dois objetivos fortemente relacionados entre si.

O governo republicano enfrentou logo depois da posse o desafio de formular políticas adequadas para abastecer os Estados Unidos e o mercado mundial com quantidades crescentes de petróleo, num quadro de rápido esgotamento das reservas norte-americanas. A primeira missão de Cheney como vice-presidente foi a de empreender uma revisão abrangente da política energética dos Estados Unidos. Para isso, Cheney pediu ajuda a James Baker, o secretário de Estado na gestão de Bush pai. Na década de 1990, após deixar o governo, Baker montou um centro de estudos, o James Baker III Institute for Public Policy, vinculado à Universidade Rice, em Houston. O instituto, em parceria com o Council on Foreign Relations (CFR), de Washington, reuniu um grupo de especialistas que apresentou, em 15 de abril de 2001, um relatório intitulado *Strategic Energy Policy – Challenges for the 21st Century* (Política Estratégica de Energia – Desafios para o Século XXI). O texto, que a partir daqui será mencionado como Relatório Baker/CFR, serviu de base para a elaboração da política do governo Bush para o setor. Um problema-chave identificado nesse estudo diz respeito à diminuição da margem de manobra dos principais produtores para aumentar sua produção em caso de necessidade:

> Talvez a diferença mais significativa entre a situação atual e a de uma década atrás seja a erosão extraordinariamente rápida das capacidades ociosas em segmentos críticos da cadeia da energia. Hoje, a escassez parece ter se tornado endêmica. Um dos casos mais impressionantes de perda de capacidade ociosa ocorre na área do petróleo. (p.8)

O Relatório Baker/CFR nota que a capacidade ociosa da Opep, equivalente em 1985 a 25% da demanda global, tinha caído em 1990 para 8%, chegando a 2001 com apenas 2% desse total. Nessas condições, "a escassez é endêmica". Sem um colchão adequado de capacidade disponível, afirma o estudo, episódios de aperto nos suprimentos e de alta abrupta de preços continuarão a ocorrer:

> O mundo atual está precariamente próximo de utilizar toda sua capacidade global disponível de produção de petróleo, aumentando os riscos de uma crise de suprimento com consequências mais graves do que há três décadas. (p.9)

O Relatório do Baker Institute/CFR não se limita a sugerir políticas específicas, mas defende uma revisão no pensamento oficial norte-americano quanto à questão energética. Essa revisão teria como ponto de partida a crítica feita pelos autores do relatório à abordagem dos assuntos de energia de uma perspectiva liberal:

> Nas décadas de 1980 e 1990, o centro da política de energia dos EUA era estimular, dentro do país e no exterior, mercados desregulados capazes de alocar capitais de modo eficiente e promover o maior leque de escolha para os consumidores, assim como estimular os baixos preços por meio da competição. Domesticamente, as necessidades de infraestrutura foram deixadas às forças do mercado. Essa política de não envolvimento (*estatal*) produziu geralmente custos reais de energia mais baixos. Mas, em compensação, causou uma dramática redução nos ganhos de eficiência e uma complacência potencialmente perigosa em relação aos suprimentos de energia. (p.12)

Depois de concluir que as forças do mercado, por si mesmas, não serão capazes de solucionar os graves problemas nos suprimentos de energia, o Relatório Baker/CFR propõe, enfaticamente, que o governo dos Estados Unidos passe a tratar de uma forma *integrada* suas políticas de segurança, energia, tecnologia, finanças e meio ambiente, de modo a "criar uma política energética abrangente". Para os autores do documento "essa visão deve refletir tanto as considerações ambientais e de economia doméstica quanto as tendências geopolíticas e os imperativos de segurança" (p.12). Bem a propósito, eles recomendam que o Departamento de Defesa tenha representantes entre os encarregados de formular a política de energia.

A situação no Iraque merece especial atenção no Relatório Baker/CFR. As sanções econômicas, em vigor desde a invasão do Kuait em 1990, são avaliadas como prejudiciais aos interesses dos Estados Unidos. Por um lado, as sanções são apontadas como ineficazes, uma vez que o regime de Saddam Hussein se mostrava capaz de contornar as restrições pelo contrabando, obtendo assim uma receita extra que lhe permitiria, segundo o relatório, intimidar os países vizinhos e adquirir ou desenvolver "armas de destruição em massa". Por outro lado, o documento identifica como problema as restrições ao ingresso do petróleo iraquiano no mercado internacional e à exploração das imensas reservas existentes naquele país, no contexto de uma oferta de combustível cada vez mais escassa.

Em resumo, os Estados Unidos precisariam do petróleo iraquiano por motivos de segurança econômica, mas, por uma questão de segurança política e militar, não poderiam permitir que Saddam desenvolvesse sua produção. Sem chegar a propor explicitamente o uso da força militar pelos Estados Unidos para promover uma "mudança de regime" no Iraque, o relatório esboça um cenário que deixa pouco espaço para outra opção. Seus autores propõem uma "imediata revisão da política (*dos Estados Unidos*) em relação ao Iraque, incluindo avaliações militares, energéticas, econômicas e político-diplomáticas", e enfatizam que as metas devem ser "afirmadas de uma maneira clara e consistente e defendidas de modo a ressuscitar a credibilidade norte-americana nessa questão" (p.85).

UMA NOVA POLÍTICA DE ENERGIA

O Relatório Baker/CFR serviu de base para as discussões de outro grupo de especialistas, que se reuniu, sob a coordenação do próprio Cheney, para elaborar uma nova política de energia para os Estados Unidos. A força-tarefa, denominada Grupo de Desenvolvimento da Política Nacional de Energia, produziu um relatório que foi adotado pela Casa Branca como orientação oficial no dia 17 de maio de 2001. Em lugar das ações conservacionistas, encaradas como fúteis ou utópicas, o governo norte-americano adotou na busca da segurança energética uma política que Michael Klare definiu, em *Blood and Oil*, como "a estratégia da máxima extração" (2004a). Trata-se, em síntese, de garantir uma oferta de combustíveis cada vez maior, dentro e fora dos Estados Unidos, para evitar o duplo risco da escassez e da disparada dos preços. Escreve Klare (2004a, p.83):

> A estratégia da máxima extração requer que as autoridades norte americanas exortem os regimes amigos a abrir seus setores de energia aos investimentos de companhias estrangeiras que irão viabilizar o acesso a tecnologias avançadas de perfuração e exploração. ... Embora essas empresas possam desempenhar certas funções, outras tarefas – incluindo o esforço crítico de persuadir os principais produtores do Golfo Pérsico a abrir seus setores de energia ao investimento de fora – teriam de caber ao corpo diplomático e a outras altas autoridades dos EUA.

A *National Energy Policy*, ou *NEP* (Política Nacional de Energia), anunciada por Bush em maio de 2001 no documento que ficaria conhecido como Relatório Cheney, admite sem rodeios que a economia norte-americana continuará a consumir uma parcela altamente desproporcional dos recursos naturais do planeta: "Nossa prosperidade e modo de vida são sustentados pelo uso de energia", afirma (NEP, 2001). Em vez de uma redução no consumo de combustíveis, o Relatório Cheney defende, em primeiro lugar, a redução do crescimento da dependência norte-americana do petróleo importado pelo aumento da produção doméstica.[2] Em segundo lugar, depois de constatar que mesmo a exploração de áreas atualmente protegidas por leis ambientais não será suficiente para reduzir essa dependência, a NEP apresenta sua meta mais importante – a busca de fontes adicionais de petróleo em outros lugares do mundo.

O documento, redigido sob o impacto da crise de escassez de energia na Califórnia, no início de 2001, não deixa dúvidas sobre o fato de que a produção doméstica de petróleo não chegará nem perto de alcançar o consumo norte-americano. O mesmo vale para o gás natural. Portanto, o país terá de importar quantidades cada vez maiores dos dois combustíveis essenciais para a sua economia.

> Nos próximos vinte anos o consumo de petróleo dos EUA vai crescer 33%, o consumo de gás natural mais de 50% e a demanda por eletricidade crescerá 45%. Se a produção de energia dos EUA aumentar na mesma taxa que nos anos 90, enfrentaremos uma defasagem cada vez maior ... (p.17)

adverte o relatório, notando que a produção atual de petróleo dos Estados Unidos é 39% menor do que a de 1970. O Relatório Cheney conclui que, se as tendências atuais forem mantidas, os Estados Unidos estarão importando dois terços do seu petróleo em vinte anos.

O documento descarta a busca da autossuficiência norte-americana em energia, já tentada, sem sucesso, por Nixon e Carter na década de 1970. Não se trata, simplesmente, de constatar uma impossibilidade material, relacionada com a distribuição física dos recursos energéticos pelo planeta. Na visão das autoridades norte-americanas, os múltiplos laços que ligam os Estados Unidos à economia mundial tornam irrelevante, em última instância, a ideia de garantir os suprimentos de energia para o mercado interno sem levar em conta o conjunto do sistema capitalista mundial:

> Não podemos ... encarar a segurança energética como algo isolado do resto do mundo. Num mercado de energia global, a segurança energética e econômica dos EUA está diretamente ligada não apenas aos nossos suprimentos domésticos e internacionais de energia, mas também aos dos nossos parceiros comerciais. Um transtorno significativo nos suprimentos mundiais de petróleo poderia afetar de modo negativo nossa economia e nossa capacidade de promover objetivos de política externa e de política econômica, independentemente do nível da dependência norte-americana das importações petrolíferas. (NEP, 2001)

A solução proposta pelo Relatório Cheney é ganhar acesso, influência e controle das fontes de energia no mundo inteiro. "A segurança energéti-

---

[2] O Relatório Cheney toca num tema altamente polêmico, ao defender a exploração das grandes reservas de petróleo existentes na Área Nacional de Proteção Ambiental no Ártico, uma imensa reserva ecológica no Alasca. O movimento ambientalista luta para impedir a instalação de empresas petrolíferas na região.

ca nacional depende de suprimentos de energia suficientes para dar suporte ao crescimento econômico norte-americano e global", afirma o documento. A principal recomendação é um maior envolvimento do governo no esforço para ampliar a oferta global de suprimentos de petróleo e de gás natural pela "abertura de novas áreas para a exploração e o desenvolvimento ao redor do globo". Conforme observa Klare (2004a), cerca de um terço das 35 recomendações do oitavo e último capítulo, intitulado "Fortalecer as alianças globais", diz respeito à obtenção do acesso norte-americano às fontes de petróleo no exterior, com ênfase na remoção dos obstáculos políticos, econômicos, legais e logísticos. Uma dessas recomendações, por exemplo, é "que o presidente apoie as iniciativas da Arábia Saudita, Kuait, Argélia, Catar, EAU e outros fornecedores no sentido de abrir áreas nos seus setores de energia aos investimentos estrangeiros" (p.43). O que o documento sugere, por trás dessa linguagem asséptica, é que o governo dos Estados Unidos pressione esses países a revogarem parcial ou totalmente as leis, adotadas no período da nacionalização das concessões petrolíferas, que estabelecem o monopólio dos seus respectivos Estados nacionais na exploração das reservas de petróleo.

O Relatório Baker/CFR já apontava para a necessidade de mudanças políticas nos países produtores de modo que facilitasse o acesso do capital internacional a seus recursos naturais e o aumento das exportações de petróleo:

> Alguns países produtores-chave ... permanecem fechados ao investimento (*estrangeiro*). O estímulo a políticas de abertura ao investimento nesses países propiciaria uma grande retomada da competição entre os maiores produtores de petróleo e a melhoria dos suprimentos petrolíferos nos próximos anos. A reabertura dessas áreas ao investimento estrangeiro faria uma diferença crítica em proporcionar suprimentos adicionais aos mercados na próxima década. (p.23)

Entre as recomendações desse grupo de trabalho, uma das mais enfáticas é a de "iniciar esforços diplomáticos para incentivar a reabertura de países que nacionalizaram e monopolizaram os seus setores de exploração petrolífera" (p.84). Em termos bem mais claros que no documento oficial sobre energia, o Relatório Baker/CFR propõe a ação política das autoridades norte-americanas perante os países produtores do Golfo Pérsico. "Se fatores políticos vierem a bloquear o desenvolvimento de novos campos petrolíferos no Golfo, os desdobramentos para os mercados petroleiros mundiais poderão ser bastante severos", adverte o documento. No caso específico da Arábia Saudita e do Kuait, os autores do relatório calculam que os investimentos estrangeiros para aumentar a produção nos setores de petróleo e de gás ficariam entre US$ 6 bilhões e US$ 40 bilhões a partir do momento em que os respectivos governos permitissem o acesso às empresas de fora. O Relatório Baker/CFR apresenta de modo explícito o vínculo entre interesses econômicos e de segurança, ao relacionar os principais órgãos governamentais norte-americanos que deveriam se envolver na busca do acesso do capital internacional ao petróleo do Golfo Pérsico:

> Essa reabertura é importante e deve constar da agenda bilateral dos EUA com esses países. O Departamento de Estado, junto com o Conselho de Segurança Nacional, o Departamento de Energia e o Departamento de Comércio devem desenvolver um plano estratégico para estimular a reabertura desses importantes países da região do Golfo no Oriente Médio ao investimento estrangeiro. (p.84)

Os dois importantes documentos sobre energia emitidos em 2001 ressaltam a ideia de que os Estados Unidos devem usar sua influência nas instituições econômicas internacionais para obter acesso aos recursos petrolíferos no Golfo Pérsico, declara o Relatório Baker/CFR:

> Há pouca dúvida de que o objetivo de garantir recursos energéticos diversificados em uma base geográfica diversificada seria incentivado pela adoção de regras internacionais que governassem o comércio e o investimento em recursos energéticos. E tampouco há muita dúvida de que, na medida em que as sociedades abandonem os elementos críticos do nacionalismo de recursos, haverá cada vez mais condições para o estabelecimento dessas regras. (p.89)

A fim de assegurar o acesso irrestrito aos recursos de energia, o Relatório Baker/CFR propõe a criação de uma nova instituição internacional, nos moldes da Organização Mundial do Comércio. Essa entidade deveria zelar pela aplicação dos princípios do "livre-mercado" no setor energético internacional e incluiria, entre seus objetivos, o de "manter em trilhos separados a energia e os demais assuntos" – ou seja, eliminar pela raiz qualquer tentativa de uso da "arma do petróleo" (p.90), como os países árabes fizeram em 1973 na Guerra do Yom Kippur. O texto aborda a questão nos seguintes termos:

> O mundo da energia iria (*com a criação de uma entidade internacional*) acompanhar o mundo do Acordo Geral de Tarifas e Comércio (GATT) e da Organização Mundial do Comércio. Os governos iriam efetivamente concordar com o princípios de nação mais-favorecida nos campos do comércio e do investimento e, dessa maneira, renunciariam ao uso da energia como instrumento de política externa contra outros participantes desses acordos. Por exemplo, nem os produtores/exportadores de petróleo nem os importadores de petróleo poderiam praticar – com impunidade – o embargo ou o boicote ao comércio ou aos fluxos de capital. (p.90)

Já o Relatório Cheney é omisso quanto à ideia de uma entidade internacional de energia, mas enfatiza a necessidade de que o governo norte-americano faça valer sua influência na OMC e nos organismos regionais de "livre comércio" para ampliar o acesso aos recursos energéticos:

Os EUA têm feito apelos aos integrantes da OMC para abrir mercados propícios à participação privada em todo o leque de serviços de energia, da exploração ao cliente final. As propostas no setor de energia devem buscar a garantia do acesso não discriminatório aos provedores externos de serviços de energia. Igualmente importante, os EUA têm sugerido aos membros da OMC que considerem a melhor maneira de criar um ambiente regulatório pró-competição nos serviços de energia, de modo a fazer com que as práticas regulatórias opacas ou discriminatórias não venham a minar os compromissos de abrir os seus mercados domésticos aos provedores estrangeiros de serviços. Esses objetivos também devem ser perseguidos na Alca (Área de Livre Comércio das Américas, atualmente em fase de negociações) e na APEC. (NEP, 2001, p.8-9)

Recomendações semelhantes estão presentes em documentos de organismos multilaterais em que os Estados Unidos exercem influência preponderante, como o Fundo Monetário Internacional (FMI). No *World Economic Outlook 2005*, o FMI expressa sua preocupação com alta dos preços do petróleo e seu impacto negativo sobre as perspectivas de crescimento econômico mundial e, de modo previsível, defende a garantia de suprimentos adequados de energia e aumento da capacidade disponível como meios de reduzir a volatilidade. Em seguida, avalia os "obstáculos ao investimento" no setor petrolífero e os meios de superá-los:

> Alguns (*desses obstáculos*), como a flutuação dos preços mundial do petróleo e os riscos políticos (incluindo os embargos), são exógenos à maioria dos produtores de petróleo. No entanto, em muitos países – dentro e fora da Opep – as estruturas regulatórias constituem um impedimento adicional. Alguns países limitam, ou mesmo proíbem, a participação de investidores estrangeiros em projetos no setor do petróleo. Embora isso possa ser encarado como desejável por motivos estratégicos, pode conduzir a um desenvolvimento mais lento dos campos (*de petróleo*) e reduzir o acesso aos últimos avanços tecnológicos, *know-how* e financiamentos ... (IMF, 2005, p.174)

Na essência, o cenário petroleiro internacional – que tem no seu centro os países produtores do Golfo Pérsico – se tornou o terreno para o qual confluem objetivos fundamentais dos Estados Unidos em três campos diferentes: a segurança energética, a consolidação da hegemonia internacional e os interesses econômicos das empresas norte-americanas. Tamanha convergência só poderia ter implicações dramáticas para a política externa e a estratégia militar.

11
Os desafios atuais dos Estados Unidos no Golfo Pérsico

A invasão do Iraque pelos Estados Unidos faz sentido da perspectiva – viável ou não – de substituir um regime hostil por outro, sob influência norte-americana, no país que possui a segunda maior reserva de petróleo do mundo. Trata-se de projeto coerente com a tendência ao militarismo presente no governo de George W. Bush. Se os Estados Unidos pretendem exercer, como propõe a Doutrina Bush, uma posição de hegemonia mundial incontrastável, uma peça essencial nesse projeto é a capacidade de influenciar a distribuição dos suprimentos de energia, cada vez mais escassos, aos demais países do mundo – e, ao mesmo tempo, a de impedir que esses recursos caiam em mãos de rivais.

Mas o sucesso dessa empreitada é discutível. O petróleo é um recurso natural não renovável, cuja extração obedece a limites de natureza física. Além disso, a estratégia da "máxima extração" deve gerar resistência nos países exportadores, mais interessados em restringir a produção para aumentar os lucros. Os objetivos dos Estados Unidos tendem a entrar em choque com os interesses dos principais países do Golfo Pérsico, numa época histórica em que o nacionalismo é a marca dominante e em que os valores da democracia se chocam com a ideia do império.

O NOVO MILITARISMO NORTE-AMERICANO

Há um vínculo estreito entre a política de George W. Bush para a energia e sua estratégia militar. À medida que se aprofunda a dependência dos Estados Unidos – e da economia mundial – em relação ao petróleo importado, aumenta a importância da força militar em garantir os suprimentos de combustível em quantidades e preços adequados. É inegável, nesse sentido, a relação de complementaridade entre as políticas estabelecidas em dois documentos-chave emitidos pela Casa Branca em intervalo de pouco mais de um ano – a Política Nacional de Energia (ou Relatório Cheney, como é mais conhecida), de maio de 2001, e a Estratégia de Segurança Nacional (ou Doutrina Bush), de setembro de 2002. Michael Klare (2004c) interpreta essa ligação:

> ... O que é inegável é que o presidente Bush atribuiu alta prioridade à ampliação da capacidade norte-americana de projeção de poder, ao mesmo tempo que endossa uma estratégia de energia que implica uma dependência crescente dos Estados Unidos em relação ao petróleo oriundo de regiões que vivem em situação permanente de crise e conflito. ... Um braço dessa estratégia é voltado para garantir mais petróleo do resto do mundo; o outro braço se volta para reforçar a capacidade norte-americana de intervir exatamente nesses lugares. (p.44)

Na visão de Klare, a segurança energética e a segurança militar "se fundiram para formar um projeto único e integrado de dominação norte-americana do mundo no século 21" (ibidem).

Entre as muitas análises sobre a ênfase crescente das autoridades norte-americanas no poderio militar como de consolidação e ampliação de sua hegemonia, destaca-se *The New American Militarism*, de Andrew Bacevich (2005). De acordo com Bacevich, o militarismo – que ele define como a tendência de encarar as questões internacionais como problemas militares, de priorizar a força como meio de resolução dos impasses e de medir a importância de um país no cenário internacional pela capacidade de suas Forças Armadas – exerce atualmente influência na vida pública dos Estados Unidos maior do que em qualquer outro período. Há, segundo ele, um consenso, que inclui os políticos mais influentes dos dois partidos, de que a supremacia militar norte-americana possui um significado positivo em si mesma, como "a chave para a criação de uma ordem internacional em conformidade com os valores dos Estados Unidos". Bacevich aponta quatro diferentes manifestações da tendência militarista na vida do país:

a) As dimensões gigantescas das Forças Armadas norte-americanas atuais e os planos de um crescimento ilimitado no futuro. Bacevich observa que o atual dispositivo militar dos Estados Unidos ultrapassa qualquer preocupação razoável com a proteção do território nacional e do bem-estar dos seus cidadãos. A doutrina estratégica adotada após o fim da Guerra Fria consagra o princípio de manter uma capacidade militar superior à de qualquer possível adversário ou combinação de adversários. O resultado é que, mesmo com o desaparecimento da superpotência rival, os gastos com as Forças Armadas continuam em expansão. O autor assinala que o orçamento atual do Pentágono, ajustado pela inflação, é 12% maior do que o orçamento médio de defesa durante a Guerra Fria e que essa diferença deverá crescer ainda mais nos próximos anos, atingindo 23% em 2009. Por alguns cálculos, os gastos militares dos Estados Unidos já ultrapassam os orçamentos de defesa de todos os demais países do mundo, somados.

b) A propensão crescente ao uso da força no cenário internacional. A escalada do militarismo eliminou a relutância ao envio de tropas ao exterior associada à "Síndrome do Vietnã". Bacevich observa que, ao longo das quatro décadas da Guerra Fria, entre 1945 e 1988, os Estados Unidos realizaram ações militares de maior envergadura em apenas seis ocasiões.[1] A partir da queda do Muro de Berlim, no entanto, essas operações se tornaram eventos quase anuais, com nove intervenções militares desde 1989 até a invasão do Iraque, em 2003.[2] "A crise parece ter se tornado uma condição permanente, assim como a guerra" (p.18), escreve Bacevich. "A administração Bush reconheceu tacitamente essa situação ao descrever a campanha global contra o terror como um conflito que provavelmente durará décadas e ao promulgar – e, no Iraque, ao implementar – uma doutrina de guerra preventiva" (p.18). O autor assinala ainda que, no passado, os formuladores de política norte-americanos tratavam, ou ao menos fingiam tratar, o uso da força como decorrência do fracasso em encontrar uma solução por meios diplomáticos. Hoje, segundo ele, a política externa corresponde à afirmação (já citada) de Cheney de que a força "faz a sua diplomacia avançar de um modo mais eficaz". Do ponto de vista de Bacevich, as autoridades dos Estados Unidos recorrem à coerção, cada vez mais, como "uma ferramenta de mil e uma utilidades" (2005, p.19).

c) O surgimento de "uma nova estética da guerra", que reforça a predileção pelas armas. Em contraste com a representação artística da guerra predominante no século XX, em que os conflitos militares eram mostrados como atos de barbárie e brutalidade, indignos de seres humanos civilizados, no período do pós-Guerra Fria os meios de comunicação de massa apresentam as ações bélicas como um espetáculo a ser desfrutado.

d) A imagem de superioridade moral dos militares nos Estados Unidos. Bacevich constata que, desde o fim da Guerra Fria, as pesquisas que avaliam o prestígio das instituições norte-americanas têm apontado regularmente as Forças Armadas em primeiro lugar, enquanto a confiança da população no Poder Executivo, no Congresso, na mídia e até nas religiões organizadas tem diminuído. Os soldados, alvo de desprezo na época da Guerra do Vietnã, são encarados pelo público como portadores de virtudes morais que os tornariam superiores aos

---

[1] Os episódios da época da Guerra Fria incluem a Coreia, o Líbano (duas vezes), o Vietnã, a República Dominicana e Granada.
[2] Além das duas guerras no Golfo Pérsico, a lista de Bacevich inclui o Panamá, o Curdistão, a Somália, o Haiti, a Bósnia, Kossovo e o Afeganistão.

cidadãos comuns. "Na vida pública atual, tornou-se obrigatório prestar homenagem aos militares e o único pecado imperdoável é o de faltar com o dever de 'dar apoio às nossas tropas'" (2005, p.23).

A REDE DE BASES MILITARES DOS ESTADOS UNIDOS NO GOLFO PÉRSICO

Durante o período da Guerra Fria, os Estados Unidos instalaram centenas de bases militares ao redor do planeta. Esses postos militares avançados – alguns deles, verdadeiras cidades; outros, meros pontos de apoio para o deslocamento de tropas, aviões e navios – tinham sua existência justificada pelo desafio de enfrentar a suposta ameaça global representada pela União Soviética e seus países aliados e clientes. Com a dissolução da União Soviética, as autoridades norte-americanas passaram a questionar se a distribuição dessas bases militares era a mais adequada para as prioridades estratégicas. Assim com o orçamento militar não foi diminuído – exceto no primeiro mandato de Clinton, que, pressionado pela oposição republicana, voltou a aumentar as despesas com as Forças Armadas no segundo mandato –, as tropas norte-americanas se mantiveram presentes ao redor do mundo. De acordo com a edição de 2004 do *Base Structure Report*, um relatório anual do Departamento de Defesa, os Estados Unidos mantinham em setembro naquele ano 860 bases militares permanentes no exterior, espalhadas por cerca de 130 países. O relatório omite as guarnições montadas a partir de 11 de setembro de 2001 no Iraque e no Afeganistão. O relatório classifica 15 bases como grandes, 19 como médias e 826 pequenas.[3]

A importância dessas instalações militares é um ponto de destaque no principal documento da chamada Doutrina Bush, a já mencionada *Estratégia de Segurança Nacional dos Estados Unidos*:

> A presença de forças norte-americanas no exterior é um dos símbolos mais profundos dos compromissos dos EUA com seus aliados e amigos. Por meio da nossa disposição de usar a força em nossa própria defesa e em defesa de outros, os Estados Unidos demonstram sua resolução em manter uma correlação de forças que favoreça a liberdade. (NSS, 2002)

---

[3] Desde de 2001, os Estados Unidos vêm realizando um realinhamento sistemático de suas forças e bases militares no exterior (Klare, p.2005a). O objetivo é transferir instalações da Alemanha, Itália, Japão e Coreia do Sul para localidades mais próximas dos locais dos prováveis conflitos, com destaque para o Oriente Médio, o Leste Europeu e a bacia do mar Cáspio. Muitas dessas novas instalações militares não abrigam unidades de combate em caráter permanente, mas apenas pequenas equipes de técnicos militares encarregados da vigilância e da manutenção de equipamentos bélicos que podem ser utilizados em futuros conflitos e de instalações destinadas a servir como escalas para navios ou aviões.

A instalação de novas bases tem reforçado a presença militar dos Estados Unidos nas imediações dos maiores campos de petróleo e de gás natural do planeta, dos principais pontos de passagem de navios-petroleiros (como o Estreito de Hormuz, no Golfo Pérsico) e das fronteiras da Rússia e da China. Em entrevista ao *Wall Street Journal*, o general Charles Wald, subchefe do Comando Europeu das Forças Armadas dos Estados Unidos, admitiu que os deslocamentos recentes de bases militares são movidos não só pelo combate ao terrorismo, mas também pela importância de "proteger" as reservas petrolíferas na Ásia Central e na África. "No Mar Cáspio, você tem grandes reservas minerais", afirmou Wald. "Queremos ser capazes de garantir a viabilidade desses recursos no longo prazo" (Jaffe, 2003).

Na nova configuração geográfica de rede de bases norte-americanas ao redor do mundo, importância especial foi atribuída, como seria de esperar, à região do Golfo Pérsico. Essa empreitada envolve o problema, particularmente delicado, de manter um contingente militar permanente na Arábia Saudita, país que adota como religião oficial uma versão extremamente rígida do islamismo. A resistência no interior da sociedade saudita à presença de tropas "infiéis" no território que abriga as cidades sagradas de Meca e Medina vem desde o fim da Segunda Guerra Mundial, quando os Estados Unidos construíram uma base aérea em Dhahran. A base foi devolvida aos sauditas em 1963, quando expirou o prazo de sua concessão, mas os norte-americanos mantiveram no país centenas de instrutores e técnicos, encarregados de ensinar as Forças Armadas locais a utilizar os armamentos importados dos Estados Unidos e de treinar a Guarda Nacional da Arábia Saudita – força militar que responde diretamente às ordens do rei e que tem como missão principal debelar eventuais rebeliões contra a monarquia. Quando o Iraque invadiu o Kuait, em 1990, Dick Cheney, então secretário de Defesa, viajou a Riad para convencer o rei Fahd a permitir o envio de tropas ao território saudita. Em *The Commanders*, o jornalista Bob Woodward relata um encontro tenso. Cheney prometeu que a presença militar norte-americana seria temporária. "Depois que o perigo passar, nossas forças voltarão para casa", disse Cheney (apud Woodward 1991, p.213). Durante a Guerra do Golfo, cerca de quinhentos mil soldados norte-americanos acamparam na Arábia Saudita, principal plataforma terrestre para a colossal operação militar que expulsou os iraquianos do Kuait.

A promessa de Cheney não foi cumprida. Com a justificativa de que era necessário implementar "zonas de voo proibido" no Iraque e a política de "dupla contenção" (do Iraque e do Irã), os Estados Unidos mantiveram ao longo da década de 1990 uma média de cinco mil militares na Arábia Saudita, principalmente pilotos e pessoal de apoio, espalhados em várias instalações, inclusive Dhahran. No período entre 1991 e 2000, a Força Aérea dos Estados Unidos realizou, a partir de bases em território saudita, mais de 240 mil missões individuais no Iraque. Nesse período, empresas de armamentos norte-americanas venderam cerca de US$ 40 bilhões em equipamentos militar para a Arábia Saudita, que se tornou o melhor cliente estrangeiro do "complexo industrial-militar" dos Estados Unidos.

A presença militar dos norte-americanos na Arábia Saudita provocou um desgaste nas relações entre os dois países – e, mais grave, fez da expulsão dos norte-americanos o objetivo prioritário do líder terrorista de Osama Bin Laden e de sua organização Al Qaeda, que se voltou contra os Estados Unidos após combater os soviéticos no Afeganistão. Bin Laden, ao iniciar sua "guerra santa" contra a Casa de Saud e a influência ocidental no mundo muçulmano, apresentou a permanência das tropas "infiéis" norte-americanas em território saudita como o ato final da traição da família real e da sua subserviência aos interesses dos Estados Unidos.

Os norte-americanos na Arábia Saudita foram alvo de uma série de ataques da Al Qaeda na década de 1990. Uma bomba, em 1995, matou cinco militares dos Estados Unidos num campo de treinamento da Guarda Nacional, em Riad; em 1996, um caminhão-bomba guiado por terroristas suicidas matou 19 norte-americanos no alojamento da Força Aérea dos Estados Unidos em Khobar Towers, próximo a Dhahran. Depois desse atentado, os norte-americanos transferiram a maior parte do seu pessoal militar para a base aérea de Prince Sultan, instalada em pleno deserto, a 110 quilômetros de Riad, longe dos olhos da população local e cercada por um rigorosíssimo esquema de segurança. A Al Qaeda reagiu à mudança atacando as forças norte-americanas em outros países. Em 1998, lançou um duplo ataque terrorista contra as embaixadas dos Estados Unidos no Quênia e na Tanzânia e, em agosto de 2000, danificou seriamente um navio de guerra norte-americano, o *USS Cole*, ancorado no porto de Áden, no Iêmen. Somente depois que as forças norte-americanas tomaram Bagdá é que o secretário de Defesa, Donald Rumsfeld, anunciou às autoridades de Riad que a queda de Saddam Hussein significava o fim da missão militar norte-americana na Arábia Saudita e que as forças dos Estados Unidos seriam retiradas. O anúncio, evidentemente, não pôs fim aos atentados contra norte-americanos e ocidentais não só em território saudita, mas em todo o mundo muçulmano e na Europa.

A saída norte-americana da Arábia Saudita foi compensada com a criação de vasta rede de bases militares dos Estados Unidos em toda a Península Arábica. Johnson (2004) apresenta uma relação das principais instalações:

- **Kuait** – o Exército dos Estados Unidos mantém desde o fim da Guerra do Golfo a gigantesca base de Camp Doha, que foi usada como plataforma para a invasão terrestre do Iraque em 2003. No entanto, os Estados Unidos vêm transferindo suas principais instalações militares de Camp Doha, considerada demasiadamente próxima à Cidade do Kuait, para Camp Arifjan, uma localidade desértica ao sul da

capital. Os Estados Unidos ainda operam no país a Base Aérea Ahmed Al Jaber, que oficialmente pertence ao governo kuaitiano.
- **Bahrein** – A Marinha norte-americana herdou a base britânica em Manamá, onde a presença de navios de guerra ocidentais é comum há décadas. Aí foi instalado, em 1995, o quartel-general da Quinta Frota da Marinha dos Estados Unidos, com a presença permanente de 4.200 militares.
- **Catar** – Nesse emirado se situa a maior base aérea norte-americana no Golfo Pérsico, em Al-Udeid. A base, onde estão instalados permanentemente 6.500 militares dos Estados Unidos, desempenhou papel decisivo na invasão do Iraque em 2003. Os Estados Unidos ainda mantêm duas importantes instalações militares no Catar, Camp As-Sayliah, onde o general Tommy Franks instalou o quartel-general avançado do CentCom por ocasião da invasão do Iraque, e Camp Snoopy, uma base de suprimentos e apoio logístico.
- **Emirados Árabes Unidos (EAU)** – O país mantém um acordo de cooperação que dá aos norte-americanos acesso à Base Aérea de al-Dhafra, utilizada para voos de reconhecimento sobre o Iraque, o Irã e o Afeganistão. O porto de Jebel Ali, no emirado de Dubai, é uma das principais bases de suprimentos da Marinha norte-americana no mundo inteiro.
- **Omã** – É um importante local para o armazenamento de equipamentos militares dos Estados Unidos e ponto de escala das operações norte-americanas na região. Em 2004, os Estados Unidos estavam construindo uma grande base aérea em al-Musnana, com uma pista apropriada para pousos e decolagens dos seus mais modernos bombardeiros, caças e aviões de transporte.

OS ANTECEDENTES DA INVASÃO DO IRAQUE

Não é nosso propósito narrar a invasão e ocupação do Iraque pelos Estados Unidos em abril de 2003, ocasião em que – com apoio de forças de outros países, sobretudo da Grã-Bretanha – derrubaram o regime de Saddam Hussein, nem analisar as múltiplas implicações dessa ação militar para a política externa norte-americana e o panorama político regional e mundial. É necessário, no entanto, fazer algumas considerações sobre os motivos da intervenção dos Estados Unidos e, em especial, avaliar a hipótese de que o controle do petróleo iraquiano tenha sido um fator importante na decisão do governo norte-americano de deflagrar essa guerra.

A ideia de usar a força militar para promover uma "mudança de regime" no Iraque já vinha sido acalentada muito antes dos atentados de 11 de setembro de 2001 pelos políticos e estrategistas "neoconservadores" agrupados no Projeto por um Novo Século Americano (PNAC), que discordavam da política da "dupla contenção" adotada no governo Clinton, considerada por eles ineficaz. Logo após sua formação, em 1997, o PNAC começou a pressionar a Casa Branca por uma ação militar contra o Iraque. Uma carta enviada por integrantes desse grupo ao presidente Clinton em 26 de janeiro de 1998 pede a "remoção do regime de Saddam Hussein do poder", argumentando que as sanções não são suficientes para impedir o regime iraquiano de produzir "armas de destruição em massa" e, dessa forma, de intimidar os países vizinhos, o que teria "um efeito gravemente desestabilizador em todo o Oriente Médio" (PNAC, 1998). A carta adverte que, se os Estados Unidos não adotarem uma atitude mais agressiva em relação ao Iraque, "a segurança das tropas norte-americanas na região, de nossos amigos e aliados ... e uma porção significativa dos suprimentos mundiais de petróleo correrão perigo". Quando George W. Bush tomou posse na Casa Branca, três anos depois, dez dos dezoito signatários da carta assumiram cargos na nova administração – entre eles, o vice-presidente Dick Cheney, o secretário de Defesa Donald Rumsfeld, o subsecretário de Defesa Paul Wolfowitz e o subsecretário de Estado Richard Armitage.

Ainda no governo Clinton, integrantes do PNAC se dedicaram a intenso trabalho de *lobby* com deputados e senadores em favor do Iraq Liberation Act – uma lei que, aprovada pelo Congresso em outubro de 1998, estabelece uma verba de US$ 97 milhões destinada à formação de um exército rebelde iraquiano e autoriza o Pentágono a treinar essa força militar (Hiro, 2004, p.20) No mês seguinte, o governo adotou oficialmente a "mudança de regime" no Iraque como uma meta da política externa norte-americana. No entanto, estudo do CSN, ainda em 1998, concluiu que os grupos iraquianos de oposição apoiados pelos Estados Unidos eram fracos e divididos, o que deixava Washington sem outra opção exceto insistir nas sanções econômicas e nos ocasionais bombardeios contra alvos no Iraque.

Em setembro de 2000, às vésperas da eleição presidencial, os integrantes do PNAC dariam destaque ao tema no principal manifesto do grupo, *Reconstruindo as Defesas da América*, que afirma a certa altura:

> Os Estados Unidos têm procurado há décadas desempenhar um papel mais permanente na segurança regional do Golfo. Embora o conflito não resolvido com o Iraque proporcione a justificativa imediata, a necessidade da presença de uma força norte-americana no Golfo transcende a questão do regime de Saddam Hussein. (p.15)

O mesmo documento afirma que, "mesmo que Saddam saia de cena", as bases norte-americanas na Arábia Saudita e no Kuait devem ser mantidas, ainda que a presença perturbe "sensibilidades domésticas", ou seja, que provoque oposição interna nos países anfitriões. O manifesto do PNAC era justificar a permanência das forças norte-americanas em nome dos "interesses duradouros dos Estados Unidos na região" (p.17).

A ascensão de grande parte dos signatários desse texto a altos postos na administração Bush leva a crer que a guerra dos Estados Unidos contra o Iraque já estava sendo planejada muito antes dos atentados de 11 de setembro de 2001. Entre as muitas informações já disponíveis sobre os antecedentes dessa decisão, destaca-se o depoimento de Paul O'Neill, secretário do Tesouro durante os dois primeiros anos do governo. Em relato publicado em sua biografia, *The Prince of Loyalty* (2004), do jornalista Ron Suskind, O'Neill revela que, menos de um mês depois da posse na Casa Branca, o presidente e seus principais auxiliares já discutiam o uso das armas para depor Saddam. De acordo com o livro, o Pentágono preparou nessa época, sob as ordens de Rumsfeld, mapas dos campos petrolíferos do Iraque e listas de empresas que poderiam se interessar por sua exploração. Um dos documentos citados por O'Neill estava assinalado como "secreto" e levava o título de "Plano para o Iraque Pós-Saddam". Em entrevista ao programa *60 Minutes*, da rede CBS, em 11 de janeiro de 2004, o ex-secretário (demitido no fim de 2002 por divergências sobre impostos) confirmou todas as informações do livro de Suskind, redigido com a sua colaboração. De acordo com o livro, O'Neill surpreendeu-se ao ver que nenhum dos participantes de uma reunião do CSN levantou a pergunta sobre por que o Iraque deveria ser invadido. "A questão era encontrar um meio de fazê-lo", relatou O'Neill. "Esse era o tom. O presidente dizendo: 'Encontrem um meio de fazer isso'" (Columbia Broadcasting System [CBS] News, 2004).

Em outro livro revelador, Richard Clarke, o principal assessor da Casa Branca para o combate ao terrorismo no primeiro governo de Bush (filho), conta que, no início de 2001, alertou diversas vezes seus superiores sobre o perigo representado pela Al Qaeda, mas eles não deram importância, pois tinham uma "ideia fixa" em relação ao Iraque. No livro (publicado no Brasil com o título *Contra todos os inimigos*), Clarke relata sua participação em reunião na Casa Branca, horas depois dos atentados de 11 de setembro, em que Rumsfeld propunha que se bombardeasse o Iraque, apesar de saber que a Al Qaeda – já apontada como o principal suspeito pelo ataque terrorista – estava instalada no Afeganistão:

> ... O secretário Rumsfeld reclamou que o Afeganistão não tinha alvos decentes para serem bombardeados e que deveríamos pensar em bombardear o Iraque que, disse ele, tinha alvos melhores. A princípio, achei que Rumsfeld estava brincando. Mas ele estava sério e o presidente não rejeitou de imediato a ideia de atacar o Iraque. Ao contrário, ele observou que o que precisávamos fazer com o Iraque era mudar o governo, não só atingi-lo com mais mísseis de cruzeiro, como Rumsfeld havia sugerido. (2004, p.48)

Clarke relata que, no dia seguinte ao atentado, recebeu do próprio Bush a ordem de buscar informações sobre um suposto envolvimento do Iraque com a Al Qaeda, mesmo na ausência de qualquer indício nesse sentido. Na avaliação desse especialista em luta antiterrorista, integrantes do núcleo decisório da Casa Branca, em especial Rumsfeld e Wolfowitz, tentavam

> tirar proveito dessa tragédia nacional para promover seus planos em relação ao Iraque. Desde o início da administração, sem dúvida bem antes, eles vinham pressionando por uma guerra contra o Iraque. (ibidem, p.47)

Os depoimentos de Clarke e de O'Neill reforçam o ceticismo em relação aos motivos apresentados pelo governo dos Estados Unidos para a invasão e ocupação do Iraque. Clarke afirma que, antes do 11 de setembro, a CIA vinha procurando indícios de envolvimento do Iraque em ações terroristas ou de que esse país ainda possuísse "armas de destruição em massa", sem resultado. Foram justamente esses os motivos alegados para a invasão. Só às vésperas do ataque é que o governo norte-americano, diante da incapacidade de apresentar qualquer prova convincente de algumas dessas acusações, passou a justificar a invasão com o argumento de que seria necessário pôr fim ao sofrimento dos iraquianos sob a tirania de Saddam e disseminar a democracia no Oriente Médio.

Nenhuma evidência foi encontrada capaz de dar fundamento às alegações de que o regime iraquiano teria ligações com a Al Qaeda ou alguma outra organização terrorista internacional ou, ainda, que mantivesse em seu poder ou estivesse desenvolvendo armas proibidas.[4] Ao contrário: as revelações que vieram a público desde então sugerem, isso sim, um esforço deliberado dos governos de Washington e de Londres para manipular informações, ocultando dados relevantes ou veiculando versões falsas, a fim de obter apoio político e diplomático à guerra e de influenciar a opinião pública. Mesmo que se conceda a Bush, Blair e seus auxiliares mais próximos o benefício da dúvida em sua forma mais generosa, permanece absolutamente inverossímil a ideia de que as autoridades da maior potência do planeta e de seu aliado mais importante tenham tomado uma decisão tão crucial quanto a de invadir o Iraque, em desafio às leis internacionais e contra a oposição de governos aliados, a partir de um simples engano, causado pela falta de informações corretas.

A OFENSIVA "NEOWILSONIANA" NO ORIENTE MÉDIO

Outro argumento de Bush para a invasão no Iraque foi a substituição da ditadura de Saddam Hussein por um regime democrático. A ideia foi apre-

---

[4] Para uma análise detalhada das justificativas do governo dos Estados Unidos para invadir o Iraque e seu confronto com a realidade, ver Hiro (2004).

sentada às vésperas da guerra, no dia 26 de fevereiro de 2003, em encontro promovido pelo American Enterprise Institute, um *think tank* de Washington estreitamente ligado à corrente "neoconservadora". Bush, em seu discurso, enfatizou que tanto o interesse dos Estados Unidos em garantir sua própria segurança quanto "a crença norte-americana na liberdade" coincidem na direção de "um Iraque livre e pacífico", cujo maior beneficiário seria, evidentemente, o próprio povo iraquiano:

> A nação do Iraque – com sua herança orgulhosa, recursos abundantes e um povo habilidoso e instruído – é plenamente capaz de se mover em direção à democracia e de viver em liberdade. ... Um novo regime no Iraque serviria como um dramático e inspirador exemplo de liberdade para outras nações na região. ... O sucesso no Iraque poderia também iniciar uma nova etapa para a paz no Oriente Médio, e produzir avanços em direção a um Estado Palestino verdadeiramente democrático. (George W. Bush, 2003)

O conteúdo desse discurso, repetido incansavelmente desde então e consagrado no próprio nome da operação militar dos Estados Unidos ("Liberdade Iraquiana"), merece ser comentado em dois planos diferentes. O primeiro plano, de caráter mais geral, diz respeito às convicções que movem os formuladores da política externa norte-americana. Ao justificar a intervenção, o governo o Bush tem reivindicado, mais intensamente do que seus antecessores, o legado "internacionalista" e liberal do presidente Woodrow Wilson no início do século XX. Na análise de Bacevich, o que define a visão de Wilson é uma intensa fé nos valores políticos e ideológicos norte-americanos e a busca de um mundo reconstruído segundo a imagem dos Estados Unidos, o que teria como resultado uma situação de paz permanente (2005, p.10). Essas ideias têm sido reafirmadas, como muita ênfase, nos textos doutrinários dos "neoconservadores" e nos documentos de política externa de Bush. A *Estratégia de Segurança Nacional dos Estados Unidos da América* está estruturada sobre o conflito democracia *versus* totalitarismo, assinalando a vitória completa do primeiro ao fim do século XX. O resultado dessa vitória, segundo o texto presidencial, é a afirmação, para todo o sempre, de "um único modelo sustentável para o sucesso nacional: liberdade, democracia e livre iniciativa". A reafirmação desse ponto de vista está presente em boa parte dos discursos de Bush – "o presidente mais wilsoniano desde o próprio Wilson", nas palavras de um admirador, o jornalista Lawrence Kaplan (2003, p.59), da revista *New Republic* – principalmente depois do 11 de setembro.

Bacevich assinala que as referências à "missão" dos Estados Unidos de defender os valores democráticos no mundo acompanham a retórica de todos os presidentes norte-americanos. A visão "excepcionalista" dos Estados Unidos como uma nação predestinada a transformar o mundo para melhor apenas se tornou mais ostensiva diante da adoção de uma política externa extremamente assertiva no governo Bush. "Os Estados Unidos não mudaram no 11 de setembro", escreveu Robert Kaplan, um dos principais ideólogos da corrente "neoconservadora", em texto igualmente citado por Bacevich. "Eles apenas se tornaram mais eles mesmos." Ao reforçarem sua identidade, os Estados Unidos retomaram o projeto no qual o país, de acordo com Kagan, tem se engajado não apenas "na década passada, mas na maior parte das últimas seis décadas e, pode-se até mesmo dizer, na maior parte dos últimos quatro séculos" (p.201). Kagan (2003, p.85) diz que a meta desse projeto é a hegemonia: "Os norte-americanos têm expandido seu poder e influência em arcos cada vez mais amplos antes mesmo de terem fundado seu próprio país independente".

Na política externa norte-americana, os ideais e os interesses não se manifestam de modo contraditório, mas, sim, complementares. Durante a Guerra Fria, a defesa do "mundo livre" e a hegemonia no sistema capitalista internacional eram objetivos norte-americanos que se integravam na mesma estratégia e só muito raramente colidiam entre si. Mesmo no tempo de Wilson, o objetivo grandioso de travar "uma guerra para pôr fim a todas as guerras" era, possivelmente, a única causa tão sublime a ponto de justificar o envio maciço de jovens norte-americanos para o abatedouro da Primeira Guerra Mundial – uma intervenção militar que definiu o desenlace do conflito, evitando uma Europa sob o domínio alemão e assinalando a ascensão dos Estados Unidos ao estatuto de grande potência, portadora de interesses e de capacidade de ação em escala global. Carter introduziu a defesa dos direitos humanos no vocabulário da política externa dos Estados Unidos, sem que isso tivesse produzido nenhuma mudança de rumo significativa; George Bush (pai) lançou a bandeira da "nova ordem mundial", imediatamente esquecida.

Nunca é demais lembrar que as nações agem no panorama internacional movidas, em última instância, por seus próprios interesses, mais do que por qualquer ideal. Kolko faz um comentário ácido sobre o papel da retórica na atuação dos Estados Unidos nos países periféricos durante a maior parte do século XX:

> A única constante nas ações e nas políticas dos Estados Unidos é o desejo por poder – econômico, político e militar, nessa ordem – e seus governantes estão preparados para utilizar quaisquer meios que considerem necessários para alcançar esse fim. ... As noções de Porta Aberta, internacionalismo ou anticomunismo foram utilizadas pelos EUA de acordo com sua conveniência, às vezes com sinceridade, outras vezes apenas como racionalizações rituais, mas geralmente de uma forma enganosa, em especial nas ocasiões em que estava envolvida a busca avassaladora dos seus interesses nacionais, econômicos acima de tudo. (1988, p.123)

Um segundo plano de considerações envolve a contradição entre o discurso norte-americano em favor de implantar a democracia no Oriente Médio pela força das armas e a trajetória histórica dos Estados Unidos nessa parte do mundo. Khalidi (2004, p.39-40) começa sua crítica questionando a ideia de que seja possível um país "democratizar" o outro de forma ativa, desprezando todo o processo de desenvolvimento político, social e jurídico que envolve um entendimento sério do conceito de democracia. Ele aponta a incoerência entre o súbito impulso de levar as liberdades e instituições democráticas ao Oriente Médio e o apoio consistente dos Estados Unidos a regimes opressivos, do xá do Irã à monarquia saudita:

> Muitos dos que têm pregado tão ardentemente as virtudes da democracia no Iraque nunca tinham demonstrado antes sua preocupação com os iraquianos nem com a democracia entre os árabes do Oriente Médio. É importante reconhecer que, **se** for levada a cabo de modo completo e consistente, uma política que estimule o progresso na direção da democracia e do respeito aos direitos humanos, ela estará, na realidade, em agudo contraste com o envolvimento dos EUA no Oriente Médio. (ibidem, grifo do autor)

Além de tudo, vale a pena assinalar a notável ausência do tema da democracia em toda a enorme coleção de documentos de política externa relacionados com o Oriente Médio – alguns deles citados aqui. Entre os interesses prioritários (ou "vitais") dos Estados Unidos no Oriente Médio mencionados nesses textos, destacam-se o acesso às reservas de petróleo, a sobrevivência e segurança de Israel e, até o fim da Guerra Fria, o bloqueio de qualquer influência soviética na região. A disseminação dos ideais democráticos é um tema praticamente ausente.

O PETRÓLEO E OS POSSÍVEIS GANHOS DOS ESTADOS UNIDOS COM A GUERRA

Resta a discussão sobre o petróleo como fator na decisão norte-americana de ir à guerra em 2003. Endossamos o ponto de vista dos que explicam a política norte-americana para o Iraque pelo objetivo estratégico de controlar as reservas petrolíferas do Golfo Pérsico, num contexto de dependência crescente dos Estados Unidos e da economia mundial em relação a esse recurso energético essencial e na iminência de se tornar cada vez mais escasso diante de uma demanda em incessante expansão. O que está em jogo no Iraque – conforme se pode depreender claramente da evolução da política norte-americana para o Oriente Médio desde 1945 e do estudo de documentos oficiais e de declarações de autoridades relevantes – são as implicações de substituir um regime hostil aos Estados Unidos no Iraque por um outro, sob sua influência. O Iraque é um país com uma importância estratégica especial – dono da segunda maior reserva petrolífera mundial e, além disso, situado no centro geográfico e político do Golfo Pérsico, em cujo subsolo repousam dois terços do petróleo ainda existente no planeta. O interesse "vital" pelo controle desses recursos energéticos tem sido parte importante da política externa norte-americana ao longo de sucessivos governos, sobretudo a partir da adoção, em 1980, da Doutrina Carter, pela qual os Estados Unidos se comprometem a usar a força militar, se necessário, para garantir o petróleo do Golfo Pérsico.

No caso do desafio representado pelo regime de Saddam Hussein, os formuladores de política externa norte-americana concluíram que, sim, era necessário recorrer à força militar. Vale a pena citar aqui dois textos relativos ao assunto. O primeiro deles é o já mencionado Relatório Baker/CFR. O documento, de abril de 2001, constata que as sanções contra o Iraque em vigor desde 1991 "estão se tornando cada vez mais difíceis de implementar" e, ao mesmo tempo, admite que sua revogação estimularia Saddam "a se gabar de sua 'vitória' contra os Estados Unidos", o que alimentaria suas ambições, fortaleceria o seu regime e o tornaria uma ameaça ainda maior aos países vizinhos. O Relatório Baker/CFR aponta o fortalecimento do Iraque num cenário do mercado petroleiro marcado pela escassez da oferta e, em consequência, pelo aumento da vulnerabilidade ocidental e norte-americana em relação aos suprimentos importados. O Iraque, segundo o relatório, teria se tornado um *swing producer* com capacidade de influenciar os mercados internacionais de modo comparável ao papel tradicionalmente exercido pela Arábia Saudita, o que colocaria os Estados Unidos "numa situação difícil" (p.13):

> O Iraque permanece uma influência desestabilizadora para os aliados dos EUA no Oriente Médio, assim como para a ordem regional e global e para o fluxo do petróleo para os mercados internacionais. Saddam Hussein também demonstrou uma disposição de ameaçar usar a arma do petróleo e de usar seu próprio programa de exportações para manipular os mercados de petróleo. (p.46)

Em resumo, o Iraque representaria um problema – num ponto estratégico para a segurança energética dos Estados Unidos – que não poderia ser resolvido por mudanças no regime de sanções. O *status quo* estava se tornando insustentável. O abrandamento das restrições às exportações fortaleceria a ameaça de Saddam aos países vizinhos e aos interesses dos Estados Unidos. E o endurecimento das sanções causaria transtornos no mercado mundial de combustível, com o consequente aumento dos preços. O relatório não propõe um meio de resolver o impasse, mas de alguma maneira aponta um caminho, ao afirmar que os Estados Unidos "devem agir para alterar as condições domésticas" (p.46) em caso de necessidade.

Entre as muitas análises sobre o assunto, é de grande importância o trabalho de John Duffield, publicado na revista israelense *Middle East Review of International Affairs (Meria)*. O estudo se concentra na avaliação dos benefícios relacionados com o petróleo que os Estados Unidos poderiam ter a expectativa de obter com a "mudança de regime" no Iraque, tal como esses potenciais benefícios se apresentavam antes da decisão final de ir à guerra. Duffield conclui, pelos dados disponíveis ao público até o início de 2003, que os Estados Unidos poderiam almejar ganhos significativos:

> Primeiro, eles (*os norte-americanos*) poderiam esperar que a eliminação do regime de Saddam Hussein viesse acabar, de uma vez por todas, com a persistente ameaça do Iraque de dominar diretamente ou por meio da coerção os vastos recursos petrolíferos do Golfo. (2005, p.2)

Duffield observa, a exemplo do Relatório Baker/CFR, que o regime de sanções ao Iraque não poderia ser mantido indefinidamente. Com ou sem "armas de destruição em massa", assinala, Saddam acabaria por recuperar sua capacidade de exercer influência política regional, colocando sob tensão o dispositivo militar norte-americano no Oriente Médio. Prossegue o estudo:

> Em segundo lugar, era possível esperar que a mudança de regime viesse liberar um potencial significativo da produção petrolífera do Iraque, que tinha sido artificialmente limitada pelos danos de guerra, pelas sanções e pela falta de investimento. Ambas as mudanças poderiam, por sua vez, trazer a expectativa de uma maior estabilidade nos mercados mundiais de petróleo do médio para o longo prazo. (2005, p.2)

Evidentemente, assinala Duffield, essa era a expectativa que o governo dos Estados Unidos poderia ter em relação aos benefícios da guerra para os seus interesses ligados ao petróleo – e não os benefícios efetivamente alcançados, ao menos até o momento. O autor endossa também a ideia, sugerida por vários autores (Klare, 2003c), de que a invasão também tivesse entre seus objetivos o de fortalecer a posição dos Estados Unidos no mercado petroleiro em relação à Arábia Saudita, dona de 27% das reservas mundiais. Na opinião desses analistas, a inexistência de um exportador com um volume de produção comparável ao dos sauditas representa duplo problema para os Estados Unidos. Em primeiro lugar, há o risco de desestabilização da Casa de Saud, ameaçada pelo fundamentalismo islâmico e pelo descontentamento dentro do país. O outro receio – manifestado com frequência no debate existente nos meios políticos norte-americanos sobre as relações entre os dois países – é o de que a Arábia Saudita venha a usar seu controle sobre o mercado de petróleo para pressionar os Estados Unidos a alterar sua política em relação a Israel.

Igor Fuser

A DISPUTA GLOBAL POR RECURSOS ENERGÉTICOS

A questão do acesso e controle das principais reservas de petróleo do mundo envolve uma questão que transcende a importância puramente econômica do petróleo como *commodity* e fonte de energia – envolve a disputa pelo poder em escala internacional. Se os Estados Unidos pretendem se manter, como propõe a *Estratégia de Segurança Nacional* do governo Bush, em posição de hegemonia mundial incontrastável, uma peça fundamental nesse projeto é a sua capacidade de influenciar a distribuição dos suprimentos de energia, cada vez mais escassos, aos demais países do mundo – e, ao mesmo, a de impedir que esses recursos caiam em mãos de potências rivais. Há mais de uma década, quando os Estados Unidos se preparavam para reverter a invasão do Kuait, Cheney afirmou que o controle sobre o petróleo do Oriente Médio proporciona a quem o exerce uma "posição de força" (*stranglehold*) sobre a economia global. Klare, ao discutir a dimensão estratégica sobre o controle desses recursos, ressalta a importância não só pelo Golfo Pérsico, mas das reservas petrolíferas das antigas repúblicas soviéticas do mar Cáspio:

> Ao permanecer como a potência dominante nessas áreas, os EUA podem conseguir mais do que simplesmente a garantia do seu abastecimento futuro. Eles também podem exercer um certo grau de controle sobre os suprimentos de energia de **outros** países importadores de petróleo. Na medida em que esses países dependem da macrorregião do Golfo-Cáspio para satisfazer suas necessidades de petróleo e de gás natural, sua segurança energética ficará vinculada à presença de poderosas forças norte-americanas nesses locais – uma situação que, naturalmente, confere a Washington um certo nível de influência política. (2004a, p.152) (grifo do autor)

A perspectiva de aumento da demanda mundial por energia, sem que as regiões produtoras sejam capazes de ampliar sua oferta no mesmo ritmo, faz prever um aumento da competição pelo acesso e controle das fontes de suprimento. Nesse panorama, o Golfo Pérsico desempenha papel estratégico. Essa região forneceu 75% do petróleo consumido no Japão em 2000. As exportações para a Europa Ocidental respondem por uma parcela menor do consumo – 45% em 2000 – mas a dependência europeia do Golfo Pérsico deve crescer à medida que se esgotem suas próprias reservas no mar do Norte, atualmente em declínio.

Um ator-chave nesse cenário é a China. A rápida expansão de sua economia demandará suprimentos de petróleo e de gás natural que ultrapassam largamente a capacidade das suas reservas domésticas. A China se tornou um importador bruto de petróleo em 1993 e, de acordo as projeções da AIE, até 2030 as importações representarão 74% da sua demanda. Isso equivale a dez milhões de barris/dia, o atual volume das importações dos Estados Unidos. Para se abastecer, a China terá de recorrer aos mesmos fornecedores da Europa Ocidental, do Japão e, numa escala cada vez maior, dos próprios Estados Unidos – o Golfo Pérsico, a bacia do mar Cáspio e a África.

O Relatório Baker/CFR, expressão do pensamento do *establishment* norte-americano no setor de energia, manifesta a preocupação com a disputa mundial por recursos:

> **Se os EUA deixarem de exercer um papel de liderança na formulação de novas regras do jogo, não estarão simplesmente abrindo mão desse papel, que outros irão assumir**. Os EUA ficarão então relegados a um papel reativo diante das iniciativas apresentadas por governos que, caso se aliem a outros, poderão deixar as empresas, os consumidores e o governo dos EUA numa posição muito mais fraca do que imaginam. (p.90, grifo do autor)

Diante dessa dimensão internacional, a invasão do Iraque em 2003 pode ser interpretada como parte de um movimento de grande envergadura dos Estados Unidos para fortalecer sua posição energética global nas próximas décadas. Caso consigam estabilizar o Iraque e implantar nesse país um regime sob sua influência, os norte-americanos ampliarão seu controle político e militar sobre o Golfo Pérsico e a Ásia Central e dificultarão o ingresso de potências rivais nessa região. O reforço de sua posição hegemônica facilitará o esforço de convencer os países produtores da região a ampliar as exportações até o limite da sua capacidade – tal como preconiza a política da "máxima extração" estabelecida no Relatório Cheney – e abrir suas reservas petrolíferas aos investimentos estrangeiros e, até mesmo, à privatização.

OBSTÁCULOS À "MÁXIMA EXTRAÇÃO"

Em seu esforço para garantir o acesso aos recursos energéticos do Golfo Pérsico – e de outras regiões do planeta – pelo emprego crescente da força militar, os Estados Unidos deparam com obstáculos de diferentes tipos. Alguns deles são de natureza estratégica e política. Outras barreiras envolvem o fato de que o petróleo é um recurso natural não renovável, cuja extração obedece a limites de natureza física.

Conforme a amarga experiência da ocupação do Iraque tem demonstrado, a supremacia militar dos Estados Unidos – a mais absoluta já exercida por qualquer potência imperial ao longo da História – é insuficiente para habilitar esse país a atingir seus objetivos de política externa. Em dois anos e meio de ocupação, os Estados Unidos perderam mais de dois mil soldados (o maior número de baixas norte-americanas num conflito externo desde a Guerra do Vietnã), gastaram bilhões de dólares e viram seu prestígio aos olhos do mundo e, em especial, dos habitantes dos países muçulmanos, cair para o patamar mais baixo em todos os tempos. Mas não conseguiram estabilizar o Iraque nem fazer com que a produção de petróleo iraquiana alcançasse ao menos os níveis anteriores à invasão. O terrorismo islâmico – cujo combate foi um dos argumentos para a "mudança de regime" em Bagdá – tem se mostrado mais ativo do que nunca. Tanto a insurgência iraquiana quanto a escalada dos atentados com a marca da Al Qaeda em diferentes lugares do mundo podem ser interpretados como uma manifestação do fenômeno que Chalmers Johnson definiu como *blowback* – as consequências inesperadas da ingerência dos Estados Unidos nos assuntos de outros países (2000, p.8).

Os percalços dos norte-americanos no Iraque parecem conferir renovada atualidade ao alerta lançado no fim da década de 1980 por Paul Kennedy quanto à desproporção entre os recursos econômicos e humanos dos Estados Unidos (enormes, mas não ilimitados) e os seus compromissos militares externos, cada vez maiores. Segundo Kennedy (1989, p.488):

> Embora os Estados Unidos ocupem atualmente ainda uma posição especial, própria, econômica talvez mesmo militarmente, não podem deixar de enfrentar duas grandes provas que desafiam a longevidade de toda grande potência que ocupa a posição "número um" nos assuntos mundiais: a capacidade de preservar, no setor estratégico-militar, um razoável equilíbrio entre as necessidades defensivas do país e os meios de que dispõe para atender a elas; e a capacidade de preservar, como ponto estreitamente ligado à primeira, as bases tecnológicas e econômicas de seu poder contra a erosão relativa, frente aos padrões sempre cambiantes da produção global total. ... Os Estados Unidos correm hoje o risco, tão conhecido dos historiadores da ascensão e queda de grandes potências anteriores, do que se poderia chamar de "excessiva extensão imperial": ou seja, os responsáveis pelas decisões em Washington têm de enfrentar a dura e permanente realidade de que a soma total dos interesses e obrigações mundiais dos Estados Unidos é hoje muito superior ao poder que eles têm de defender simultaneamente esses interesses e obrigações.

A inclinação das autoridades norte-americanas a superestimar as possibilidades do poderio militar – um traço permanente na trajetória dos Estados Unidos desde a Segunda Guerra Mundial e que o governo de George W. Bush ressaltou de um modo intenso – tem sido apontada por muitos autores influentes dentro do próprio *establishment* norte-americano. Um dos críticos mais destacados é o cientista político Joseph Nye, que integrou o governo de Bill Clinton como subsecretário de Defesa. Criador do conceito de *soft power* (o "poder brando"), Nye adverte contra o risco de que a orientação neoconservadora do governo Bush, ao atribuir uma ênfase exagerada ao *hard power* (o "poder duro"), venha minar as fontes da influência ideológica dos Estados Unidos, dificultando a obtenção do apoio de governos e povos estrangeiros às metas da política externa norte-americana.

O que liberais como Nye têm dificuldade de admitir é que nem sempre há uma coincidência entre os objetivos dos Estados Unidos e os interesses nacionais dos países sobre os quais eles exercem ou tentam exercer influência. Na questão do petróleo, esse conflito é evidente. É verdade que, como em toda relação comercial duradoura, há um vasto leque de interesses comuns entre países produtores e consumidores. É do interesse mútuo a estabilidade do mercado petroleiro em torno de preços que representem um equilíbrio entre as necessidades dos dois lados. Os exportadores não têm o menor interesse em arruinar as economias dos seus clientes. Ao mesmo tempo, por que motivo eles deveriam renunciar às vantagens que a posse de uma matéria-prima tão preciosa pode proporcionar? Sua lógica, que a Opep procura traduzir em políticas específicas, rege-se pela busca de obter o máximo lucro sem prejudicar sua posição no mercado. Já os países consumidores têm interesse em manter os preços do petróleo elevados apenas num nível suficiente para estimular os novos empreendimentos de pesquisa, prospecção e exploração de reservas – algo que os especialistas estimam entre US$ 18 e US$ 25 por barril, em valores de 2005, não mais do que isso. A própria existência de duas organizações internacionais com objetivos divergentes, a Opep e a AIE, é prova do conflito inerente a essa relação – um conflito que tem por trás de si uma história de mais de um século de espoliação, força bruta e resistência.

A perspectiva de uma defasagem crescente entre a demanda internacional de petróleo e a capacidade de oferta dos países exportadores tende a acirrar o conflito entre os dois polos do mercado, sobretudo quando os cálculos passam a incluir o esgotamento de uma matéria-prima que é a única ou a principal riqueza dos países onde ela se situa. De acordo com projeções do Departamento de Energia (DoE) dos Estados Unidos, a produção mundial de petróleo, para atender ao aumento da demanda, terá de crescer dos 77 milhões de barris/dia extraídos em 2001 para 121 milhões de barris/dia em 2025 – cerca de 57% ou 44 milhões de barris/dia a mais (*ver Capítulo 2*). O DoE prevê que mais da metade dessa produção adicional virá do Golfo Pérsico e que a Arábia Saudita, sozinha, contribuirá com 12,3 milhões de barris/dia, o dobro do petróleo que tem extraído atualmente. Outros grandes exportadores – como o Iraque, a Nigéria e a Rússia – também terão de aumentar sua produção em mais de 100% nas próximas duas décadas se quiserem dar conta da "tarefa" a eles designada pelo governo norte-americano e por organizações internacionais como a AIE.

O cenário projetado pelo DoE esbarra num problema que não pode ser resolvido nem pelo *hard power* nem pelo *soft power*: os limites físicos à extração. Para atingir os 44 milhões de barris/dia adicionais, ou ao menos se aproximar dessa meta, é preciso que as empresas petroleiras descubram novas reservas de petróleo de grandes proporções e que, além disso, ampliem – e muito – a produção dos poços já existentes. Conforme exposto no Capítulo 2, as descobertas têm ocorrido num ritmo decrescente nas últimas décadas. Novas tecnologias podem levar à descoberta de poços menores ainda não detectados após mais de um século de procura frenética por petróleo em todos os cantos do planeta, mas dificilmente acharão os poços gigantes indispensáveis ao aumento do consumo nas taxas previstas.

Para complicar o quadro, as projeções sobre o aumento da produção da Arábia Saudita têm sido questionadas, nos últimos dois anos, por especialistas com profundo conhecimento sobre a indústria petroleira daquele país. As dúvidas surgiram com reportagem publicada na primeira página do *New York Times* de 25 de fevereiro de 2004. O autor, Jeff Gerth, baseia-se em informações de executivos que exercem ou exerceram cargos importantes na Saudi Aramco – a estatal petroleira saudita – para afirmar que os campos de petróleo da Arábia Saudita "estão em declínio, levando dirigentes da empresa e autoridades do governo a questionar seriamente se o reino será capaz de saciar a sede mundial por petróleo nos próximos anos" (Gerth, 2004, p.A1).

As autoridades sauditas reagiram imediatamente à reportagem, reafirmando a capacidade da Saudi Aramco de ampliar sua produção e satisfazer a demanda mundial até meados do século. Nenhuma verificação independente foi feita, no entanto, para confirmar esse potencial produtivo. Os dados técnicos sobre a exploração de petróleo na Arábia Saudita têm sido mantidos em sigilo há mais de duas décadas (Gerth, 2004, p.A1).

O assunto voltou à tona em 2005, com intensidade ainda maior, depois do lançamento de livro do norte-americano Matthew Simmons que demonstra, com sólida fundamentação técnica, por que a Arábia Saudita não terá condições de atender às metas de produção previstas pelo DoE e pela AIE. Simmons é o presidente de um dos principais bancos dos Estados Unidos que atuam no mercado de energia, o Simmons & Company International. Trabalha há décadas com o financiamento de projetos de exploração de petróleo e, como consultor assíduo do governo norte-americano, participou em 2001 da elaboração do relatório do Baker Institute e do Council of Foreign Relations sobre estratégia de energia e do grupo de trabalho que elaborou, sob coordenação de Dick Cheney, o texto oficial sobre o assunto, a *Nova Política de Energia* ou Relatório Cheney – dois documentos parcialmente analisados aqui.

Simmons sustenta seu argumento com base em cinco pontos principais (2005, apud Klare 2005b):

   a) cerca de 90% do petróleo saudita é obtido em sete campos gigantes, dos quais o de Ghawar – o maior do mundo – é o mais produtivo;
   b) esses campos gigantes, em operação há quarenta ou cinquenta anos, já extraíram grande parte do seu petróleo de acesso mais fácil;
   c) para manter altos níveis de produção nesses campos, os sauditas têm recorrido cada vez mais ao uso de injeções de água do mar a fim de compensar a queda na pressão natural de cada poço;

d) ao longo dos anos, a proporção de água em relação ao petróleo dentro desses campos subterrâneos tende a aumentar até o ponto em que qualquer extração adicional de petróleo se torna difícil, quando não impossível;
e) é altamente improvável que a descoberta de novas reservas de petróleo na Arábia Saudita venha compensar o declínio dos poços mais antigos.

"É muito pequena a probabilidade de que a Arábia Saudita venha fornecer as quantidades de petróleo que são designadas a ela nas principais previsões de produção e consumo de petróleo no mundo", escreve Simmons (2005). Ele contesta as estimativas do DoE de que, além dos 264 milhões de barris de petróleo em reservas comprovadas, a Arábia Saudita teria outras centenas de milhões em reservas possíveis. Simmons afirma, grifando as palavras que considera chaves:

> A produção saudita já alcançou ou está muito perto de alcançar **o pico do seu volume sustentável** ... e vai provavelmente **entrar em declínio num futuro altamente previsível**. ... Os esforços sauditas de prospecção de petróleo nas últimas três décadas foram mais intensos do que a maioria dos observadores supõe. E os resultados desses esforços foram modestos, no melhor dos casos. (Simmons apud *TomDispatch.com* 2005, p.3)

Se isso for verdade, avalia Klare (2005b),

> seria o cúmulo da loucura supor que os sauditas serão capazes de dobrar a sua produção petroleira nos próximos anos, tal como projetado pelo Departamento de Energia. De fato, já será um pequeno milagre se eles aumentarem sua produção em um ou dois milhões de barris/dia e sustentarem esse nível por algo mais que um ano. Finalmente, num futuro não muito distante, a produção saudita entrará num rápido declínio do qual não há como escapar. E, quando isso ocorrer, o mundo enfrentará uma crise de energia numa escala sem precedentes.

É possível, claro, que nenhuma dessas previsões se confirme – e que as autoridades sauditas estejam corretas em suas garantias quanto à capacidade de aumentar os suprimentos no volume e ritmo requeridos.

O CONFLITO ENTRE A OPEP E OS CONSUMIDORES, SEGUNDO O FMI

Mesmo na ausência de qualquer obstáculo físico ao cumprimento das metas de produção da Arábia Saudita e dos demais exportadores do Golfo Pérsico, fatores econômicos e políticos interferem nos cálculos sobre a oferta futura de petróleo.

O governo Bush, ao erigir em prioridade da sua política externa a estratégia da "máxima extração" nos termos formulados pelo Relatório Cheney, leva em conta apenas os interesses nacionais norte-americanos, de acordo com a interpretação da Casa Branca. Para os Estados Unidos, um país cuja economia está organizada com base no baixo custo do transporte a longa distância, faz sentido – embora se possa discutir se esse é o caminho mais sensato – jogar todo o peso de sua influência internacional para garantir combustível abundante e barato pelo maior tempo possível. Mas nem a Casa Branca nem a força-tarefa que estruturou a política norte-americana de energia consultaram os principais países exportadores para saber se a "máxima extração" é a estratégica mais conveniente também para eles.

Como já se assinalou, o mercado dos combustíveis fósseis, como o petróleo e o gás natural, não se rege totalmente pelas leis econômicas da oferta e da procura. Na maioria das *commodities,* uma alta dos preços emite automaticamente um sinal aos agentes econômicos para que aumentem a produção, o que levará o mercado a um novo ponto de equilíbrio. Essa regra se aplicou ao mercado petroleiro enquanto a capacidade de oferta era maior do que a demanda – notoriamente, nas décadas de 1980 e 90, quando a expansão rápida da exploração fora da Opep coincidiu com a queda das taxas de crescimento da economia mundial, com a adoção de políticas de redução do consumo nos países desenvolvidos e com o ingresso de combustíveis alternativos, como a energia nuclear. O resultado foi um longo período de preços baixos depois dos choques do petróleo na década de 1970.

O contexto do início do século XXI é muito diferente. À medida que a indústria petroleira se aproxima do ponto em que não será mais possível aumentar a extração (o tão temido "pico do petróleo"), a alta dos preços se afirma como uma tendência irreversível. Não é mais possível ocorrer um ajuste pelo lado da demanda – que é em grande medida inelástica[5] –, pois não há substitutos viáveis para os derivados do petróleo no setor de transportes. Ao contrário do que ocorre em outros mercados, que respondem prontamente às variações de preços, o aumento das cotações do petróleo é insuficiente para fazer com que combustíveis alternativos passem a abastecer os automóveis, os caminhões e os aviões.

O petróleo é uma mercadoria extremamente lucrativa, com uma enorme diferença entre o custo da produção de petróleo (entre US$ 5 e US$ 10 por barril fora do Oriente Médio e bem menos nessa região) e o seu preço de venda (US$ 24 em 2000 e, com a alta acelerada dos últimos anos, mais de US$ 50 em 2005). A oportunidade de realizar lucros extraordinários tem sido um incentivo irresistível para que os produtores de fora da Opep ex-

---

[5] Um aumento de 10% no preço do barril reduz a demanda em apenas cerca de 1%, segundo o relatório do FMI (p.164).

traiam o máximo possível. Já os produtores da Opep, preocupados com o risco da superprodução, passaram os últimos 35 anos tentando administrar a oferta a fim de evitar a queda dos preços.

Esse período ficou para trás (Morse, 1999). O já citado relatório do Fundo Monetário Internacional (*World Economic Outlook 2005*), no capítulo que tem como título a pergunta sobre se "o mercado de petróleo continuará apertado" (e a resposta é "sim"), apresenta, sem fazer alarde, um cenário que põe em dúvida a viabilidade das projeções oficiais. O FMI compartilha as previsões de que a parcela principal do aumento da produção nas próximas décadas caberá aos países da Opep no Oriente Médio, donos das maiores reservas, enquanto a extração petrolífera fora da Opep atingirá o pico e entrará em declínio dentro de poucos anos. O que esse estudo do FMI traz de novo é a conclusão, baseada em equações sobre o comportamento do mercado, de que a situação ideal para os produtores da Opep, do ponto de vista dos lucros a serem obtidos pelas exportações futuras, é muito diferente daquela prevista nas estimativas do DoE e da AIE.

De acordo com o modelo elaborado pelo economista Dermot Gately, da New York University, e reproduzido no relatório do FMI, o volume de produção ideal para a Opep em 2030 corresponde a uma faixa entre 52 milhões e 59 milhões de barris/dia, bem abaixo dos esperados 61 milhões a 74 milhões (a diferença de cerca de nove milhões de barris/dia entre os pontos mais baixos nas duas previsões equivale, por pura coincidência, à produção atual da Arábia Saudita).[6] O FMI observa que, na simulação de Gately,

> a Opep busca um equilíbrio entre os ganhos de um aumento de produção e as perdas em decorrência dos preços mais baixos resultantes (*desse mesmo aumento*), levando em conta os investimentos e os custos da extração. ... Tudo isso sugere que, quando a produção de fora da Opep atingir o pico, haverá provavelmente uma forte pressão para a alta dos preços. (FMI 2005, p.169)

Seis anos antes, em artigo na revista britânica *Prospect*, o economista David Fleming (1999) já tinha previsto que o mercado petroleiro se comportaria de um modo incompatível com a expectativa embutida no Relatório Cheney:

> Quando os preços subirem, os produtores poderão manter sua renda com uma produção mais reduzida. A produção menor levará a preços mais altos. Isso tornará o petróleo que ainda está no subsolo mais valioso – um bem em processo de apreciação, a ser conservado. E isso tende a elevar os preços ainda mais. (ibidem, p.47)

---

[6] O cálculo não considera eventuais limites à capacidade física da Arábia Saudita e dos demais produtores da Opep nesse período.

Em outras palavras, as próprias condições do mercado mostrarão aos grandes produtores do Golfo Pérsico que eles só terão a ganhar se mantiverem uma grande parcela do seu petróleo debaixo da terra, sem ser explorada, pelo maior tempo possível. Fleming prevê que, nesse processo, o exemplo dos integrantes da Opep será seguido pelos exportadores importantes de fora da Opep. "Os demais produtores mundiais também descobrirão aí a sua chance", escreve. "Eles ficarão muito satisfeitos em obter um preço decente pelo petróleo e em poderem desacelerar o ritmo do esgotamento das suas reservas" (ibidem, p.47).

Nesse artigo, publicado quando as cotações do petróleo ainda estavam abaixo de US$ 20, Fleming prevê um novo choque de preços do petróleo, como os de 1973 e de 1979. Dessa vez, porém, o motivo não será político. Nem haverá, tampouco, outros produtores ávidos para preencher as lacunas de mercado deixadas pela supressão do petróleo da Opep. Ou seja: o grande risco não é mais o de um embargo do petróleo, mas de um choque de abastecimento relacionado com a própria lógica da economia e com as características de um recurso natural valioso, não renovável e concentrado em um número restrito de produtores. O gás natural, de acordo com a maior parte das previsões, poderá trazer algum alívio aos mercados, mas por pouco tempo, uma vez que as principais reservas também se situam no Golfo Pérsico e o pico da sua produção deve ocorrer menos de dez anos depois que o petróleo entrar em estagnação ou declínio.

A MEMÓRIA DO PASSADO COLONIAL E A FORÇA DO NACIONALISMO

Diante desse pano de fundo, não é difícil entender a impaciência manifestada em documentos do governo norte-americano (como o Relatório Cheney) e de organizações sob sua forte influência, como a AIE e o FMI, diante dos obstáculos que as políticas nacionalistas vigentes nos maiores produtores da Opep apresentam ao ingresso do capital estrangeiro que, supostamente, aceleraria a exploração de suas reservas. Claramente, os Estados Unidos têm muito mais pressa em ver o petróleo jorrando em novos poços nos desertos do Golfo Pérsico do que os proprietários dessa riqueza. O Relatório Baker/CFR, de 2001, aborda esse problema de um modo particularmente direto:

> No geral, a política internacional de petróleo dos EUA se baseou na manutenção do livre acesso ao petróleo do Golfo Pérsico e no livre acesso das exportações do Golfo para os mercados mundiais. Os Estados Unidos construíram um relacionamento especial com certos exportadores chaves do Oriente Médio, que expressaram seu interesse em preços estáveis do petróleo e, segundo a nossa suposição, iriam ajustar sua produção para manter os preços em níveis que não

desestimulariam o crescimento econômico global nem alimentariam a inflação. Levando essa dependência um pouco mais adiante, o governo norte-americano vinha operando sob a suposição de que as companhias nacionais de petróleo desses países fariam os investimentos necessários para manter uma capacidade excedente suficiente para formar um colchão contra cortes em outros países. Por alguns anos, essas suposições pareciam justificadas. Mas recentemente as coisas mudaram. Os interesses de política doméstica e exterior dos nossos aliados no Golfo estão entrando cada vez mais em choque com as considerações estratégicas dos EUA, especialmente nos períodos de maior tensão entre os árabes e os israelenses. Os governos desses países têm se tornado menos propensos a reduzir os preços do petróleo em troca da segurança dos mercados, e as evidências sugerem que os investimentos (*em petróleo*) não têm sido feitos num ritmo suficiente para ampliar a capacidade de produção de um modo compatível com as crescentes necessidades globais. Uma tendência em direção ao antiamericanismo pode afetar a capacidade desses líderes regionais de cooperar com os EUA na área da energia. (p.13)

Nada leva a crer que o "antiamericanismo" detectado no Relatório Baker/CFR tenha diminuído no período tumultuado que se seguiu à invasão do Iraque. Em pesquisa feita em seis países árabes em maio de 2004 pela empresa Zogby International e pela Anwar Sadat Chair for Peace and Development at University of Maryland, a esmagadora maioria das pessoas consultadas revelou opinião negativa em relação aos Estados Unidos e aos resultados de suas iniciativas no Oriente Médio.[7] Diante de uma pergunta sobre os motivos dos norte-americanos para a intervenção no Iraque, as respostas amplamente majoritárias nesses seis países (Jordânia, Marrocos, Líbano, Arábia Saudita, Emirados Árabes Unidos e Egito) foram "controlar o petróleo", "dominar o mundo muçulmano" e "proteger Israel". Em contraste, as respostas "difundir a democracia" e "promover a paz e a estabilidade" obtiveram índices inexpressivos na maioria dos países onde foi feita a pesquisa (Gause, 2005). É diante desse pano de fundo que se cruzam duas grandes tendências aqui ressaltadas:

- de um lado, a perspectiva da escassez de petróleo nos próximos anos e décadas deixará os governantes do Golfo Pérsico sob forte pressão externa para ajustar suas políticas de produção e preço de petróleo – e, eventualmente, as regras relativas aos direitos de propriedade das reservas – às necessidades e aos interesses dos países consumidores, em especial dos Estados Unidos;
- por outro lado, os mesmos governantes não poderão deixar de levar em conta a importância decisiva do petróleo para a economia dos seus países e, mais do que isso, como símbolo da independência.

---

[7] As conclusões da pesquisa estão disponíveis na internet no texto intulado, em inglês, *Arab Attitudes Towards Political and Social Issues, Foreign Policy and the Media*, em: <http://www.bsos.umd.edu/sadat/pub/Arab%20Attitudes%20Towards%20Political%20and%20Social%20Issues,%20Foreign%20Policy%20and%20the%20Media.htm>.

Trata-se, como sugere a própria pesquisa acima citada, de um assunto altamente sensível entre as populações dos países produtores de petróleo do Golfo Pérsico. Para se ter ideia, o emir do Kuait – Estado nacional que deve aos Estados Unidos a sua própria existência após a guerra de 1991 – teve o seu pedido de mudança na Constituição a fim de permitir o ingresso de capital estrangeiro na exploração do petróleo derrotado pelo Parlamento do país, um órgão legislativo com poderes muito limitados em comparação com seus similares ocidentais. Qualquer discussão sobre a "abertura" do setor de petróleo e de gás natural às empresas ocidentais ou a definição das políticas de preços e de volume de produção desses recursos minerais se dará em contexto fortemente simbólico. O petróleo está estreitamente associado à identidade nacional desses países, em processo de consolidação. Os Estados Unidos, em sua corrida para garantir o controle do petróleo, corre o risco de ter sua imagem cada vez mais associada às piores lembranças que as populações locais guardam dos tempos, não muito distantes, da espoliação neocolonial de seu único recurso valioso pelas grandes empresas petrolíferas ocidentais. Khalidi (2004, p.113) assinala que o petróleo foi o fator decisivo na construção dos Estados nacionais no Golfo Pérsico e no Norte da África, processo que se acelerou a partir da estatização desse recurso na década de 1970:

> A nacionalização da indústria petrolífera significou que um poder maior e rendas imensamente maiores passaram a fluir para as mãos das elites que controlavam os Estados produtores de petróleo. ... Companhias controladas pelo Estado agora dirigiam a indústria do petróleo, cujas receitas se destinavam totalmente ao Estado, dono de um poder absoluto sobre sua alocação desses recursos. O resultado foi que novas estruturas estatais foram criadas onde não existia nada antes. Estados que já eram fortes se tornaram ainda mais fortes, e elites já arraigadas se tornaram ainda mais difíceis de remover. Provavelmente, não é uma coincidência que nas três décadas depois do boom petroleiro a região do Oriente Médio inteira, que até o início dos anos 70 era conhecida pela instabilidade dos seus governos, não tenha visto uma única mudança significativa de regime, com a única exceção do Irã.

Evidentemente, como Khalidi faz questão de assinalar, na maioria dos países produtores o principal beneficiário dos lucros do petróleo não foi a população e sim as elites governantes – autoritárias, incompetentes e corruptas. Mesmo assim, o autor lembra que nunca surgiram nesses países vozes que questionassem o princípio do controle nacional dos recursos petrolíferos. Segundo Khalidi,

> a tragédia é que não foram os povos, e sim regimes não representativos que realmente dominaram esses recursos. Claramente, ninguém sente saudades do tempo em que as companhias estrangeiras, apoiadas por arrogantes diplomatas ocidentais e por uma diplomacia de canhoneira, decidiam a produção de petróleo, davam uma migalha aos países produtores e levavam embora suas riquezas naturais. Quaisquer que fossem os problemas que essas sociedades enfrentassem como resultado do mau

uso de suas rendas petroleiras por regimes de base social estreita e ditatoriais, até recentemente ninguém imaginava que o relógio pudesse voltar para trás, e que os países produtores pudessem perder o controle sobre seus recursos petrolíferos. Com a ocupação norte-americana no Iraque, entretanto, o espectro do controle estrangeiro sobre o petróleo do Oriente Médio surgiu outra vez. (2004, p.116-7)

É difícil prever como se dará o choque dos interesses dos Estados Unidos com as tendências nacionalistas nos próximos anos – e nem é esse nosso propósito. Mas o fato é que o esforço norte-americano de aplicar no Golfo Pérsico a política da "máxima extração" ocorre em um contexto local extremamente sensível, diante do qual o crescente envolvimento militar dos Estados Unidos não só pode se mostrar ineficaz como pode provocar novos conflitos e acirrar os já existentes. Klare comenta:

> A busca crescente dos EUA por fornecedores instáveis em partes perigosas do mundo está criando pressões sociais, econômicas e políticas que estão exacerbando as conflitos locais e assim aumentando o risco de tumulto. ... A presença ostensiva de empresas de petróleo norte-americanas está fadada a suscitar hostilidade de pessoas que rejeitam os valores dos EUA ou que se sentem descontentes com a grande concentração de riqueza e poder em mãos norte-americanas. (2001a, p.118)

Entre as muitas análises sobre o suposto papel imperial que os Estados Unidos buscariam a assumir no período do pós-Guerra Fria, vale a pena destacar as reflexões de Michael Mann (2003) sobre os limites do militarismo numa época em que o mapa do planeta se encontra coberto por Estados nacionais regidos pelo princípio da soberania. O autor aponta a crescente dificuldade norte-americana em encontrar Estados-clientes "confiáveis" com os quais possam contar em caso de necessidade. Mesmo regimes como o da Arábia Saudita, fortemente vinculados aos Estados Unidos, "não têm se mostrado muito leais". Ou seja: no essencial, os sauditas perseguem seus próprios interesses, que nem sempre coincidem com os de Washington – um dos motivos que, segundo Mann (2003), levaram o governo de George W. Bush a buscar o controle do petróleo iraquiano.

A expansão da influência norte-americana pelo mundo encerra, segundo Mann, um paradoxo que atrapalha o projeto de domínio imperial: ao defenderem os valores democráticos, os Estados Unidos reforçam a ideia de que os povos devem assumir a responsabilidade pelos seus próprios destinos. "Hoje as ideologias dominantes no mundo, veiculadas pelos meios de comunicação de massa, contradizem qualquer imperialismo" (ibidem). Os recentes acontecimentos no Iraque, no seu ponto de vista, expõem o contraste entre a facilidade com que as forças norte-americanas conquistaram aquele país e a sua dificuldade de proporcionar ordem e democracia após a ocupação. "Diante de um mundo de estados-nações, os Estados Unidos não têm poderes imperiais. A Era do Império já terminou" (Mann, 2003, p.97).

Conclusões

O exame das ações e dos documentos da política externa dos Estados Unidos no período posterior à Segunda Guerra Mundial revela a existência de forte vínculo entre a busca da segurança energética e o envolvimento militar no Golfo Pérsico. A importância estratégica atribuída pelas autoridades norte-americanas à região, que concentra dois terços das reservas comprovadas de petróleo, foi justificada, durante a Guerra Fria, pela suposta ameaça do "expansionismo" soviético. No entanto, desde o início da década de 1950, o inimigo real com o qual os Estados Unidos se defrontaram no Oriente Médio em sucessivas ocasiões foi o emergente nacionalismo, que entrou em choque com os interesses norte-americanos relacionados com os suprimentos de petróleo.

Até o "choque" de 1973 – que assinalou ao mesmo tempo o ponto culminante do "nacionalismo de recursos" no Oriente Médio e a vulnerabilidade das economias capitalistas ao petróleo da região –, os Estados Unidos mantinham uma presença militar discreta no Golfo Pérsico. A defesa dos seus interesses estratégicos se dava, inicialmente, por uma ambígua aliança com a Grã-Bretanha. Com a retirada britânica, os Estados Unidos recorreram a dois aliados regionais, o Irã e a Arábia Saudita, pela política dos Dois Pilares.

A queda do xá, em 1979, agravada pelo segundo "choque" do petróleo e pela intervenção soviética no Afeganistão, gerou nos estrategistas norte-americanos uma percepção de fragilidade da posição dos Estados Unidos no Golfo Pérsico e levou o presidente Carter a anunciar a doutrina de política externa que leva o seu nome – a região foi declarada do interesse "vital" dos Estados Unidos, que ameaçaram usar a força militar, se necessária, para garantir o seu acesso ao petróleo.

Na prática, os atos de "projeção de força" dos Estados Unidos no Oriente Médio apresentam uma sequência histórica de envolvimento crescente, como se pode deduzir dos seus momentos mais significativos:

- 1945: compromisso de defender a Arábia Saudita, em troca do acesso privilegiado a suas reservas de petróleo;

- 1953: participação da CIA no golpe militar que derrubou o governo nacionalista de Mossadegh, no Irã;
- 1958: desembarque de *marines* no Líbano, para garantir um governo pró-americano naquele país e, também, para intimidar o regime nacionalista recém-implantado no Iraque;
- 1973-75: ameaças (feitas por altas autoridades, como Kissinger) de captura do petróleo dos países árabes em caso de um novo embargo nos suprimentos para o Ocidente;
- 1980: o anúncio da Doutrina Carter e criação da Força de Intervenção Rápida, voltada para aquela região.
  1982: intervenção na guerra civil libanesa, que culmina no ano seguinte com nova intervenção dos marines;
- 1986-87: os Estados Unidos, que já apoiavam o Iraque desde o início da sua guerra com o Irã, ingressam diretamente no conflito, travando combates com os iranianos nas águas e no litoral do Golfo Pérsico.

Após o fim do comunismo soviético, as intervenções norte-americanas na região, em vez de diminuir, tornaram-se ainda mais frequentes, aumentando também em intensidade. Em 1991, com apoio das Nações Unidas, os Estados Unidos travaram a sua primeira guerra total contra um país árabe – o Iraque de Saddam Hussein, que havia invadido o Kuait. Enquanto isso, crescia a dependência petroleira norte-americana e ocidental.

Em 2003, no governo de George W. Bush, os Estados Unidos culminaram a linha ascendente do seu envolvimento militar no Golfo Pérsico com a invasão e ocupação do Iraque, em intervenção até agora não justificada de modo convincente. Em paralelo, as autoridades norte-americanas adotaram uma política nacional de energia cujo ponto central é persuadir os países produtores a extrair petróleo de acordo com a máxima capacidade possível, a fim de evitar a escassez do combustível e manter seus preços num nível conveniente.

Tanto a intervenção no Iraque quanto a busca da segurança energética pela "máxima extração" de petróleo podem ser interpretadas à luz do objetivo central da administração Bush, expresso em sua Estratégia de Segurança Nacional, que é o de consolidar a hegemonia norte-americana e impedir o surgimento de qualquer potência rival. Nesse sentido, a ocupação do Iraque serviria para reforçar a influência dos Estados Unidos no Oriente Médio, com a eliminação de um adversário incômodo, e garantir o controle da produção petroleira do país que possui a segunda maior reserva mundial do recurso natural. O risco é que a adoção de uma política externa mais agressiva, que inclui a securitização da energia num grau sem precedentes, venha acirrar a resistência nacionalista aos interesses dos Estados Unidos no Golfo Pérsico, o que pode levar os norte-americanos a um envolvimento militar ainda maior no futuro.

REFERÊNCIAS

RELATÓRIOS E DOCUMENTOS

A NATIONAL Security Strategy for a New Century, May 1997. Documento da Presidência dos Estados Unidos (The White House), administração de Bill Clinton. Disponível em: <http://clinton3.nara.gov/WH/EOP/NSC/Strategy/>. Acessado em: 4 maio 2000.

ALBRIGHT, Madeleine K. Department of State, Office of the Spokesman.*Secretary of State Madeleine K. Albright's address before the Council on Foreign Relations*, September 30, 1990.

_____. *USIS Washington File*. Transcript: Albright Interview on NBC-TV February 19, 19 Feb. 1998. Disponível em: <http://www.fas.org/news/iraq/1998/02/19/98021907_tpo.html>. Acessado em: 9 nov. 2005.

BAKER/CFR 2001. *Strategic Energy Policy: Challenges for the 21st Century – Task Force Report*. Report of an Independent Task Force Cosponsored by the James A. Baker III Institute for Public Policy of Rice University and the Council on Foreign Relations. Edward L. Morse, chair; Amy Myers Jaffe, Project Director. Também referido no presente trabalho como "Baker Institute/CFR". Houston, New York. April 15, 2001. Disponível em: <http://www.rice.edu/energy/publications/docs/TaskForceReport_Strategic EnergyPolicyUpdate.pdf>. Acessado em: 12 mar. 2008.

BRITISH PETROLEUM (BP) 2004. *Statistical Review of World Energy 2004*, British Petroleum Amoco. Disponível em: <http://www.bp.com/genericsection.do? categoryId=92&contentId=7005893>. Acessado em: 5 maio 2005.

BUSH, George W. President Bush Delivers Graduation Speech at West Point. *The White House – President George W. Bush*, June 1, 2002 . Disponível em: <http://www.whitehouse.gov/news/releases/2002/06/20020601-3.html>. Acessado em: 10 nov 2005.

_____. Speech to the American Enterprise Institute. *TeachingAmericanHistory.org*. Washington, DC, Feb. 26, 2003. Disponível em: <http://teachingamericanhistory.org/library/index.asp?documentprint=663>. Acessado em: 15 out. 2005.

CARTER, Jimmy. *State of the Union Adress 1980*. *Jimmy Carter Library*, Jan. 23, 1980. Disponível em: <http://www.jimmycarterlibrary.org/documents/speeches/su80jec.phtml>. Acessado em: 10 out. 2005.

CHENEY, Dick. *Defending Liberty in a Global Economy. Cato Speeches*. Palestra proferida em 23 de junho de 1998 na Collateral Damage Conference, Cato Institute, Washington DC. Disponível em: <http://www.cato.org/speeches/sp-dc062398.html>. Acessado em: 10 nov. 2005.

_____. Full text of Dick Cheney's speech at the Institute of Petroleum Autumn lunch, 1999. *Energy Bulletin*, 1999. Disponível em: <http://www.energybulletin.net/559.html>. Acessado em: 10 nov. 2005.

DoD2004. *Base Struture Report – A Summary of DoD's Real Property Inventory – Fiscal Year 2004 Baseline*. Department of Defense (DoD) of the USA. Disponível em: <http://www.defenselink.mil/pubs/20040910_2004BaseStructureReport.pdf>. Acessado em: 10 nov. 2005.

DoE 2000. *Annual Energy Review 2000*. Energy Information Administration, Department of Energy (DoE) of the USA. Disponível em: <tonto.eia.doe.gov/ftproot/multifuel/038400.pdf>. Acessado em: 12 mar. 2008.

DoE 2005. *Annual Energy Outlook 2005*. Energy Information Administration, Department of Energy (DoE) of the USA. Disponível em: <http://www.eia.doe.gov/oiaf/aeo/>. Acessado em: 10 maio 2005.

EBEL, Robert E. *Open Forum: Geopolitics of Energy into the 21st Century*. Discurso de abertura. Washington (DC), 30 Apr. 2002. Disponível em: <www.state.gov/s/p/of/proc/tr/10187.htm>.

INTERNATIONAL ENERGY AGENCY. *World Energy Outlook*. Paris, 2007. Disponível em: <http://www.iea.org/Textbase/npsum/WEO2007SUM.pdf>. Acessado em: 26 fev. 2008.

IMF 2005. Will the Oil Market Continue to be Tight? Chapter IV in the *World Economic Outlook – Globalization and External Imbalances*. A Survey by the Staff of the International Monetary Fund. April 2005. Disponível em: <http://www.imf.org/external/pubs/ft/weo/2005/01/pdf/chapter4.pdf>. Acessado em: 10 nov. 2005.

NEP 2001. *Reliable, Affordable, and Environmentally Sound Energy for America's Future – Report of the National Energy Policy Development Group*. Relatório de um grupo de trabalho da Presidência dos Estados Unidos coordenado pelo vice-presidente Dick Cheney, com data de 16 de maio de 2001. Disponível em: <http://www.whitehouse.gov/energy/>. Acessado em: 4 maio 2005.

NSD-26. *National Security Directive 26*. US National Security Council. "US Policy Toward the Persian Gulf", unclassified document released under the Freedom of Information Act. 1990. Disponível em: <http://www.fas.org/irp/offdocs/nsd/>. Acessado em: 22 out. 2005.

NSDD 139. Department of Defense (DoD). *Measures to Improve U.S. Posture and Readiness to Respond to Developments in the Iran-Iraq War*, National Secutiry Decision Directive (NSDD 139) from Ronald W. Reagan. April 5, 1984. Disponível em: <http://www.gulfinvestigations.net/document472.html>. Acessado em: 12 out. 2005.

NSS 2002. *The National Security Strategy of the United States of America*, The White House – President George W. Bush, September 17, 2002. Disponível em: <http://www.whitehouse.gov/nsc/nss.html>. Acessado em: 4 maio 2005.

NSSR 1991. *1991 National Security Strategy Report*. The White House, August, 13 1991. Disponível em: <http://www.globalsecurity.org/military/library/policy/

national/nss-918015.htm>. Acessado em: 10 nov. 2005. (Mensagem introdutória do presidente George H.W.Bush disponível em: <http://bushlibrary.tamu.edu/research/papers/1991/91081302.html>.)

NUNN, Sam, SCHLESINGER, James R., EBEL, Robert E. *Geopolitics of Energy Into the 21st Century*. Washington, DC: CSIS Press, Center for Strategic and International Studies, 2000.

PNAC 1998. *Letter to the Presidente Clinton on Iraq*. Project for a New American Century, January 26, 1998. Disponível em: <http://www.newamericancentury.org/iraqclintonletter.htm>. Acessado em: 10 nov. 2005.

PNAC 2000. *Rebuilding America's Defenses: Strategy, Forces and Resources for a New Century*. A report of the Project for a New American Century, September 2000. Disponível em: <http://www.newamericancentury.org/RebuildingAmericasDefenses.pdf>. Acessado em: 10 nov. 2005.

QDR 1997. *Report of the Quadrennial Defense Review*. Department of Defense of the USA, secretary William S. Cohen, May 1997. Disponível em: <http://www.defenselink.mil/pubs/qdr/>. Acessado em: 10 nov. 2005.

QDR 2001. *Quadrennial Defense Review Report*. Department of Defense of the USA, secretary Donald Rumsfeld. September 30, 2001. Disponível em: <http://www.defenselink.mil/pubs/qdr2001.pdf>. Acessado em: 11 nov. 2005.

SAES 2000. *Clinton/Gore Administration: Taking Action to Strengthen America's Energy Security*. The White House – Office of the Press Secretary, March 18, 2000. Disponível em: <http://clinton4.nara.gov/WH/New/html/20000322_1.html>. Acessado em: 11 nov. 2005.

STRATASSESS 1999. *Strategic Assessment 1999 – Priorities for a Turbulent World*. National Defense University, Institute for National Strategic Studies, 1999. Disponível em: <http://www.ndu.edu/inss/Strategic%20Assessments/sa99/sa99cont.html>. Acessado em: 11 nov. 2005.

USGS 2000. *US Geological Survey*. Disponível em: <www.usgs.gov/indez.html>. Acessado em: 5 maio 2005.

LIVROS E PERIÓDICOS

ADELMAN, Morris A. The Real Oil Problem. *Regulation*, v.27, n.1, p.6-21, Spring 2004. Disponível em: <http://papers.ssrn.com/sol3/papers.cfm?abstract_id=545042>. Acessado em: 12 fev. 2008.

AKINS, James. The Oil Crisis: This Time the Wolf Is Here. *Foreing Affair*, Apr. 1973. Disponível em: <http://www-personal.umich.edu/~twod/oil-ns/articles/for_aff_aikins_oil_crisis_apr1973.pdf>. Acessado em: 12 mar. 2008.

ANDERSON, Perry. Force and Consent. *New Left Review*, v.17, September-October, 2002. Disponível em: <http://www.thenewleftreview.net/NLR25101.shtml>. Acessado em: 4 maio 2005.

APPENZELLER, Tim. O fim do petróleo barato. *National Geographic Brasil*, p.110-33, 2004.

ARRIGHI, Giovanni. *O longo século XX*. São Paulo; Rio de Janeiro: Editora UNESP; Contraponto, 1996.

ARON, Raymond. *Paz e guerra entre as nações*. Tradução de Sérgio Bath. Brasília: Editora UnB, 2002.

BABUSIAUX, Denis, BAUQUIS, Pierre-René. Anticiper la fin du pétrole. *Le Monde Diplomatique*, Paris, janvier 2005. p.17.

BACEVICH, Andrew J. *The New American Militarism:* How Americans Are Seduced by War. Oxford, New York: Oxford University Press, 2005.

BAHGAT, Gawdat. *American Oil Diplomacy in the Persian Gulf and the Caspian Sea*. Gainesville (FL): University Press of Florida, 2003.

BARNETT, Jon. *The Meaning of Environmental Security* – Ecological Politics and Policy in the New Security Era. London; New York: Zed Books, 2001.

BLAIR, John M. *The Control of Oil*. New York: Vintage Books, 1978.

BLUM, William. *Killing Hope:* U.S. Military and C.I.A. Interventions since World War II. Common Courage Press, 2004.

BRENNER, Robert. *Merchants and Revolution*: Commercial Change Political Conflict and London's Overseas Traders (1550-1653). London: Verso, 2003.

BROMLEY, Simon. *American Hegemony and World Oil*. University Park: The Pennsylvania State University Press, 1991.

BROOK, Dan. Fueling the Empire Oil War, *Counterpunch*, April, 17, 2003. Disponível em: <http://www.counterpunch.org/brook04172003.html>. Acessado em: 10 nov. 2005.

BROWN, Harold. *Thinking About National Security*. Boulder (CO): Westview, 1983.

BROWN, Seyom. *The Faces of Power* – United States Foreign Policy from Truman to Clinton. New York: Columbia University Press, 1994.

BRZEZINSKI, Zbigniew. *The Grand Chessboard:* American Primacy and Its Geostrategic Imperatives. New York: Basic Books, 1997.

BUSH, George, SCOWCROFT, Brent. *A World Transformed*. New York: Vintage Books, 1998.

BUZAN, Barry, LITTLE, Richard. Why International Relations has Failed as an Intellectual Project and What to do About it. *Millenium:* Journal of International Studies, v.30, n.1, p.19-39, 2001.

CABLE NEWS NETWORK (CNN). O'Neill: Bush planned Iraq invasion before 9/11. *CNN.com*. January 14, 2004. Disponível em: <http://www.cnn.com/2004/ALLPOLITICS/01/10/oneill.bush/>. Acessado em: 10 nov. 2005.

CALLEO, David P. *The Imperious Economy*. Cambridge (Massachusetts) and London: s.n., 1992.

CHAUPRADE, Aymeric *Géopolitique:* Constantes et changements dans l'histoire. Paris: Ellipses, 2003.

CHOMSKY, Noam. *O império americano:* hegemonia ou sobrevivência. Tradução de Regina Lyra. São Paulo: Campus, 2004.

CLARKE, Richard A. *Contra todos os inimigos:* por dentro da guerra dos EUA contra o terror. Tradução de Claudia Gerpe Duarte et al. São Paulo: Francis, 2004.

COLUMBIA BROADCASTING SYSTEM NEWS (CBS NEWS). Bush Sought 'Way' To Invade Iraq?, *60 Minutes..* Jan 11, 2004. Disponível em: <http://www.cbsnews.com/sections/60minutes/main3415.shtml>. Acessado em: 10 nov. 2005.

CORDESMAN, Anthony H. *USCentCom Mission and History*. Center for Strategic and International Studies. Washington, April, 1998. Disponível em: <http://www.csis.org/mideast/reports/uscentcom3.pdf>. Acessado em: 12 out. 2005.

CRABB JR., Cecil V. *The Doctrines of American Foreign Policy:* Their Meaning, Role, and Future. Baton Rouge; London: Lousiana State University Press, 1982.

CSIS Panel Report. *The Geopolitics of Energy into the 21st Century*. Washington: Center for Strategic and International Studies, 2002.

DOBBS, Michael. U.S. Had Key Role in Iraq Buildup. *Washington Post*, 30 Dec. 2002. p.A01. Disponível em: <http://www.washingtonpost.com/ac2/wp-dyn/A52241-2002Dec29?language=printer>. Acessado em: 12 out. 2005.

DUFFIELD, John S. Oil and the Iraq War: How the United States Could Have Expected to Benefit, and Might Still. *Middle East Review of International Affairs (Meria)*, v.9, n.2, Article 7, 2005. Disponível em: <http://meria.idc.ac.il/journal/2005/issue2/Duffield%20pdf.pdf>. Acessado em: 8 jul. 2005.

EBEL, Robert. *Geopolitics of Energy into the 21st*. Century. Washington: Departamento de Estado, 2002. Disponível em: <www.state.gov/s/p/of/proc/tr/10187.htm>.

ENGDAHL, William. *A Century of War:* Anglo-American Oil Politics and the New World Order. London, Ann Harbor, MI: Pluto Press, 2004.

EVANS, Graham, NEWNHAM, Jeffrey. *The Penguin Dictionary of International Relations*. London: The Penguin Books, 1997.

EVEREST, Larry. *Oil, Power & Empire:* Iraq and the U.S. Global Agenda. Monroe, Maine: Common Courage Press, 2004.

FOSTER, John Bellamy. Imperial America and War. *Monthly Review*, May, 2003. Disponível em: <http://www.monthlyreview.org/0503jbf.htm>. Acessado em: 4 maio 2005.

FRANK, Andre Gunder. *Dependent Accumulation and Underdevelopment*. London: Macmillan, 1978.

FRANKEL, Glenn. U.S. Mulled Seizing Oil Fields in '73; British Memo Cites Notion of Sending Airborne to Mideast. *The Washington Post*, 1 Jan. 2004. p.A.01. Disponível em: <http://pqasb.pqarchiver.com/washingtonpost/>. Acessado em: 8 set. 2005.

FRIEDMAN, Thomas L. *O Lexus e a oliveira:* entendendo a globalização. Rio de Janeiro: Objetiva, 2001.

FROMKIN, David. *A Peace to End All Peace:* The Fall of the Ottoman Empire and the Creation of the Modern Middle East. New York: Henry Holt and Company, 1989.

FUKUYAMA, Francis. *O fim da história e o último homem*. Rio de Janeiro: Rocco, 1993.

GARTHOFF, Raymond. *A Journey Through the Cold War*. New York: Brookings Institution, 2001.

GASPARI, Elio. *A ditadura derrotada*. São Paulo: Companhia das Letras, 2003.

GAUSE III, F. Gregory. Can Democracy Stop Terrorism?. *Foreign Affairs*, v.84, n.5, Sept.-Oct. 2005.

GELLMAN, Barton. US Bombs Missed 70% of Time. *Washington Post*, 16 March 1991, p.A1.

GERTH, Jeff. Forecast Of Rising Oil Demand Challenges Tired Saudis Fields. *The New York Times*. 25 Feb. 25, 2004, p. A1. Disponível em: <http://www.energybulletin.net/333html>. Acessado em: 10 out. 2005.

GILPIN, Robert. *War and Change in World Politics*. Cambridge; New York: Cambridge University Press, 1981.

_____. *A economia política das relações internacionais*. Tradução de Sérgio Bath. Brasília: Editora UnB, 2002.

GLEICK, Peter H. Water and Conflict. *International Security*, v.18, n.1, Summer Sept.-Oct. 2005.

GLEICK, Peter H., EHRLICH, Anne H., CONCA, Ken. *Resources and Environmental Degradation as Sources of Conflict*. Ocasional paper at the 50th Pugwash Conference on Science and World Affairs "Eliminating The Causes Of War", Queen's College, Cambridge (UK), 2-8 August 2000. Disponível em: <http://www.student-pugwash.org/uk/WG5.pdf>. Acessado em: 4 maio 2005.

GOODSTEIN, David. *Out of Gas* – The End of the Age of Oil. New York, London: W.W. Norton and Company, 2004.

GOWAN, Peter. A Calculus of Power. *New Left Review*, v.16, July-Aug. 2002. Disponível em: <http://www.newleftreview.com/NLR25003.shtml>. Acessado em: 4 maio 2005.

_____. *A roleta global:* uma aposta faustiana de Washington para a dominação do mundo. Rio de Janeiro: Record, 2003.

HECKSCHER, Eli F. *La época mercantilista:* historia de la organización y las ideas económicas desde el final de la Edad Media hasta la Sociedad Liberal. México: Fondo de Cultura Económica, 1946.

HEINBERG, Richard. (2003). *The Party's Over* – Oil, War and the Fate of Industrial Societies. Forest Row (East Sussex): Clairview, 2003.p.87-92.

HILLEL, Daniel D. *Rivers of Eden: The Struggle for Water and the Quest for Peace in the Middle East.* Oxford: Oxford University Press, 1994.

HIRO, Dilip. *Iran under the Ayatollahs.* New York: Routledge, 1985.

_____. *Iraq in the Eye of the Storm.* New York: Nation Books, 2002.

_____. *The Essential Middle East:* A Comprehensive Guide. New York: Carroll & Graff, 2003.

_____. *Secrets and Lies:* Operation "Iraqi Freedom" and After. New York: Nation Books, 2004.

HIRSCHMAN, Albert O. *National Power and the Structure of Foreign Trade.* Berkeley (LA); London: University of California Press, 1980.

HOBBES, Thomas. *Leviatã*. Organizado por Richard Tuck, tradução de João Paulo Monteiro e Maria Beatriz Nizza da Silva. São Paulo: Martins Fontes, 2003.

HOMER-DIXON, Thomas. Environmental Scarcities and Violent Conflict: Evidence from Cases. *International Security*, v.19, n.1, Summer 1994. Disponível em: <http://www.library.utoronto.ca/pcs/evidence/evid1.htm>. Acessado em: 4 maio 2005.

HOW JIMMY Carter and I Started the Mujahideen – Interview of Zbigniew Brzezinski. *Le Nouvel Observateur*, 15-21 Jan 1998, p.76. Disponível em: <http://www.proxsa.org/resources/9-11/Brzezinski-980115-interview.htm>. Acessado em: 26 set. 2005.

HUANG, Jennifer. A Cold War Legacy of Persian Gulf Conflict. *Newsdesk.org*, 19 March 2003. Disponível em: <http://www.artsandmedia.net/cgi-bin/dc/newsdesk/2003/03/18_centcom_1>.

l'HUILLIER, Hervé. Pétrole et relations internationales depuis 1945. *Questions Internationales*, n.2, p.6, juillet-août 2003.

HUNTINGTON, Samuel. *A ordem política nas sociedades em mudança*. São Paulo: Forense Universitária/Editora da Universidade de São Paulo, 1975.

_____. *O choque das civilizações*. São Paulo: Objetiva, 1997.

IGNATIEFF, Michael. The American Empire (Get Used to It). *NY Times Magazine*. 5 Jan. 2003. Cover story.

IGNOTUS, Miles (Pseud.). Seizing Arab Oil. *Harper's Magazine*, March 1975. Disponível em: <http://www.harpers.org/SeizingArabOil.html>. Acessado em: 7 jul. 2005.

INTERVIEW with Vice President Cheney. *Usa Today; Los Angeles Times*. 18 Jan. 2004. Disponível em: <http://www.usatoday.com/news/washington/2004-01-18-cheney-transcript_x.htm>.

IKENBERRY, G. John. *Reasons of State:* Oil Politics and the Capacities of American Government. Ithaca; London: Cornell University Press, 1988.

_____. A Ambição Imperial. *Política Externa*. v.2, n.5, dez.- jan. 2002/2003.

INDYK, Martin. Challenges to US Interests in the Midde East: Obstacles and Opportunities. *The Soref Sumposium*. Washington Institute for Near East Policy, May 18-19, 1993. Disponível em: <www.ciaonet.org/olj/sa/sa_may01khm01.html>. Acessado em: 16 out. 2005.

JAFFE, Greg. In a Massive Shift, US Plans to Reduce Troops in Germany, *Wall Street Journal*, 10 June 2003, p.1.

JOHNSON, Chalmers. *Blowback:* The Costs and Consequences of American Empire. New York: Henry Holt and Company, 2000.

_____. *The Sorrows of Empire:* Militarism, Secrecy, and the End of the Republic. New York: Henry Holt and Company, 2004.

JOSKOW, Paul L. U.S. Energy Policy during the 1990's. *Current History*. March, 2002.

KAGAN, Robert. *Of Paradise and Power:* America and Europe in the New World Order. New York: Knopf, 2003.

KAPLAN, Lawrence. The growing pains of democracy. *The Financial Times*. 14 May 2003. Disponível em: <http://www.fareedzakaria.com/books/dem_ft.html>. Acessado em: 10 nov. 2005.

KARL, Terry Lynn. *The Paradox of Plenty:* Oil Booms and Petro-States. The University of California Press, 1997.

KAUFMAN, Burton I. "Mideast Multinational Oil, U.S. Foreign Policy, and Antitrust: the 1950s", *Journal of American History*, vol.63, March 1977.

KENNEDY, Paul. *Ascensão e queda das grandes potências:* transformação econômica e conflito militar de 1500 a 2000. Tradução de Waltencir Dutra. São Paulo: Campus, 1989.

KEOHANE, Robert O. *After Hegemony:* Cooperation and Discord in World Political Economy. Princeton (NJ): Princeton University Press, 1978.

KEOHANE, Robert O., NYE, Joseph S. *Power and Interdependence*. 3.ed. New York: Longman, 2001.

KETTLE, Martin, BROWN, Paul, MILNER, Mark. Cheney Promises Big US Nuclear Power Expansion. *Guardian*, London, 2 May 2001. Disponível em: <http://www.commondreams.org/headlines01/0502-01.htm>. Acessado em: 10 nov. 2005.

KHALIDI, Rashid. *Resurrecting Empire:* Western Footprints and America's Perilous Path in the Middle East. London; New York: I.B.Tauris, 2004.

KINZER, Stephen. *Todos os homens do xá*: o golpe norte-americano no Irã e as raízes do terror no Oriente Médio. Rio de Janeiro: Bertrand Brasil, 2004.

KIRSHNER, Jonathan. The Political Economy of Realism. In: KAPSTEIN, Ethan B., MASTANDUNO, Michael (Eds.). *Unipolar Politics:* Realism and State Strategies After the Cold War. New York: Columbia University Press, 1999.

KISSINGER, Henry. *The Years of Upheaval*. New York: Little Brown, 1982.

KISSINGER, Henry. *Memórias:* 3º Volume – Anos de Renovação. Tradução de Joubert de Oliveira Brízida. Rio de Janeiro: UniverCidade; Topbooks, 2001.

KLARE, Michael T. Resource Competition and World Politics in the 21st Century. *Current History*, n.99, 2000.

_____. *Resource Wars:* The New Landscape of Global Conflict. New York: Metropolitan Books, Henry and Holt Company, 2001a.

_____. The New Geopolitics. *Monthly Review*. July-August 2003a.

_____. Arms Transfers to Iran and Iraq during the Iran-Iraq War of 1980-88 and the Origins of the Gulf War. In: BACEVICH, Andrew J., INBAR, Efraim (Eds.) *The Gulf War of 1991 Reconsidered*. London; Portland (OR): Frank Class, 2003b.

_____. The Coming War With Iraq: Deciphering the Bush Administration's Motives. *Foreign Policy in Focus*, Jan. 2003c. Disponível em: <http://www.fpif. org/commentary/2003/0301warreasons_body.html>. Acessado em: 14 out. 2004.

_____. *Blood and Oil:* The Dangers and Consequences of America's Growing Dependency on Imported Petroleum. New York: Metropolitan Books, Henry and Holt Company, 2004a.

_____. Oil Wars. *TomDispatch.com*, 9 Oct. 2004b. Disponível em: <http://www.countercurrents.org/peakoil-klare091004.htm>. Acessado em: 4 maio 2005.

_____. Bush-Cheney Energy Strategy: Procuring the Rest of the World's Oil. *Foreign Policy in Focus*, Jan. 2004c. Disponível em: <http://www.fpif.org/papers/03petropol/politics.html>. Acessado em: 4 maio 2005.

_____. Imperial Reach. *The Nation*, April 7, 2005a. Disponível em: <http://www.thenation.com/doc/20050425/klare>. Acessado em: 10 nov. 2005.

_____. The Impeding Decline of Saudi Oil Output. *TomDispatch.com,* 26 June, 2005b. Disponível em: <http://www.tomdispatch.com/index.mhtml?pid=3832>. Acessado em: 10 out. 2005.

KOLKO, Gabriel. *Confronting the Third World:* United States Foreign Policy 1945--1980. New York: Pantheon Books, 1988.

_____. *Another Century of War?* New York, London: The New Press, 2004.

KRASNER, Stephen D. *Defending the National Interest:* Raw Materials Investments and U.S. Foreign Policy. Princeton (NJ): Princeton University Press, 1978.

KUPCHAN, Charles A. *The Persian Gulf and the West:* The Dilemmas of Security. Boston: Allen & Unwin, 1987.

LAKE, Anthony. Confronting Backlash States. *Foreign Affairs*, v.73, n.2, March-April 2004.

LE BILLION, Phillipe. The Political Ecology of War: Natural Resources and Armed Conflicts. *Political Geography*, v.20, n.5, 2001.

LENIN, Vladimir Ilich. *O imperialismo, fase superior do capitalismo*. Obras escolhidas. Moscou: Editorial Progresso, 1966. (tomo 1)

LEWIS, Martin W. Is There a Third World? *Current History*. November 1999.

LIEVEN, Anatol. The Push for War. *London Review of Books*, v.24, n.19, 3 Oct. 2002. Disponível em: <http://www.lrb.co.uk/v24/n19/liev01_.html>. Acessado em: 16 out. 2005.

LIST, Friedrich. *The National System of Political Economy*. Disponível em: <http://socserv2.socsci.mcmaster.ca/~econ/ugcm/3ll3/list/national.html>. Acessado em: 4 maio 2005.

LITTLE, Douglas. *American Orientalism:* The United States and the Middle East since 1945. Chapel Hill; London: The University of North Carolina Press, 2004.

MANN, Michael. *Incoherent Empire.* London; New York: Verso, 2003.

MARX, Karl, ENGELS, Friedrich. *Manifesto do Partido Comunista.* Tradução de Sueli Tomazzini Barros Cassal. Porto Alegre: L&PM, 2001.

McCORMICK, Thomas J. *America's Half-Century:* United States Foreign Policy in the Cold War and After. 2.ed. Baltimore; London: The Johns Hopkins University Press, 1995.

McNAUGHER, Thomas L. *Arms and Oil:* U.S. Military Strategy and the Persian Gulf. New York: The Brookings Institution, 1985.

MELLO, Leonel Itaussu Almeida. *Quem tem medo da geopolítica?.* São Paulo: Edusp; Hucitec, 1998.

MORGENTHAU, Hans J. *Politics Among Nations:* The Struggle for Power and Peace – Brief Edition revised by Kenneth W. Thompson. New York: McGraw-Hill, 1993.

MORSE, Edward L. A New Political Economy of Oil. *Journal of International Affairs,* v.53, n.1, Fall 1999.

_____. The New Geopolitics of Oil. *The National Interest,* sp. esp. Energy, Winter 2003-2004.

MUN, Thomas. *England's Treasure by Foreign Trade.* s.d. Disponível em: <http://socserv2.socsci.mcmaster.ca/~econ/ugcm/3ll3/mun/treasure.txt>. Acessado em: 4 maio 2005.

NYE, David E. Path Insistence: Comparing European and American Attitudes Toward Energy. *Journal of International Affairs,* v.53, n.1, Fall 1999.

NYE, Joseph S. Redefining the National Interest. *Foreign Affairs,* July – Aug., 1999.

_____. *O paradoxo do poder americano:* por que a única superpotência do mundo não pode prosseguir isolada. Tradução de Luiz Antônio Oliveira de Araújo. São Paulo: Editora Unesp, 2002.

_____. *Soft Power:* The Means to Success in World Politics. New York: Public Affairs, 2004.

NUNN, Sam, SCHLESINGER, James R., EBEL, Robert E. Organization of the Petroleum Exporting Countries. Oil outlook to 2025. *Opec Review Paper,* Viena, set. 2004. Disponível em: <http://www.opec.org/library/OPEC%20Review/OWEM04.pdf>. Acessado em: 12 mar. 2008.

O'CONNOR, Harvey. *World Crisis in Oil.* London: Elek Books, 1963.

ODELL, Peter R. *The International community's perceptions of the future of Middle East oil, from the 1960s to 2000* (Seminaire IEPE/IFE, Paris, 2 octobre 2000). Grenoble: Institut d´économie et de politique de l'énergie, 2000. Disponível em: <http://web.upmf-grenoble.fr/iepe/textes/OdellTxt.pdf>. Acessado em: 4 maio 2005.

PAINTER, David. *Oil and the American Century:* The Political Economy of US Foreign Oil Policy, 1941-1954. Baltimore, MD: Johns Hopkins University Press, 1986.

PALMER, Michael A. *Guardians of the Gulf:* A History of America's Expanding Role in the Persian Gulf 1833-1992. New York: The Free Press, 1992.

PELLETIÈRE, Stephen. *America's Oil Wars.* Westport (Connecticut), London: Praeger, 2004.

PETERS, Susanne. Coercive western energy security strategies: "resource wars" as a new threat to global security. *Geopolitics,* v.9, n.1, March 2004.

PFAFF, William. *The Wrath of Nations:* Civilization and the Furies of Nationalism. New York: Simon & Schuster, 1993.

POLLACK, Josh. Saudi Arabia and the United States. *Middle East Review of International Affairs (Meria)*, v.6, n.3, Sept. 2002. Disponível em: <http://meria.idc.ac.il/journal/2002/issue3/jv6n3a7.html>. Acessado em 7 jul. 2005.

POLLACK, Kenneth M. Securing the Gulf. *Foreign Affairs*, July-Aug. 2003. Disponível em: <http://www.foreignaffairs.org/20030701faessay15401/kenneth-m-pollack/securing-the-gulf.html>. Acessado em: 30 out. 2005.

PORTER, Gareth. *Perils of Dominance:* Imbalance of Power and the Road to War in Vietnam. Berkeley, Los Angeles, London: University of California Press, 2005.

RANDALL, Stephen J. *United States Foreign Oil Policy Since World War I:* For Profits and Security. 2.ed. Montreal & Kingston, London, Ithaca: McGill-Queen's University Press, 2005.

RENNER, Michael. *The Anatomy of Resource Wars*. Worldwatch Paper 162, Oct. 2002.

ROSENAU, James N. International Relations. In: KRIEGER, Joel (ed.) *The Oxford Companion to Politics of the World*. 2.ed. Oxford: Oxford University Press, 2001.

ROSENBERG, Justin. *The Empire of Civil Society:* A Critique of the Realist Theory of International Relations. London; New York: Verso, 1994.

ROSENTHAL, Andrew. Confrontation in the Gulf; Strategy: Embargo; U.S. Bets Its Troops Will Deter Iraq While Sanctions Do the Real Fighting. *The New York Times*, 9 Aug. 1990. p.A14. Disponível em: <http://select.nytimes.com/gst/abstract.html>. Acessado em: 12 out. 2005.

RUBIN, Barry. The Persian Gulf after the Cold War: Old Patterns; New Era. *The Middle East Review of International Affairs (Meria)*, v.2, n.2, June 1999. Disponível em: <http://meria.idc.ac.il/journal/1999/issue2/jv3n2a6.html>. Acessado em: 22 out. 2005.

RUSTOW, Dankwart A. (1982). *Oil and Turmoil: America Faces Opec and the Middle East*. New York, London: W. W. Norton and Company.

SALAMEH, Mamdouh G. A Third Oil Crisis? *Survival* – The IISS Quarterly, v.43, n.3, p.29, Aut. 2001.

SEMPA, Francis P. *Geopolitics:* From the Cold War to the 21st Century. New Brusnwick and London, 2002.

_____. U.S. National Security Doctrines Historically Viewed. *AmericanDiplomacy.org*, Triangle Institute for Security Studies, 19 April 2004. Disponível em: <http://www.unc.edu/depts/diplomat/archives_roll/2004_04-06/sempa_nsd/sempa_nsd.html>. Acessado em: 15 maio 2005.

SHALOM, Stephen R. *Imperial Alibis:* Rationalizing U.S. Intervention after the Cold War. Boston: South End Press, 1993.

SHAPLEY, Deborah. The Army's New Fighting Doctrine. *New York Times Magazine*, v.28, Nov. 1982.

SIMMONS, Matthew R. Twilight in the Desert: The Coming Saudi Oil Shock and the World Economy. New York: Wiley, 2005.

SMIL, Vaclav. Energy Resources and Uses: A Global Primer for the Twenty-First Century. *Current History*, p.126, March 2002.

_____. *Energy at the Crossroads:* Global Perspectives and Uncertainties. Cambridge (MA); London: The MIT Press, 2003.

STUART, Ana Maria. *Regionalismo e democracia*: uma construção possível. São Paulo, 2002. Tese (doutorado) – Faculdade de Filosofia, Letras e Ciências Humanas da Universidade de São Paulo.
STRANGE, Susan. *States and Markets*. New York: Basil Blackwell, 1988.
SUSKIND, Ron. *The Prince of Loyalty:* George W. Bush, The White House and the Education.of Paul O'Neill. New York: Simon & Schuster, 2004.
THE ROAD More Traveled. Cars are essential to the American Dream. *The Wall Street* Journal. 10 Aug. 2001, Editorial Page.
TILLY, Charles. *Coerção, capital e estados europeus*. São Paulo: Editora da Universidade de São Paulo, 1996.
TODD, Emmanuel. *Depois do Império:* a decomposição do sistema americano. Tradução de Clóvis Marques. Rio de Janeiro: Record, 2003.
TOMDISPATCH.COM. Tomgram: Michael Klare on a Saudi Oil Bombshell, 26 June, 2005. Disponível em: <http://www.tomdispatch.com/index.mhtml? pid=3832>.
TRAINOR, Bernard E. Navy Sees Gulf Activity as Portent on New Era. *The New York Times*, 25 Nov. 1988, p.B10.
TRIPP, Charles. *A History of Iraq* – New Edition. Cambrigde: Cambridge University Press, 2002.
TRUBOWITZ, Peter. *Redefining the National Interest:* Conflict and Change in American Foreign Policy. Chicago: University of Chicago Press, 1988.
TUCKER, Robert W. Oil: The Issue of American Intervention. *Commentary*, v.59, n.1, Jan. 1975. Disponível em: < http://www.commentarymagazine.com/Summaries/V59I1P23-1.htm>. Acessado em: 7 jul. 2005.
TYLER, Patrick E. Lone Superpower Plan: Ammunition for Critics. *The New York Times*, 10 March 10 1992. Versão parcial disponível em: <http://zfacts.com/p/169.html>.
_____. Officers Say U.S. Aided Iraq in War Despite Use of Gas. *The New York Times*, 18 Aug. 2002, p.A1. Disponível em: <http://www.globalpolicy.org/security/issues/iraq/history/2002/0818officers.htm>. Acessado em: 12 out. 2005.
VALLETTE, Jim, KRETZMANN, Steve. *The Energy Tug of War:* The Winners and Losers of World Bank Fossil Fuel Finance. Washington, DC: The Sustainable Energy & Economy Network (SEEN), Institute for Policies Studies (IPS), 2004. Disponível em: <http://www.seen.org/PDFs/Tug_of_war.pdf >. Acessado em: 7 nov. 2005.
VANCE, Cyrus *Hard Choices:* Critical Years in America's Foreign Policy. New York: Simon and Schuster, 1983.
VÉDRINE, Hubert. *Face à l'hyperpuissance:* textes et discours, 1995-2003. Paris: Fayard, 2003.
VIOTTI, Paul R., KAUPPI, Mark V. *International Relations Theory*. Boston: Allyn and Bacon, 1987.
WALLERSTEIN, Immanuel (2004). *World-Systems Analysis:* An Introduction. Durham and London: Duke University Press, 2004.
WALTZ, Kenneth. *Teoria das Relações Internacionais*. Lisboa: Gradiva, 2002.
WEINBERG, Gerhard L. *A World at Arms* – A Global History of World War II. Cambridge; New York: Cambridge University Press; Victoria 1994.

WYANT, Frank R. *The U.S., OPEC and Multinational Oil*. Lexington: Lexington Books, 1977.

WOODWARD, Bob. *The Commanders*. New York: Simon & Schuster, 1991.

_____. *Shadow:* Five Presidents and the Legacy of Watergate. New York: Simon & Schuster, 1999.

YEOMANS, Matthew. *Oil:* Anatomy of an Industry. New York, London: The New Press, 2004.

YERGIN, Daniel. *O Petróleo* – Uma história de ganância, dinheiro e poder. Tradução de Leila Marina U. Di Natale, Maria Cristina Guimarães, Maria Christina L. de Góes. São Paulo: Scritta, 1993.

YAQUB, Salim. Imperious Doctrines: U.S. – Arab Relations from Dwight D. Eisenhower to George W. Bush. *Diplomatic History (The Society for Historians of American Foreign Relations – SHAFR).*, v.26, n.4, Fall 2002.

ZINN, Howard. The Power and the Glory: Myths of American exceptionalism. *Boston Review*, Summer 2005. Disponível em: <http://www.bostonreview.net/BR30.3/zinn.html>. Acessado em: 5 nov. 2005.

SOBRE O LIVRO

Formato: 16 x 23
Mancha: 26 x 48,6 paicas
Tipologia: StempelSchneidler 10,5/12,6
Papel: Off-set 75 g/m^2 (miolo)
Supremo 250 g/m^2 (capa)

1ª edição: 2008

EQUIPE DE REALIZAÇÃO

Edição de Texto
Maria Regina Machado (Copidesque)
Maria Silvia Mourão (Revisão)

Atualização Ortográfica
Oitava Rima Prod. Editorial

Editoração Eletrônica
Oitava Rima Prod. Editorial (Diagramação)

Impressão e acabamento

𝒜 psi 7 | βook 7